清末民初文獻叢刊

日本源流考

（第四册）

［清］王先謙 著

朝華出版社
BLOSSOM PRESS

日本源流考卷十七

長沙王先謙益吾撰

後陽成天皇

和漢年契後陽成天皇諱周仁（日本國志）父誠仁親王母新上東門院藤原氏

丁亥十五 天正十五年（和漢年契）春三月秀吉伐島津義久降之秋七月秀吉定九州築聚樂城（日本外史十五豐臣氏上十五年二月兵會大坂者十五萬人秀吉下令禁鹵掠止鬬諍又置吏於沿道驛舍使軍行莫蹇滯乃遣秀長將前軍先發三月朔秀吉自將諸軍發京師水陸俱下義久既逐大友義統居豐後府內發兵四出聞豐臣氏前軍至豐府乃使家久守耳川引兵而退秀長至耳川諸將先濟家久夜襲南條宮部氏營南條敗宮部擊卻之明日秀長乃濟敵遂退保高城既而又退二十五日秀吉至赤間關番增田長盛守關戶城九毛某城戶某守門司城徵國人質子濟海入豐前二十八日陣於馬岳分兵並進時秋月種實招島津氏兵據岩石城城跨豐前筑前之間以險固聞秀吉遣義子秀勝攻之令蒲生氏鄉前田利長輔之自以麾下登杉原山四月氏鄉攻其南利長攻其北城兵能拒氏鄉先入其郛

秀吉自山上望見其徽號自脫其袍使人齎馳賜之曰被此以登內城氏鄉感激身先士卒會風大起縱火焚城城郎陷秀吉乃進至小熊種實遁走使子種長以城降秀吉悉收其地進軍高良山龍造寺政家以肥前兵來會焉肥後諸城皆解走薩摩驍將新納忠元伊集院忠棟守合于城走保八代與島津征久合兵堅守秀吉以兵艦攻之忠元等夜遁秀吉入其城謂諸將曰吾征誅僻遠之國苟期於鏖盡勢有所不可且見吾狹也宜從優容速成大功乃榜於衢路曰名門故家脅從於敵者及豪俠大盜聚徒結黨者一切皆宥聽其自新令初下軍門如市秀吉進入薩摩降島津忠良五月進至千代河河接海港前所發漕船盡湊焉乃命水軍將加藤嘉明脇坂安治九鬼嘉隆造浮梁濟軍建牙於太平寺環布軍營塡池澤夷丘阜方二里餘中開門巷縱橫四達遠近望風而潰乃遣水軍三將攻桂忠昉於平佐脇坂安治先登忠昉降於是秀長以日向故主伊東祐丘爲先鋒以五萬人自日向入前田利長與淺野彈正以龍造寺政家軍爲先鋒以五萬人自大隅入家久以佐土原降義弘退陣求麻諸軍合而南下臨於麑島島津氏將佐交勸義久乞降乃遣伊集院忠棟因秀長謝罪秀吉曰吾初欲誅不庭之臣使無遺類吾聞島津氏源右大將之遠裔也四百歲名族一日滅之吾亦不忍也其宥之義久大喜削髮被僧衣從近臣五六人詣太平寺降秀吉延見以溫言慰藉之命以義弘爲嗣琉球國馳使修貢獻六月凱旋至太宰府盡收九州質子大論功罪令島津氏因故土領薩摩大隅日向削其侵地賜肥後於佐佐成政筑前於小早川隆景豐前於黑田孝高森勝信筑後於毛利秀包立花宗茂而大友義統高橋統增伊東祐丘龍造寺政家皆

復舊領差有增損使政家族鍋島直茂攝國事及政家天乃立直茂耳川之事尾藤知定教秀長不卽救因奪其讚岐後以賜生駒親正丹羽長重犯軍法因奪其若狹賜之淺野氏削阿蘇大宮司邑律彥山僧徒大村氏私舍西蠻妖賊奪其長崎邑礫賊二十餘人於邑中使鍋島氏監外國互市焉禁天主教遂大修西海政令七月復命於京師天皇遣使郊勞之八月德川公自來賀戰捷是歲西海諸侯皆就國秀吉誡成政善待土豪勿擾國民成政違敎土民皆叛踰年粗定秀吉讓之賜死以肥後分賜加藤清正小西行長清正爲主計頭行長爲攝津守行長卽彌九郎也秀吉謂二人曰他日將有以用汝也○〔日本外史二十德川氏三〕十五年二月造駿府二城秀吉既與我和不慮東面於是大舉西伐中納言遣本多廣孝勞師師攻岩石城廣孝力戰受賞七月秀吉定九州而還中納言赴大阪賀之八月轉大納言進從二位乃還十二月兼左近衞大將左馬寮御監○〔日本外史十二毛利氏〕十五年三月豐臣秀長至合我兵入日向抵耳川進圍高城島津家久夜襲其營秀長畏其兵慓悍不敢出元長欲逆戰弗許秀吉至龍造寺氏以下皆降五月島津氏請和秀吉徙隆景於筑前治名島賜秀包筑後三郡治來目元長道病六月遂卒元長倔强類父爲秀吉所畏惡常有退居之志見於歌詠遺命立廣家黑田孝高素悅廣家色美與之親善爲言秀吉立之襲食隱岐廣家初名經信於是改今名是歲冬肥後豐前盜起隆景廣家受命討而平之筑前士民稔聞隆景賢聲人人相慶隆景務闊其禁網漸修治教儆下野足利學校建黌舍釋奠先聖時亂離日久人始聞絃誦之聲

十六戊子天正十六年（和漢年契）春正月佐佐成政反討平之（日本外史十四織田氏下）十五年秀吉以長重犯軍法奪若狹擯爲松任城主給五萬石家臣成田某憤懣謂其同僚曰吾欲舉事誰與我者衆莫敢荅成田罵曰皆非人也秀吉聞之使人殺成田是歳秀吉予成政以肥後肥後盜起秀吉怒明年閏五月成政自赴大阪謝之秀吉使人迎之尼崎賜死

行幸於秀吉第北野大茶會（日本外史十五豐臣氏上）十六年正月秀吉遂奏請臨幸時承大亂之後典籍殘亡乃令前田玄以與公卿雜議用足利義滿義教故事四月十四日天皇幸聚樂第關白秀吉率文武百官扈從扈從者蓋新典也遠近縱觀父老或有流涕者曰吾儕聞有行幸之儀久矣今得親覩之即日行享禮使伶人奏五常太平諸樂明日秀吉早盛服出侍於御坐之右盡召天下牧伯使列於前內大臣信雄大納言家康大納言秀長中納言秀次左近衛中將秀家右近衛少將利家侍從元親侍從義統以下以次而進盟曰奉戴皇恩竭力王事莫敢或怠皇家之邑莫敢或侵侵者共相誚責之戒屬子孫莫敢或渝關白所令事無大小莫敢或不奉所違斯盟者六十六州神祇大罰殛之覆其國家莫能享其祿明日宴諸牧伯天皇賜歌關白以下皆賡之車駕駐五日還宮秀吉以京師戶稅奉供御以其戶租爲上皇湯沐邑以近江高島郡充廷臣釆田凡金帛珍貴之獻前後無算九月諭毛利氏割其出雲伯耆予族吉川廣家廣家元春子元長弟也十月大張茗燕於北野○（日本外史二十德川氏三）十六年二月辭兩職三月大納言朝京師秀康以從西征有功進左近衛少將我諸臣多遷任

者四月後陽成天皇幸聚樂大納言與內大臣信雄等爲先驅關白秀吉爲後乘秀吉要大納言以下盟辭特詔大納言與信雄秀長秀次及浮田秀家班清華之上禮畢東還於是秀吉以北條氏未至乃遣使責其不廷北條氏遷延意欲得婚及質如德川氏而秀吉不加於意閏五月氏政使來因我請和六月大廳有疾大納言與夫人赴京師問之九月留夫人而還十一月酒井忠次請致仕大納言優旨荅之固請乃蒞其第盡驩竟日使其子家次襲封是歲陸奧伊達氏來通好○〔日本外史十二毛利氏〕十六年輝元任參議隆景廣家秀包皆爲四位侍從九月秀吉養浮田秀家女妻廣家初廣家父兄皆死於西海之役秀吉曰吾許之以筑前會其死不果當以西海一州恤其孤石田三成大谷吉隆說秀吉曰輝元所領已跨中國而隆景秀包各領一國備前浮田氏素與之惡以爲可使相禁也而亦婚於吉川吉川今又受封矣天下無事則已茍有事則關以西皆歸毛利氏爲今之計莫若就輝元封內割予一二州是名賜封而實分其勢也秀吉然之乃令輝元以出雲伯耆數郡加賜廣家治富田

〔明史日本傳〕十六年犯浙江然時疆吏懲嘉靖之禍海防頗飭賊來輒失利其犯廣東者爲蜒賊梁本豪句引勢尤猖獗總督陳瑞集衆軍擊之斬首千六百餘級沈其舟百餘艘本豪亦授首帝爲告謝郊廟宣捷受賀云

己丑　十七　天正十七年

〔日本外史十一，武田氏上杉氏〕十七年景勝又入京師進從三位遷中納言直江兼續爲四位侍從藤田泉澤安田三臣皆敘四位兼續自父實綱常參謀議爲佽人刺死無子謙信命近士樋口與六爲嗣是爲兼續多文武材能事景勝尤見寵任。〔日本外史二十，德川氏三〕十七年正月一眞田昌幸以子信幸質於我是月大納言獵於中泉息清見寺有一兒捧茗而出問其名僧曰甲斐人王屋惣藏之孤也惣藏事武田氏死於天目山之難大納言喜得其肩也載歸謂世子曰吾與汝以一口護身刀拉兒附之後賜名忠直常侍世子時少將秀康在京師益長有英氣嘗習騎秀吉牙騎失禮秀康馳斬之秀吉不問是時關東諸豪往往因我降結城晴朝亦降請得豐臣氏族爲子秀吉乃遣秀康三月大納言如京師四月而還先是北條氏政請得我侵地沼田而後入朝秀吉弗懌曰吾欲伐北條氏以其爲德川姻戚姑假之耳七月秀吉發三使來請大納言乃使人諭眞田昌幸致沼田而就内地償之因說氏政以順逆勸其入朝亦勸伊達政宗皆不聽沼田守將亦侵其旁地十二月大納言如大阪秀吉入朝請東伐詔許之以大納言爲前軍秀吉謂諸將曰家康爲前軍秀吉爲後繼雖橫行萬國可也況於北條氏平令大納言還國治兵

〔和漢年契〕夏六月築淀城伊達政宗逐葦名盛重

〔日本外史十五，豐臣氏上〕十七年五月復分金銀各三十六萬五千兩於文武百官是時秀吉威令幾遍天下東北豪傑佐竹里見結城那須岩城葦名松前諸族爭修使幣秀吉禁其私鬭使之朝覲而獨北條氏政據關東入州伊達政宗據陸奥出羽不肯降天子幸聚樂之次月秀

吉遣富田知信津田信季赴相模諭氏政曰吾子席五世之勢擅有八州而不早修朝貢不義今天子新立天下莫不嚮歸吾子宜速入覲氏政與子氏直議不敢堅對入月氏政使使來請曰眞田昌幸取我沼田請令昌幸返之然後入朝諸將皆忿曰氏政亡狀請發兵討之秀吉曰未也是年七月復使知信信季就昌幸諭之昌幸奉命致沼田於北條氏於是二使遂往小田原趣其入朝曰不朝則有罰氏政與其親族將領議曰我與彼相距遼遠彼何輒來且彼特能服畿內西國耳古稱關八州可敵天下且箱根天險也彼果來乎我以八州勁兵要諸箱根彼何能爲在昔平氏發大軍來攻源氏至富士川聞鵞鴨起遂恇悖而潰關白亦如此爾乃不禮使者使者微聞其言歸報秀吉秀吉怒曰氏政以吾比平維盛邪吾將示之我伎倆也德川公數勸氏政入朝不肯是歲伊達政宗滅葦名氏并會津四郡滅二階堂氏并仙道七郡佐竹岩城諸族討之皆敗秀吉使使責讓政宗命其入朝政宗亦不肯十月眞田昌幸來告曰沼田有那胡桃城爲臣墳墓之地北條氏將守沼田者欲遂取之臣曰殿下命致沼田未聞致那胡桃也彼不聽遂攻取之敢告秀吉大怒遂奏請討氏政氏政使者石卷康昌在京師懼陳謝之秀吉不聽押送康昌相模遺氏政書絕之曰秀吉起微賤爲先右府所拔擢攻城野戰立功弓馬之間旣而遇變故提兵東上誅夷逆臣以答右府恩眷遂忝太政之任佐天子以定亂逆叛者伐服者撫七道豪傑無不從我所麾汝氏政負險恃力敢不修朝貢狡詐貪婪輕蔑天子之命夫天地之際一有違詔敕者而漏於誅討秀吉恥之修乃城池勵乃甲兵明年吾將操王節率諸侯以正汝氏政之罪書至相模氏政不以爲意曰彼欲以虛

聲脅我彼誠來大舉則少食小舉則少力是易與耳秀吉遂令駿
河越後以西四十五國發兵以明年三月會京師其遠京師者便
道直赴關東命長東正家運粟二十萬石至駿河又出金一萬枚
羅於海道諸國時海路久絕民皆憚風濤之險曰海龍王爲祟秀
吉笑曰吾受王命討不庭何物龍王敢得沮我也作檄投之海
而進使水軍三將與長曾我部元親護糧船以東十二月德川公
來請約束氏直因公謝罪請入朝秀吉不許於是會德川公以下
將帥開關東地圖指畫部署眞田昌幸素與德川公惡時在下坐
不得窺圖秀吉呼前之曰吾以家康爲海道先鋒以汝爲山道
先鋒昌幸感喜退而謂人曰得殿下一言多於得百萬封矣
庚十**天正十八年**〔日本外史十四織田氏下〕信雄陞從二位內大
寅八臣秀吉以其據咽喉地欲徙之未果十八年秀
吉伐北條氏信雄以兵一萬五千助之攻韮山及事平秀吉封德
川氏於關東八州欲以其舊國五州致於信雄信雄辭曰尾張伊
勢吾故地也得仍居焉足矣敢膺大封秀吉怒其不屑受己封也
乃奪二州予之己甥秀次逐信雄於出羽秋田明年徙之伊豫山
口重政等皆
事德川氏**〔和漢年契〕狩野永德死春三月秀吉出師取相模北**
條氏亡〔日本外史十後北條氏〕於是氏政乃修城壘蓄糧仗八州
將士皆留其部下守城砦而自聚於小田原憲秀陰送款
於秀吉初憲秀子新六守戶倉城與武田勝賴戰數不利氏直聞
之罵曰新六怯夫多亡我士新六聞之慙恚叛降勝賴及勝賴亡
新六來歸當誅憲秀爲乞哀乃宥死一等屏居其邑至是新六又
勸憲秀因敵將堀秀政通款焉秀吉啗之以伊豆相模令爲內應

氏政氏直不之知也與憲秀議遣親族諸將分守要害美濃守氏
規守韮山陸奧守氏輝守竹浦左衛門大夫氏勝守山中氏勝綱
成孫也間宮康俊朝倉重高爲副與舊守松田秀植俱守焉氏政
賜刀於康俊重高曰勉之康俊曰臣以死從事重高退謂同僚曰
北條氏之滅在於是役也山中之城板築不備而命守焉是棄我
輩於敵也吾視十餘年來政多失道者事可知矣諸君謹之十八
年三月秀吉發兵二十五萬自將來攻德川氏爲其先鋒二十九
日圍山中城城兵力戰斬敵將一柳直末而敵眾已淩城齊登康
俊秀植死之氏勝重高遁走德川氏軍至酒句四月竹浦及湯本
守兵皆潰西軍來圍小田原氏直聞諸城失守議曰秀吉兵雖眾
而以威力相持其心必不一我兵雖寡而五世君臣也我欲要秀
吉於險一戰決雌雄憲秀沮之曰彼遠來糧饟不繼我堅壁清野
不戰而屈之是先公已試之策也何必行危僥倖氏直乃止憲秀
潛使人告秀吉曰城西北有石垣山以爲牙營則城內情狀無所
還隱秀吉從之一城大驚已而上杉景勝與前田利家以北陸兵
來攻大野松枝城主大導寺政繁出拒於阪本不戰而走遂降爲
其先導下廐橋松山沼田箕輪河越諸城進圍鉢形城城主氏郡
在小田原留守將士堅拒不下西軍別將二人以秀吉命徇下野
上總下總下之氏勝逃在其邑甘繩氏政氏直召之氏勝荅曰臣
何顏見君乎當死於此或譖其有貳心氏政怒會德川氏招降氏
勝氏勝遂降之五月氏政弟氏房出襲蒲生氏營不利西軍別將
陷氏房邑岩築留守妹尾兼延死之秀吉更遣別將三人攻館林
城城帶大澤敵造浮梁濟之城兵死守不降秀吉取氏勝書諭之
乃降六月西軍合兵攻忍城謂城可灌也募土人起隄防城主成

田長康在小田原畱守知其不可灌也陰出其人應募以收錢既就引水城不漸一板而敵阻水不得近數日隄潰西軍死者數百人景勝利家下鉢形圍八王寺城城屬氏輝其畱守橫地監物遁之狩野一菴中山家範金子家重近藤助實相謂曰吾約奧州以死守其可食言平與數百人殊死戰利家在高處望見壯之問降將知其姓名使往降之至則自殺矣及事平德川氏收用家範二子昭守信吉信吉稱備前守為水戶傳者也當是時里見佐竹氏及陸奧出羽豪傑皆降秀吉秀吉舉天下兵圍小田原氏政氏直勵眾堅守出令曰諸將士各守其所毋妄相救更番休止休者游息任意又分麾下士六百人晝夜巡警秀吉合圍百餘日終不能得一首級氏規守韮山秀吉以七將騎卒五萬攻之氏規謂其眾曰此地我高祖所由而起而吾受命守之失一障壁吾之恥也眾皆奮激其將朝比奈泰能等數出力戰西軍四面攻擊死傷無算乃築長圍不敢迫德川氏將小笠原某以手兵傅壁皆死秀吉更將疾攻陷其外城氏規親督戰卽日復之八州城壘皆陷獨小田原韮山不下氏房在小田原與敵將浮田秀家對壘秀家以秀吉旨遺酒於氏房曰聊以慰城守之勞氏房又遺物謝之曰聊以慰攻戰之勞秀家遂使言於氏房曰豐臣氏與北條氏非有宿怨偶爾搆兵半歲不決徒使天下人膏鋒鏑令誠議和弭兵則封以伊豆相模氏房以告氏政弗荅時堀秀政既死子秀治以秀吉密書投憲秀憲秀欲導敵兵入城少子英春為氏直所寵常侍左右憲秀召而告之英春號泣固諫憲秀弗聽而止英春不使復人遂與秀治約約既定英春夜以鎧櫝自盛入見氏直曰君苟宥一人之死則臣請告大事誓而後告氏直大愕召憲秀詰而囚之英春請

宥其死弗聽秀治踐約至松田氏壘下待報三日望見其旗幟皆變乃去秀吉百方誘降使黑田孝高羽柴勝雖因氏房說曰方今北條氏之勢如魚在釜中而烈火熹之盍及今納降取二國以存先祀氏房妻子囚於岩槻亦以書乞哀氏房心折勸氏政降氏政曰吾承父祖業主於八州爭武而失之吾不必憾也納降計存死且不能已而成田長康等亦送款於西軍親臣宿將互相疑阻交勸和議七月秀吉使德川公諭氏規曰子之武已多矣今和議將成子猶何守宜來贊其議荅曰氏規習於戰不習於和未能應命德川公請氏直書諭之氏規不得已撤守衛約封土事自小田原西門入則氏直已自南門出蓋秀吉以陰謀間疏其父子故氏直惶惑不誒約而出也於是氏直就德川氏陣請曰願宥氏政以下則亟致城矣德川氏以有姻戚之嫌教之因羽柴勝雖以告秀吉秀吉曰吾當依其所請獨其封土以二總代伊豆相模氏規聞之恚曰吾悔爲老賊所誑將歸韮山復修守備氏直弗許乃誅憲秀致城於德川氏出城內士民限以三日氏政與弟氏輝出在醫師安棲宅秀吉憚氏政剛武又變約遣使五輩就其舍令自殺使者至難言之氏政氏輝察其色請間沐浴作絕命辭自裁氏規將殉之監吏奪刀不得死秀吉誘氏直令率氏規氏房氏郡英春等數十人入高野山給以萬石明年氏直病卒年二十一英春去仕前田氏自長氏國於相模至是五世九十餘年乃滅後秀吉思氏規忠勇以爲狹山城主食萬石其後氏盛氏信氏宗氏治氏朝父子相襲歷事豐臣氏德川氏氏勝降德川氏爲岩畱城主食萬石關原之役守岡崎慶長中卒養保科正直子氏重大阪之役氏重在先鋒後數徙封終爲懸川城主病卒無嗣國除○外史氏曰余聞

早雲嘗召儒士說黃石公三略其首有言曰主將之法務攬英雄之心早雲聽之曰止矣吾既得之矣不復使說嗚呼有以夫其以流寓漂泊之人據有八州以開五世之基也夫足利氏驕其綱維權臣內閧海內戰爭所以然者無它故焉天下英雄各以其心爲心而主將不能收攬之焉耳早雲蓋早有見於此以爲天下之事可知己故仗一劍之任周流天下以求用武之地一得其地雲蒸龍變莫之或拒一夫以兩上杉氏百年故家財賦之富兵馬之雄而早雲以赤手圖之奚異椎鑿山哉乃能戰勝攻取制其死命者果何所恃而然歟亦以其結納英雄得其驩心兵寡而志一地狹而力合如同舟濟江不期而救以此臨敵雖橫行天下無難而況於兩上杉氏平氏綱氏康所以纘緒業致强大者亦由此道也至於氏政氏直已代兩上杉以擅八州之富强意滿志侈不復用心於此上下漸遠君民不親欲恃區區之法令以制馭其下而不知其下之心既已去之矣將何恃以抗天下勁敵耶然豐臣太閤以不世出之略加之以我東照公左提右挈率天下之猛將精兵往問其罪其勢力足以震撼天地而合圍半歲纔能舉之者非以其父祖之收攬人心有固結不可解也哉○〔日本外史十二毛利氏十八年秀吉東伐北條氏使輝元守京師隆景守淸洲廣家守岡崎北條氏不降召隆景謀之對曰先人圍富田休攻戰示持久多縱反間使其君臣相疑索其妻孥而招降之秀吉曰吾師之也遂以其計平北條氏〕夏六月伊達政宗入降秋八月秀吉以家康爲關八州秀吉裂地封功臣冬十月奧賊作亂討平之〔日本外史十五豐臣氏上十八年正月德川公

送其嗣子爲質秀吉賜之姓羽柴氏名秀忠遣歸之曰卿以其與氏直有姻平吾何疑卿哉德川公乃空海道諸城除道供帳以待二月秀吉召毛利輝元守京師弟秀長守大坂令德川北畠前田上杉諸將以其兵先發三月朔自戎服入朝受節刀於陛拜辭起出闕上馬率騎卒十七萬而東部伍整肅鎧仗鮮明使士民縱觀之氏政盡召八州城主集於小田原遣親信將帥拒箱根諸城以兵數萬守其後二十七日秀吉至沼津明日自上山候覘敵城寨即夜下令令秀次以五萬攻山中信雄以三萬攻韮山而德川公以二萬五千直踰箱根明日諸將蓐食並發秀次以中村一氏爲先鋒令從陣近城城上銃丸雨注一栁直末死之一氏厲衆攻破其郛斬敵將間宮好高進薄內城其騎士渡部了攀堞而上秀次乃麾軍齊登走城將北條氏勝信雄亦破韮山郛德川公陷三城至酒句戍軍皆潰四月秀吉率諸軍抵小田原建牙於石垣山夜令萬卒築城焉糊紙於壁望之如堊城兵驚以爲神秀吉攜德川公登城樓下視曰關東八州在我目中不日取以予卿耳德川公拜曰幸甚秀吉附其耳語曰卿亦居小田原乎曰然秀吉曰不可我嘗觀地圖自此迤東可二十里有地曰江戶襟帶海河地闊土肥卿宜居此德川公曰謹奉敎於是令諸軍圍城數重水軍將士又破沿海諸城而來會焉上杉景勝前田利家將北陸兵三萬以眞田昌幸爲先鋒入上野大道寺政繁以松枝降導入武藏下七城攻鉢形秀吉遣淺野彈正少弼木村常陸介助之二將別徇武藏攻岩築淺野氏嗣子幸長稱左京大夫甫十五先登遂拔之二將遂徇上野至二總安房一月下六十餘城而小田原固守不下有流言曰德川織田通款城中衆情疑懼秀吉即從近臣數人與

信雄俱飲於德川氏營明日與德川公俱飲於織田氏營衆疑郎釋遂令諸軍休戰築長圍更番游息徵海道妓樂置酒高會秀吉與德川公以下造歌詞被之讙呼連晝夜以示據久之意城兵大困德川公初度大衆久屯穀價必騰私命其吏多蓄糧餉已而長東正家掌漕轉米粟狼戾乃服秀吉善用人也嘗是時豐臣氏軍環城而陣者幾三十萬山陵林麓莫非兵者關以東望風降附相馬秋田南部津輕諸族或執謁軍門或使使納幣項背相望伊達政宗使人覘形勢還報則大懼乃肯修使幣就德川氏乞降德川公戒使者曰不得不亟來謁六月政宗與百餘騎入下野路塞不得通還由越後信濃間行至箱根請謁秀吉秀吉問謁者曰政宗狀貌如何曰齡可二十歲眇而被髮奇偉甚秀吉不許輒見使人詰責之日吾受王命經略天下雖遐方絕域之人莫不來歸汝偏強東北擁兵數萬未嘗發一介之使葦名義廣歸心王室而汝擅攻之是何故政宗荅曰義廣納臣之叛將結佐竹岩城以圖滅臣臣欲討二本松氏以復父仇又爲義廣所距故臣日夜攻擊終得克之臣在敵中不知四方事及殿下東伐然後知天下有所歸也是以來謁秀吉又使言之曰汝之所陳果無僞也則盡獻所侵會津仙道之地耳不則亟歸汝國徐修守備吾討滅北條氏然後見汝於戎馬之間也政宗曰臣生死唯殿下之令況邑土乎致其侵地乃入見秀吉便服而坐慰勞之問曰卿在陸奥幾戰曰三十餘戰秀吉曰是村巷小鬭耳意未知部勒大兵之法也因起引政宗而出下臨廣壑秀吉在前指示曰彼織內軍也彼坂以西軍也彼海道軍也政宗唯唯莫敢仰覦既罷遣歸諸將交勸畱之不遣曰遣之是猶縱虎於野已秀吉哂曰吾不用寸兵而取五十四郡非

汝輩所知也政宗退謂人曰關白天威也遂去之國石田三成大谷吉隆長束正家等於是攻降館林遂攻忍城城將成田長康在小田原其兵留守不下秀吉令彈正少弼父子助攻終降之景勝利家亦降鉢形以下諸城并降附五萬人來謁秀吉不甚賞二人頗嗛之秀吉謂近臣曰二人非無功然降輒受之不足稱勤勞或降或屠恩威並行然後可賞耳二人聞之復發屠八王寺城還效首級秀吉乃賞之於是八州諸城大半皆破而其將士在小田原城內我兵虜其父母妻子示之將士逃降相踵我侍史山中某與成田長康善秀吉命陰以書招之長康乃送款秀吉使德川公以其降書遺氏直曰子之將帥皆有貳心事已危迫子盍早自爲計氏直與氏政議召長康不至乃環構長康營置兵監護自是城中人人相疑秀吉遣黑田孝高羽柴勝雅入城見氏政父子說以禍福氏政不肯七月氏直遂出就德川氏營乞降德川氏避嫌不敢通使之因勝雅勝雅以告秀吉許之使氏政致城而出因謂諸將曰吾此行欲誅不庭之臣今而釋之是失信天下也吾欲誅氏政而釋其餘諸將曰善乃遣使者四輩就氏政舍賜死秀吉覽其首罵曰汝輕蔑王命敢笑侮我今何如也使石田三成齎之京師梟於一條戾橋氏規聞小田原既下亦以韮山降乃縱氏直氏規等三十人於高野給俸百口尋給萬石乃舉北條氏故地八國以賜德川氏別以十萬石爲其湯沐邑舉德川氏故地五國以賜信雄信雄不肯受秀吉怒曰卿才不可爲民上吾特以先右府之子也欲厚封之卿乃薄之乎乃放之秋田賜駿河於中村一氏甲斐於加藤光康尾張及北伊勢五郡於秀次三河於池田輝政田中吉政遠江於堀尾吉晴山內一豐有馬豐氏信濃於森忠政石川數

正仙石秀久論關東諸豪功罪黜陟之執大道寺政繁請之曰汝以北條氏舊將而首降於我我之功臣乃北條氏之叛臣叛臣天下罪人吾不能以私釋焉乃誅之於櫻田遂引兵東下至宇都宮伊達政宗南部信直等皆迎謁焉八月至白河命淺野彈正少弼大谷吉隆石田三成檢陸奧出羽地問諸謀臣曰吾欲擇一將鎭撫東北卿等皆陳所見衆所對各異秀吉曰皆非也非蒲生氏鄉無可者賜氏鄉以會津仙道十一郡以葛西大崎賜木村秀俊政宗因故土賜米澤長井謂氏鄉曰爲我守東門因指授方略戒德川前田上杉氏爲之應援綏整諸軍凱旋至岡崎吉川廣家受命守焉則迎饗之明日以鞍馬三百匹送秀吉秀吉擇黑馬騎焉屏其徒御獨吉川氏卒栗棲武格者爲之圍行入尾張秀吉指路傍聚落謂武格曰此名中邑吾所生長也吾欲一往觀汝能從我平武格曰謹諾於是秀吉騎入中邑畱武格於閭首而入周馳街巷出遂召邑中父老笑曰吾藤吉也父老皆惶恐俯伏秀吉曰比吾少時邑閭甚整戶口亦似滋息也因賜之酒及物與語舊故而去九月復命於京師於是東國盡定而伊達政宗心懷觖望陰誘士兵作亂少弼豫度陸奧必亂造十餘砦畱兵守之而西大谷吉隆猶畱檢田甚急十月土兵四起葛西大崎亦苦秀俊之政叛攻其城秀俊走保佐沼告急於氏鄉氏鄉郎發會雪橇行至井繩察政宗有異心遣人促使會師政宗不得已出次吉岡氏鄉身往其陣面議事政宗大驚氏鄉破賊二壘乘勝而進政宗稱疾不從氏鄉行布陣以備之進破名生壘政宗追躡覘其陣堅不敢擊氏鄉乃迎秀俊置之名生政宗數謝無他氏鄉使立功自效乃攻下宮崎城賊黨悉潰少弼時至駿河聞亂郎還十二月氏鄉欲歸而慮

政宗有變少弼乃令宗納質〇年正月夫人病卒於京師以東事與秘不發喪大納言遣世子如京師井伊直政內藤正成等從至聚樂秀吉喜迎曰佳兒也執其手入內使夫人淺野氏結其髮更衣袴親取金飾刀帶之攜出謂直政曰變野樣為京樣大納言見之必驚喜大納言樸實其送幼兒盍以與北條氏有姻故以此擬質也吾豈有所疑哉宜速護去世子還至大納言曰秀吉不留我兒是欲借我諸城也乃命本多重次本多正信埽除海道諸城命伊奈忠次造浮梁於富士河居三日秀吉使者至果如其言二月大納言發兵二萬五千誓師而發軍於長窪三月秀吉發京師入岡崎本多重次留守焉不肯出迎秀吉召見之重次曰非我君何謁為辭不入秀吉至吉田伊奈忠次曰天雨河漲請待齎而行秀吉曰吾聞兵行臨水宜亟涉不則後者病焉對曰是所以行寡兵耳以行大眾則溺矣秀吉從之留三日至駿府將入石田三成耳語曰聞德川與北條通謀勿入秀吉猶豫彈正少弼諫浮言勿信乃入三成自童年以面首承寵及長慧巧過人秀吉以為奉行任治部少輔與少弼同僚自是寢有釁隙大納言聞秀吉至留兵而來會與上國諸將皆在其次本多重次以事來謁自後罵曰咄主公為此大怪事主於國者豈有空其城假人哉如是則人或欲借夫人亦許之乎且罵且出諸將相覦而嘻大納言謂諸將曰彼本多重次者僕舊臣也自僕幼時從而百戰僕亦愛懇之也然天質頑縱及老益甚今於稠人中詬僕如此諸公可以想其平時矣眾謝曰聞此老之名久矣今乃得見有臣如此眞可倚賴已而大納言復至其軍秀吉至沼津二十八日親巡敵塞就我營諮曰諸將皆說我曰氏政父子擁數萬精

甲而不出戰是欲誘我於險而四襲之也卿以爲何如大納言對曰以某觀之是畏我焉爾今宜爲三軍一攻韮山一攻山中彼或來援則以一軍邀擊之秀吉曰彼果來頻卿邀擊對曰諸某嘗將一萬與彼之四萬戰於甲斐信濃十合九勝固易與耳雖然今彼擄險決死某若不利公幸繼之秀吉曰諸是必勝之計也雖然彼不肯出則奚爲曰二城必取一某則以手軍自古道出於酒句驛陣於早川以扼入州援路而公以大軍直撞小田原敵必不能支焉曰酒句之道得無城寨平曰有鷹巢足柄新莊三城曰何以踰之日彼不能守也武田信玄嘗以二萬入小田原加行無入之地今兵什倍信玄其不能守必矣曰焉知無鯁將拒我者乎曰能然我所欲也某當攻而殲之秀吉乃還其軍夜發令旦日攻二城豐臣秀次中村一氏攻拔山中北條氏不出大納言則以別軍出古道松平康重本多忠勝等爲先鋒攻鷹巢陷之足柄城濱進攻新莊守將拒戰不克而走秀吉繼至與諸將相見於湯本出戰袍三領使大納言取其一且使以其一授秀次因戒秀次曰汝宜學德川也又使大納言召世子於駿府秀吉自取甲被之曰宜類我也自取其偏名名日秀忠秀吉益以事勢未定務結納我也四月松平康重等攻宮城野破之湯本竹浦解走三日大納言先諸軍至於酒句城中襲怖我兵復伏備路要擊敵援兵多所俘斬秀吉大喜約我事平盡領北條氏地我將松平康國鳥居元忠平岩親吉助前田上杉氏入上野武藏下諸城本多忠勝酒井家次等助淺野木村氏會前三將徇上總下總還入武藏攻岩築陷之本多忠勝子忠政手斬首級城兵就元忠降五月康國次總社爲降將所戕弟康貞手斬十餘人定之大納言以康貞爲嗣是月小田原城

兵夜出襲蒲生氏陣轉赴我陣陣堅不動乃收入六月大納言召伊達政宗使來見甘索城主北條氏勝初守山中敗保其邑秀吉遣黑田孝高說降之弗聽大納言使本多忠勝諭之乃降江戶城主遠山景佐初守新莊爲我兵所敗走入小田原其弟川村兵部其姪遠山丹波與眞田信尹處守江戶丹波信尹納款於我大納言遣兵逐山兵部取其城石田三成大谷吉隆攻館林不拔氏勝諭城兵乃降三成等轉攻忍城彈正少弼助攻將諭降之三成恳其多功紿曰城兵已有內應者請分陣攻之城兵怒而戰三成曰內應敗矣遂引水灌之不得地利而罷前田上杉氏以降附萬餘來謁秀吉不賞曰彼無血刃之功或屠之或降之可也西將加藤嘉明竊言曰是豈主天下者言乎二將遂攻屠八王寺守將中山家範狩野一菴等死之大納言索一菴子主膳家範二子昭守信吉祿之時小田原固守數月兩軍禁戰徒以弓銃相挑先是我軍徙於築地鑿地道入城未達井伊氏營前有敵別堡一橋通城城兵時出成堡直政私計以部下子弟襲之會暴雨地道壞城樓崩陷直政設伏塹外而進攻輒取堡直政至橋自發銃銃炸傷手進而不已士卒立戰斬首四百縱火於城城兵益出而我兵無繼乃收兵御城兵追躡遇伏敗還我中軍望火而愕松平家忠曰少年輩乘兩入城耳捷聞至秀吉大喜賞之是役得城中首級是爲始也織田信雄及西將數人攻韮山數不利大納言遣小笠原廣勝覷之廣勝怒諸將逗撓自進奪其門無繼而死七月大納言又遣內藤信成諭城將北條氏規降之五日氏直遂出就我營乞降致城大納言遣井伊本多榊原三將與西將二人入受城嚴禁鈔掠盡出氏政以下我叛將小笠原長忠自甲斐亡依小田原於是執誅

之十日大納言入城其明氏政自殺秀吉遣四使大納言遣榊原康政蒞焉縱氏直高野厚給之德川氏於是領關東八國近江地九萬石爲朝宿邑海道地萬石爲畋獵邑凡二百五十五萬七千石秀吉害我國逼京畿而人心固結日久也乃乘事徙之以八國之名厭其心其實武藏相模伊豆上總下總上野六州而已安房有里見氏下野有宇都宮氏其他結城佐野皆川諸族割據方隅者頗多而北條氏餘黨所在潛伏兵燹之餘城邑荒廢乃趣我使徙居焉而以駿河甲斐信濃遠江參河割予於親臣宿將放織田信雄奪尾張伊勢予之於甥秀次以拒塞我陸奧會津蘆名氏故國也爲伊達氏所侵請復之秀吉不許予之於蒲生氏鄉以鎮壓我五國士民大失望諸將亦怏怏不樂大納言曰可也關八州亦我宗故國自古稱用武之地養士撫民足以觀天下之變矣乃發兵四出伐諸城邑未服者盡定之遂相地建都將士以爲非小田原則鎌倉也大納言乃與秀吉議營於江戶八月朔振旅入焉即論功分地賜武藏忍於松平家忠其私部於松平康重其岩築於高力淸長其東方於松平康長其松山於松平家廣其羽生於大久保忠隣其河越於酒井重忠其本莊於小笠原信嶺其八幡山於松平淸家相模小田原於大久保忠世其甘索於本多正信伊豆韮山於內藤信成下總矢造於鳥居元忠其古河於小笠原秀政其關宿於松平康元其相馬於土岐定政其蘆戶於木曾義就上總緒瀧於本多忠勝其次畱里於大須賀忠正其鳴渡於石川康通其佐貫於內藤家長上野碓冰於酒井家次其廐橋於平岩親吉其大胡於牧野康成其吉井於菅沼定利其阿布於菅沼定盈其那波於松平家乘其宮崎於奧平信昌其藤岡於松平康貞

其白井於本多廣孝其館林於榊原康政其箕輪於井伊直政直政康政忠勝皆食十萬石忠世元忠康元食四萬石其餘有差總內外士人分爲五隊以直政忠勝康政康通親吉領之更番京師北條三浦木曾保科久能岡部諸族皆給封邑乃促就封焉命吏度遠近輕重以給資用衆皆忘其遷徙之勞十月遣使京師致五州地秀吉服其神速江戶之地東帶隅田河南控海灣西北接武藏野上杉氏將太田道灌者始城之而平衍沮洳蘆葦叢生城郭隘陋至用船板爲階本多正信白曰是不可以見外賓請更之大納言哂曰汝乃執此婦人之見乎土木之事徐議之耳乃因地勢區處士民賜大番士以西北地鏟高塡卑以置第宅東南鑿渠疏淤鞏泥土起街市以通運漕之道復以板倉勝重爲奉行諸制度盡因北條氏之舊而除其煩苛者國內大服秀吉之東下有人獻佐藤忠信冑曰今日當被之者本多忠勝也乃賜之忠勝忠勝長子忠政謂其父曰忠信源九郎從僕耳大人以德川氏將領而被其冑以爲榮乎亟還之秀吉之西還銜本多重次無禮諷我罰之大納言不得已置之上總小原潛給三千石時使人慰問之尋病卒是月陸奧出羽寇起伊達氏陰助之蒲生氏鄉等來乞援於我彈正少弼西還途聞變亦來乞焉乃遣結城秀康榊原康政赴之十二月秀吉遣甥秀次東伐使石田三成來請親出是歲世子敘從四位下任侍從秀康襲封食十萬石忠吉敘從五位下任下野守信吉封下總小金食三萬石以故世子信康女妻小笠原秀政秀政貞慶子也

辛卯 十九 **天正十九年**〔日本外史十五豐臣氏上〕十九年正月氏鄉取其質還會津秀吉得警報遣秀次赴討使石田

三成促德川公會師聞氏鄉已定亂則皆途還閏月氏鄉來京師上狀秀吉奪木村氏封予之氏鄉氏鄉又獻政宗通賊手書秀吉怒馳使召政宗政宗即發二月至曰吾自分誅戮也作貼金磔柱使人揭前行及詰問陳謝甚辨乃示其手書政宗佯愕曰其書甚肖特華押有徵異者驗之果然秀吉即釋之先是南部氏族九戶政實叛氏鄉與少彌攻而下之是歲五月復叛據福岡城葛西莊內應之秀吉命秀次赴討曰必鞠之使莫復萌命德川公助之曰命卿掌東北三道軍務其便宜從事乃奏以政宗爲四位侍從與氏鄉俱爲先鋒令少彌及堀尾吉晴監其軍因密諭氏鄉曰吾知政宗反計矣顧彼膽略可愛故釋不問以安反側事平則奪其地予之汝耳八月秀次入陸奧陣三迫氏鄉政宗攻下五城上杉氏奉命會師擊平莊內諸將遂圍福岡誘降政實以下魁首三十人效之三迫秀次斬以徇焚殺其餘黨以秀吉命從政宗於葛西大崎以其地加賜氏鄉并食百萬石遂巡視國內按撫士民課東邊諸侯築城大崎以置政宗然後歸是歲四月大納言秀長卒以秀次弟秀俊爲嗣襲其封十一月秀吉大獵於三河初秀吉定關西召松下之綱賜邑於丹後及定關東更賜遠江伊勢之一萬石曰償攘金也◦（日本外史二十德川氏三）十九年正月八國將士皆賀正於江戶大納言親出至岩築聞亂平乃還勸伊達氏入謝閏月如京師二月天子賜之御香敕入朝觀花禁園三月東歸五月陸奧復亂六月秀吉復使人來請節度東北諸將七月親征井伊本多榊原各將一軍從焉入月軍於岩手九月盡定陸奧十月還江戶最上義光世主出羽山形通於織田豐臣氏大納言輒爲說其名家使善遇之義光深德之於是請以其次子臣我乃賜名家

親屬之侍從是月侍從轉左近衛少將兼武藏守尋遷右近衛中將於是海內盡定將休息於無爲而秀吉汰侈喜事諸輕鋭小人承旨進説會其愛兒死欲用兵朝鮮以自遣浮田秀家首慫慂之乃讓關白職於秀次自稱太閤建行營於肥前使人來告我令來會焉伐木伊豆以造舟艦海內騷然諸將皆心知其非莫敢匡拂十一月中將陞參議帶前職。〔日本外史十二毛利氏〕先是輝元患吉田隘狹城於己斐十九年成徙焉更名廣島

〔和漢年契〕豐臣秀次任關白

〔明史日本傳〕日本故有王其下稱關白者最尊顯時以山城州渠信長爲之偶出獵遇一人臥樹下驚起衝突執而詰之自言爲平秀吉薩摩州人之奴雄健蹻捷有口辨信長悦之令牧馬名曰木下人後漸用事爲信長畫策奪幷二十餘州遂爲攝津鎭守大將有參謀阿奇支者得罪信長命秀吉統兵討之俄信長爲其下明智所殺秀吉方攻滅阿奇支聞變與部將行長等乘勝還兵誅之威名益振尋廢信長三子僭稱關白盡有其衆時爲萬厤十四年於是益治兵征服六十六州又以威脅琉球呂宋暹羅佛狼機諸

國皆使奉貢乃改國王所居山城爲大閤廣築城郭建宮殿其樓閣有至九重者實婦女珍寶其中其用法嚴軍行有進無退違者雖子壻必誅以故所向無敵乃改元文祿幷欲侵中國滅朝鮮而有之召問故時汪直遺黨知唐人畏倭如虎氣益驕益大治兵甲繕舟艦與其下謀入中國北京者用朝鮮人爲導入浙閩沿海郡縣者用唐人爲導慮琉球洩其情使毋入貢同安人陳甲者商於琉球懼爲中國害與琉球長史鄭迴謀因進貢請封之使具以其情來告甲又旋故鄉陳其事於巡撫趙參魯參魯以聞下兵部部移咨朝鮮王王但深辨嚮導之誣亦不知其謀已也初秀吉廣徵諸鎮兵儲三歲糧欲自將以犯中國會其子死旁無兄弟前奪豐後島主妻爲妾慮其爲後患而諸鎮怨秀吉暴虐咸曰此舉非襲大唐乃襲我耳各懷異志由是秀吉不敢親行

壬辰二十**文祿元年**〔日本外史十一武田氏上杉氏〕十八年秀吉東伐北條氏景勝與前田利家首東山道進下數十城北條氏滅又與利家徇陸奧出羽文祿元年從秀吉伐朝鮮陣郡古邪二年景勝將兵入朝鮮築釜山城而歸〇〔日本外史二十德川氏三〕文祿元年二月大納言命榊原康政輔參議處守而自將兵萬五千西行率伊達佐竹南部最上諸將會於肥前是月徙松平家忠於下總小美川以忍封下野守忠吉三月從五郎信吉於下總佐倉各食十萬石尋封外孫奧平忠明於上野小幡四月浮田秀家等將兵入朝鮮七月大納言遙命松平家忠修拓江戶城參議如京師九月參議遷中納言進從三位十二月還江戶先是京師儒人藤原肅忤秀吉避之肥前豐臣秀秋與之有故迎客之大納言聞其名延之幕中諮詢古道〇〔日本外史十二毛利氏〕文祿元年秀吉發兵伐朝鮮毛利吉川小早川氏為後隊諸將在朝鮮連署稟事隆景花押點畫甚繁福島正則傍觀謂之曰押字宜疏不宜密不然則臨死作遺狀不能速成也隆景笑曰大丈夫當橫尸原野何以遺狀為正則有愧色當是時浮田秀家石田三成等諸將在國都小西行長為先鋒進據平壤平壤以南至國都城砦相屬〔和漢年契〕

春三月平秀吉遣小西行長加藤清正等伐朝鮮取之大敗明援兵獲史儒算〔日本外史十六德川氏前記豐臣氏中〕秀吉之在關東也遊於鎌倉觀源賴朝塑像進撫其背曰若我友也徒手取天下唯有吾與若而已然若承藉名族不如吾起人奴也吾欲遂略地至明若以為何如初秀吉為織田氏徇山陽請攻韓及明後常思成其志明主嘗與足

利氏修好而韓兩屬其間常奉朝貢於我及足利氏衰我西南海盜數侵明境明韓皆與我絕而海賈互市不絕我對馬島距韓甚邇島主宗氏世置吏於韓釜山浦至豐臣氏時明民或有來投者秀吉聞明主朱翊鈞失政武備不具益思窺之其定畿內以橘康廣嘗諳韓事擢爲使者徵朝貢於韓不得要領而返秀吉疑其與韓有私族誅之及定西海宗義智送款焉秀吉命掌使事將伐明東遂遣義智與僧玄蘇往韓會琉球入貢秀吉屬其國求通於明曰明不聽我言我當發兵伐之琉球王尚寧告之明明不聽義智至韓韓王李昖乃使其大臣黃允吉金誠一隨而入貢秀吉旣至自伐關東見韓使者乃命史作書以答之曰日本豐臣秀吉謹答朝鮮國王足下吾邦諸道久屬分離廢亂綱紀阻格帝命秀吉爲之憤激被堅執銳西討東伐以數年之間而定六十餘國秀吉鄙人也然當其在胎母夢日入懷占者曰日光所臨莫不透徹壯歲必耀八表是故戰必勝攻必取今海內旣治民富財足帝京之盛前古無比夫人之居世自古不滿百歲安能鬱鬱久在此乎吾欲假道貴國超越山海直入於明使其四百州盡化我俗以施王政於億萬斯年是秀吉宿志也凡海外諸藩後至者皆在所不釋貴國先修使幣帝甚嘉之秀吉入明之日其率士卒會軍營以爲我前導因遣平調信玄蘇與偕韓王得書疑懼誠一以爲虛喝王使之私饗二人探其情實調信曰我主欲通明明不答禮故欲伐之耳貴國盍居閒和解之誠一依違玄蘇厲聲言曰今日之議不得首鼠兩端不欲講和乃欲戰耳因辭訣返韓始懼稍修邊備明亦聞之申嚴海防天正十九年夏秀吉復遣義智責昖在釜山旬餘不得報怒而返秀吉志益決秀吉初無子先是姬人淺井氏生

男鶴松秀吉絕愛之是歲鶴松天乃悲哀累月心忽忽不樂因慶出遊以自遣一日登清水寺閣西望謂從者曰大丈夫當用武萬里之外何自悒鬱爲乃返大會諸將帥謂之曰吾藉諸君之力平定海內亦可以休矣特諸醜夷有阻王化者吾深羞之吾欲以邦治委內府而自將入朝鮮以其兵爲先鋒以入於明彼拒我命則擊滅之遂自遼東直襲北京奄有其國多割土壤以予諸君使諸功臣皆厭其望不亦快乎我籌之已熟事非甚難諸君其能爲我出力耶諸將帥愕眙相覷莫敢對者浮田秀家進曰殿下舉此無前之事誰不努力者衆莫敢異議內府謂秀次也秀次時爲內大臣敘正二位於是秀吉奏請追諸將之國各具兵食命九鬼嘉隆造大艦數千艘大廳聞秀吉赴海外憂恐至廢寢食乃議使秀家代往而自出陣肥前以爲策應乃大城於那古耶建爲行營十二月分朝鮮地圖於諸將部署其所嚮分西南四道兵爲八軍以嚮韓之八道主計頭加藤清正將第一軍攝津守小西行長將第二軍鍋島直茂相良賴定屬清正宗義智松浦鎮信有馬義純屬行長兩軍迭爲先鋒大友義統黑田長政將第三軍島津義弘毛利高政伊東祐巨將第四軍福島正則長曾我部元親將第五軍蜂須賀家政生駒親正將第六軍小早川隆景毛利秀包立花宗茂將第七軍毛利輝元將第八軍別置水軍以九鬼嘉隆脇坂安治加藤嘉明來島康親將之秀俊將藤堂高虎率大和軍屬焉水陸九軍總十五萬人織田秀信中川秀政石田三成增田長盛大谷吉隆糟谷武則片桐且元與淺野左京大夫將遊軍六萬以備應援而秀吉自以秀俊及德川公前田利家蒲生氏鄉上杉景勝結城秀康最上義光佐竹義宣伊達政宗南部信直等畿內東北三

道將士十萬自衛以明年三月盡會行營秀吉乃上書乞骸骨讓
關白職於秀次自稱太閤於是宗義智戒釜山吏卒稍稍引返韓
人來窺其府閾然無人乃驚怪修守備益急文祿元年正月秀吉
召加藤清正賜之記幟曰吾伐毛利氏時先右府所賜也召小西
行長賜之名馬曰以驅突鬚虜清正素鄙行長不相善於是謂之
曰予用賜幟爲號予號何用行長對曰我起藥商當用藥囊耳自
是益相隙也二月二十八日秀吉發京師或曰盡以善漢文者從
秀吉笑曰吾此行將使彼用我文耳四月至安藝謁嚴島祠投百
錢祝曰吾而勝明面者居多乃投皆面矣衆大喜蓋豫糊合兩錢
也遂至那古邪諸軍會者凡五十萬人糧食稱之於是先遣水陸
九軍發大礟鬩而揚帆蔽海而渡至於風本阻風十日風稍定行
長與義智素諳海路潛拔其軍不告衆先發至豐崎平明諸將乃
覺之清正怒而發風益甚不得進行長促舵師發豐崎冒濤而進
十三日達於釜山釜山守將鄭撥出獵聞警馳返行長隨攻其城
立拔之生擒鄭撥遂分兵徇慶尙道陷西生多大二浦斬多大守
將尹興信問其捕虜以要害城寨曰東北有東萊距此三十里行
長謂其衆曰諸君戰疲當休然使東萊爲備吾力不能下而諸將
隨至則功奪於人矣宜急擊取之衆奮從之乃進攻東萊半日拔
之斬首千餘級守將宋象賢不屈死行長收葬之進陷梁山至鵲
院韓兵據險拒之我兵攀山迴出其背韓兵顧而潰韓巡察使金
晬聞東萊急自晉州來援不及乃諭諸郡縣避我兵清正後行長
三日至釜山聞行長已前進切齒曰悔爲豎子所先吾豈踐其迹
乎乃轉取別路縱火慶州走其守將斬首千五百級轉鬪而進所
向皆靡秀家聞行長深入謂其將佐曰彼自我家起身吾爭功而

不援使彼死於敵不獨負太閤寄任之意也乃踰次發舟八軍相繼上陸韓諸道競報警於國都韓王命李鎰申砬爲大將使金誠一距慶尙右道金功距慶尙左道行長方圍金海黑田長政援至刈禾塡塹以陷之引兵出左右道之間絕其應援進陷尙州鎰已至尙州北覘城中火起遣騎來候行長望視之曰我且奪其膽潛使銃卒伏橋下銃之墮馬鎰軍動行長以大衆出張二奇兵劫之鎰駭走依申砬於忠州砬收忠淸道兵八千欲守鳥嶺聞尙州陷不敢進行長進至鳥嶺視其險扼使輕卒先行周踐山谷無敵笑曰朝鮮兵不要我於此吾知其莫能爲也乃踰嶺至丹月驛分兵爲二擊申砬於彈琴臺下斬之遂取忠州而與淸正會諸將皆至乃相見於城外議進取其京畿淸正曰攝津守多功矣至攻國都先鋒當見屬僕也行長曰吾與子並受約束子何擅更之對曰子之不告而發亦出約束乎二人忿欲鬭諸將解之曰大敵在前何私鬭爲鍋島直茂曰太閤令二公迭爲先鋒今盡分道往聞道有二自南者遠自東者近近者有漢江之險唯二公所擇淸正曰吾寗取險而近者矣議乃定行長間使人先馳之漢江奪其南岸舟淸正遂發遇韓使李應舜於途捕之初行長獲蔚山守將李彥誠送書韓王招降之使彥誠齎去彥誠不敢白及取尙州乃獲應舜予之太閤券書使返責彥誠之報且召李德馨德馨嘗接我使人者也韓王乃遣德馨乞降途聞忠州陷使應舜先往調之乃爲淸正所捕遂誅之也德馨走去韓已聞李鎰敗大怖而猶屬望申砬晦日有騎馳入都門民迎問對曰申總兵死矣闕白軍將來矣都城大擾王與世子夜駕奔平壤告急於明遣王子徵兵諸道留都元帥金命元副元帥申恪以舟師扼漢江命元聞淸正至措疑兵

遁清正抵江無舟可渡立望北岸久之笑曰敵舟有鳧是無兵也
令善泅者往取其舟以渡五月四日至都城南大門有兵守門視
其旗幟皆小西氏號也蓋行長渡驪川走敵將元豪先一日自東
大門入王已遁矣清正益怒居十餘日諸將皆至秀家自居國都
使諸將各圖進取金命元退守臨津呼申恪恪不從獨屯楊州命
元怒恪違節度請王誅之會咸鏡南道兵使李渾來援恪與浮田
氏兵戰大破之而命元遂斬恪王聞捷遽赦之不及乃遣申硈及
韓應寅助命元守津北我兩先鋒與長政合兵軍津南相持十餘
日伏精兵而佯卻硈欲追之其裨將劉克良止之不聽而渡應寅
亦濟遇伏驚走三將返擊大破之擒硈及克良其兵死傷若溺者
萬餘人命元應寅走歸平壤我軍乃濟至安城驛乃探鬮定軍所
向行長得平安道清正得咸鏡道而長政得黃海道皆引兵北入
而韓將李洸尹國馨金睟以全羅忠清慶尚三道兵五萬騎入援
王城至龍仁見我兵壘山上挑戰我兵不出已而瞰其懈出擊大
破之當是時自國都至釜山數十城烽火相應皆爲我兵所守以
與行營通聲息秀吉乃遣石田三成增田長盛大谷吉隆引游軍
六萬赴援伊達政宗亦請而往三奉行入韓宣令褒功行長既徇
平安至大同江遺書於平壤復召李德馨使平調信玄蘇相見江
中招降之議不諧二人曰若主第導我伐明不則併夷滅之乃還
六月韓王畱左相尹斗壽元帥金命元守平壤而自走寧邊欲入
咸鏡聞清正在焉乃走義州令右相柳成龍發兵益於命元固守
以族明援兵命元與行長等夾江相持伺我兵稍怠夜遣精兵濟
襲之行長叱衆起令義智絕其後擊破韓兵韓兵亂淺而走行長
曰是可亂也舉軍從之斗壽命元棄守走行長入城得韓積粟十

餘萬石使使還趣國都諸將欲與俱西曰太閤志主伐明今已取平壤平壤以西莫復支者自鴨綠江至明北京不過百餘里吾之全軍卷甲趨之使彼不及備可以得志矣秀家與三奉行荅曰全羅江原二道未定我未可深入我水軍將循全羅而北會於黃海然後水陸並進是萬全之策也乃分諸將守國都平壤開諸城大友義統守鳳山黑田長政守白川小早川隆景守開城以備應援行長日望水軍至水軍諸將既發釜山與慶尚右水使元均戰破之遂出全羅藤堂高虎聞韓候船在唐島以飛船赴之奪其百餘艘上島焚虜營全羅水軍節度使李舜臣以艨艟闘艦數千艘在巨濟洋諸將集飲於毛利勝信營議進戰脇坂安治曰先以大船巨礮挑戰然後奪其船加藤嘉明曰是劫而去之非誂而奪之挑而奪之者宜以小船示弱及敵近決戰不則太閤謂來軍將士不欲戰也安治曰此事至重一敗則陸軍亦不能振子胡猖狂乃爾嘉明怒高虎居間和解勝信曰諸公受命於千里海外忠告不隱務利公事太閤多良臣如此何憂於戰因侑酒酒數行九鬼嘉隆曰令夜三鼓解纜旦日進戰船之大小隨宜耳嘉明潛起如廁招其軍吏先期而進比曉以走舸三艘直衝敵列艦奪其二十艘諸將繼進舜臣卻我軍追之入洋中舜臣乃縱左右翼以巨熕擊碎我船來島康親死之安治苦戰亡其衆而退舜臣因屯閑山以距我水軍我水軍是以不能合陸軍陸軍亦未遂能進也明主翊鈞聞秀吉兵入韓則恐會其國西北邊有亂大將李如松率諸軍屯寧夏國都兵寡明主召其大臣問韓當援否大臣曰和窺明久矣而明之屏在韓韓先被和兵而明不援韓且折而入和和韓爲一分利於明合兵戮力以出遼東則勢如建瓴水於屋矣顧韓民畏

和兵而心不服焉我遣一將助韓王以招聚之因其力以捍禦東
北是名以明援韓而其實以韓援明也明何患於和哉明主從之
遣其將祖承訓史儒算將援韓而下書於琉球暹羅為侵和之勢
以糜秀吉使其勿航海西北嚮會大廳有疾謂秀吉已航海也憂
疑疾篤秀吉聞之馳歸覲之至則已薨當是時承訓儒算既人韓
二將皆遼東勇將數與胡戰有功甚輕和人和人前掠明疆者皆
海盜甲仗敝惡明人狃見之以為豐臣氏兵亦如此也於是至嘉
山問韓人曰平壤和兵無乃走乎曰否承訓舉酒祝曰天使我成
大功也進舍順安營未定行長偵知夜遣輕卒劫其營營亂乃笑
日此虜亦易與耳明日自往與明軍戰於安定旗幟偉麗人馬皆
被鬼頭獅面明馬駭行長麾兵蹂之儒算下馬闕中丸斃時霖雨
我兵迫明人於淖擊鏖之承訓挺身而走行長因投書韓王曰王
盍導我伐明明當我兵猶羊羣放一虎王所知也今遼東既無明
隻騎而我舟師十餘萬又來自西海未知大駕將復何逃也當是
時韓猛將精兵多在咸鏡道而為清正所阻不能來援韓王清正
之入咸鏡道也虜安城民三人使先導二人辭清正立斬之其一
人懼從之至永興聞二王子遁咸鏡北道則大喜靁直茂賴定守
永與而自以其輕兵日行數百里至鐵嶺踰而北北道兵使韓克
誠以六鎮彍騎逆清正於海汀倉北兵善射憑平地馳突我軍多
步兵不利卻會日暮收入倉內韓兵沓至圍之矢下如雨清正排
倉粟為城發銃拒之應手斃千餘人韓兵退上鐵嶺而陣欲待旦
戰清正夜分兵數千環敵而伏旦大霧克誠將下嶺而我兵四面
齊起大破之追北至鏡城又大破之遂擒克誠縱火焚城聞二王
子在會寍府驅而赴之府韓極北也行五十日至馬府使鞫景仁

惴拘二王子使人來乞降且曰府內食盡王子不食三日願賜之食清正許之欲自入城將校皆諫曰吾窺府內虜人塡咽我以寡兵入恐有變也清正曰虜何能爲吾已失王不可又失王子郎有變吾與王子決死毋憾也乃與十餘騎入城令饋者數十人人執一器隨而入韓人危疑張弓環淸正淸正叱之辦其無他韓人不能解清正自開襟當箭取印於懷印紙示之韓人捨弓拜於是淸正拘王子及其大臣黃赫金貴榮等使人護送之鏡城乃問景仁曰朝鮮北境盡於此乎對曰然曰北鄰何國曰兀㒵哈淸正乃以八千人進入其境攻一城拔之既夜下令曰勿釋甲夜半胡騎大至我兵力戰走之淸正曰虜不意我至我一捷足以報太閤矣乃收其貨寶引兵南還胡騎躡之淸正自殿而退慾至海濱西南望得高山韓捕虜曰富士岳也淸正下馬免胄而拜謂其騎曰自吾辭太閤謂日西北行矣今望岳於西南覺吾行遼遠也乃歸二十日至鏡城八月韓王自義州遣李薲李元翼來攻平壤者再行長輒擊卻之王亦聞清正已略定咸鏡恐其與行長并力來襲也益告急於明明既得承訓敗聞舉朝震驚大司馬石星說明主曰秀吉兵乘勝而遠鬬未可與爭鋒且寧夏未平復有事於遼東不若且議和以紓禍也因薦沈惟敬惟敬越人慧黠有辯口遊燕與燕倡家僕鄭四善鄭四嘗在對馬惟敬以故略知和事微幸富貴其友袁茂嘗納女於星星因知惟敬召而與語大悅遂薦之於是明主以惟敬爲游擊將軍多齎金帛往說我軍投書平壤卑辭乞和行長與宗義智見惟敬於城北曰明即欲和宜使使濟海因徵數條惟敬盡順其意曰歸取報五十日復來乃請界平壤西北十里和韓俱不相驗行長許而遣歸告狀於秀家於是我兵在平壤者

不復西下而韓兵竊發諸道沈岱者募兵朔寧計復都城秀家攻
而斬之鄭湛邊應井亦聚兵全州筑紫廣門自慶尙入全羅與湛
應井戰熊嶺斬之而全州未下九月應井弟應星敗石田三成於
馬灘元豪敗蜂須賀家政於龜尾浦遂攻毛利高政於春川高政
伏兵擒豪遂定江原鍋島直茂相巨賴定在永興取德原咸興等
七城移守咸興清正自鏡城以諸俘虜還至蓮下會韓兵二萬扼
梁養山清正擊破之走其將梅天直茂賴定迎之相見於橋中賀
其無恙時已十月矣清正返軍安邊乃修釜山橋州諸城相與協
心按據韓人當是時諸將稟事秀吉使舸交於海中是月秀吉復
奏請赴行營天子詔曰征戎之事一任將佐勿輕濟海秀吉拜謝
而行十一月直茂以三千人與韓將李布得兵三萬戰於咸與北
走之斬首千餘級清正盡收咸鏡二十二管遂議自北道長驅入
遼東未果行長亦以惟敬過期不至乃怒下令軍中曰皆修行具
吾將飮馬鴨綠江也義州聞之荷擔而立韓王飛書告明明羣臣
議曰惟敬說不可信秀吉殊無退兵意囊者以署涇取敗今天寒
馬肥宜出兵也翊鈞猶豫未決懸令有能獻奇計復東藩者購萬
金封伯爵襲之子孫莫敢應者衆推少司馬宋應昌曰應昌去歲
上書言秀吉必來是知兵矣翊鈞遂拜應昌爲都御史經略東北
劉黃裳袁黃爲贊畫而選將兵者李如松稱材武天下無雙會其
平寧夏而旋則拜爲大將率六將軍東拒秀吉期以十一月發北
京獨大司馬猶持前議復遣惟敬至平壤伺秀吉意惟敬留平壤
城中與行長密定議以去而如松等大兵已至遼東惟敬要之於
路曰媾將成矣和人約棄平壤界大同江而退如松方銳意立功
弗懌惟敬言欲執而斬之應昌等說曰宜舍此因怠敵而襲之如

松從之率渡鴨綠會降虜爲我耳目者爲韓相所摘發皆就拘縛以故不知明軍至

明史日本傳二十年四月遣其將清正行長義智僧元蘇宗逸等將舟師數百艘由對馬島渡海陷朝鮮之金山乘勝長驅以五月渡臨津掠開城分陷豐德諸郡朝鮮望風潰清正等遂逼王京朝鮮王李昖棄城奔平壤又奔義州遣使絡繹告急倭遂入王京執其王妃王子追奔至平壤放兵淫掠七月命副總兵祖承訓赴援與倭戰於平壤城外大敗承訓僅以身免八月中朝乃以兵部侍郎宋應昌爲經略都督李如松爲提督統兵討之當是時寧夏未平朝鮮事起兵部尚書石星計無所出募能說倭者偵之於是嘉興人沈惟敬應募星即假游擊將軍銜送之如松麾下

甲乙賸言沈惟敬以落魄僑寓燕中寓旁有閒屋使賣水擔子沈嘉旺居之嘉旺本樂清趙常吉家蒼頭幼爲倭奴所掠載還日本

凡十八載泛海而還還復走燕依趙趙無所用之故賣水以自給惟敬暇則時時從嘉旺談夷中情俗雖器什鄉語無不了悉會石大司馬經略東事而石寵姬之父袁某恆從惟敬游惟敬日與袁言夷中事若身至之者袁以告石石遂召與相見與語大悅遂奏授遊擊將軍奉使日本而有封貢之說矣惟敬妻陳氏名澹如本故娼也惟敬既遠使石每到門慰藉至以沈夫人呼之眞可謂能下賤矣第下非其所當下爲可惜耳

癸巳二十一 文祿二年（和漢年契）春三月小西行長棄平城明遣使乞和還王京縱王子（日本外史十六豐臣氏中二年正月朔如松至肅寧使裨將查大受先往順安大受使人來告曰沈游擊至和議成矣行長喜亦使一將以二十人會順安大受誘與飲酒伏起二十人搏戰亡其三人走還平壤行長大驚丹波人內藤如安爲行長侍史冒小西氏稱飛彈守於是行長命如安往詰如松如松慰解遣還而六日以諸軍薄平壤行長與宗義智等急修守備馳使告急鳳山使者未歸如松已以先鋒攻含毬門我兵擊御之其夜出襲李如柏營不利其明明軍大至如松攻小

西門如柏攻大西門吳惟忠駱尙忠攻北門祖承訓攻南門承訓欲立奇功償前敗知我易韓人也令其兵皆倘韓裝故踏跙不進行長以爲韓人也專拒西北自率鋭手擊卻如松如松益用大礮火箭毒煙蔽城我兵殊死戰承訓則脫韓裝露明甲鼓譟而登行長驚急分兵拒之而西北卽陷行長退保牡丹臺明軍四面攀堞我兵力拒刀槍攢垂堞如蝟毛明兵死傷數千人不能拔退營城外行長將木戶某說曰鳳山兵不來援吾以孤城抗大敵終不可支盍退合於諸將以圖再舉行長然之卽夜潛率衆出城至江江冰方合蹈而渡至鳳山大友義統已遁之國都黑田長政在白川聞敗引兵迎行長代殿而退明軍不敢追躡終至國都韓人聞之所在並起以應明軍宋應昌等謀曰秀吉將帥皆萃王城而加藤清正者懸孤軍在咸鏡聲聞不通可虛喝而取也使辯士馮仲纓以譯說清正曰和無故攻韓韓告急於明明皇帝大怒遣大兵救韓復平壤復開城遂復國都擒浮田小西盡逐其兵令琉球暹羅諸國壓和境而足下猶守韓欲爲誰乎皇帝聞足下高義使使臣爲報告之爲足下計莫若速返韓王子收軍歸和否則明軍四十萬驅韓兵而東直萃於安邊足下雖欲服明得乎清正使侍史苔之曰清正知奉國命而戰不知聽明令而和也歸語明主我有敝甲凋兵近苦無事貴國來伐已聞命矣而咸鏡之途險阸騎不可比行卒不得成列兵之來日一二萬而已吾迎而擊之日殺一萬四十日殲之日殺二萬二十日殲之既殲而西指度遼破燕奉大駕於海東淸正可以復命矣仲纓走歸當是時明軍乘勝鼓行而東國都將吏令大同以東諸城撤守來會諸城皆聽命獨小早川隆景與毛利秀包立花宗茂弗肯曰吾輩竭力報國固在今日且

明軍勝而驕易與耳三奉行促之甚急乃退未至王城三十里而軍明軍進入開城遂渡臨津查大受爲其先鋒値宗茂於礪石嶺宗茂擊破之斬百餘人如松乃盡引其軍而至隆景以三萬人邀擊於碧蹄館大戰良久宗茂與秀包橫擊之如松初以火器襲平壤一戰得志謂和兵不足復畏乃輕進不具銃礮以短兵接戰我軍兵銳刃利縱橫揮擊人馬皆倒莫敢當其鋒我兵呼聲動天遂大破明軍斬首一萬幾獲如松追北至臨津擠明兵於江江水爲之不流如松痛哭徹夜聚敗軍退入坡州韓將相請其再進不肯時天雨冰釋如松託言坡州多泥不可爲營遂退入東坡二月猶雨明馬多病斃我兵縱火而進如松退入開城遣人還明稱病請代而韓人寇我者不衰我兵在幸州者亦爲韓將權慄所敗秀家等乃使使召清正清正平橘中寇斬首虜三千餘級與直茂賴定皆之都城明兵相驚曰清正自北道繞襲平壤扼我歸路如松大懼留諸將守臨津而自退入平壤秀吉使毛利秀元加藤光泰細川忠興等七將赴援三月攻晉州晉州城險韓王之奔置其重器以精兵二萬守之七將皆大敗退入都城都城傍有龍山倉我兵仰食焉查大受李如梅潛兵火倉而金命元等軍臨津南絕我糧道已食而我與明軍皆大疫三奉行以糧竭欲退守釜山光泰曰糧竭寧食砂國都不可棄也清正亦爭之曰吾以孤軍破强胡數萬明韓兵何足爲意何不奪其糧三成曰公宜往奪不得取助於人清正曰諾即夜以千兵襲明軍奪糧而還時如松使沈惟敬計和惟敬赴北京報曰秀吉欲封日本國王如足利氏故事耳因與石星定議來韓都城厚賂行長曰太閤歸韓俘則割慶尙全羅忠清三道封爲王行長等素不學不諳封王故事以爲王於明之謂也

欲許之已而知其非惟敬巧彌縫之清正不可其議行長與三奉行皆懷歸乃報秀吉曰明人欲尊殿下爲皇帝秀吉乃許和惟敬請解都城兵諸將乃焚城更殿而東如松乃肯進韓相柳成龍請尾擊之乃遣李如柏等萬餘人覘我陣整不敢逼諸將至慶尚起蔚山東萊金海巨濟等十八屯以俟秀吉令明主以孫鑛代宋應昌遣劉綎吳惟忠等分守星州居昌諸城而使謝用梓沈一貫沈惟敬來謁秀吉於行營秀吉饗明使者還之遣小西如安與偕放還清正所俘二王子大臣以下以大友義統不救行長罰奪其封遂令在韓諸將屠晉州以償前敗六月諸將合兵圍晉州城兵益熾我軍塡壕蒙竹楯仰攻城上矢石如注清正造龜甲車牛革包之載以死士穿城足樓櫓崩折清正與黑田長政先登諸將繼之斬城將徐禮元金千鎰等鏖六萬餘人夷城池而返醢禮元首獻之行營仍屯故地韓主大驚訴之明李如松令沈惟敬來見行長曰公等許和未十日有晉州之事何也行長怒曰汝請和而明兵入韓者益衆何也惟敬語塞去至北京請石星召還如松以下獨留劉綎吳惟忠等萬人明主疑如安不敢納舍之遼東秀吉亦以如安久不還意惟敬欺己日夜謀議軍事黑田孝高私語同僚曰吾聞外征諸將有威無恩所過無不殘滅夷民逃匿野無青草是得其地果何益哉且聞兩先鋒爭功相鬩法令牴牾衆莫知所從而浮田宰相不能制之夫浮田非統馭之才也能堪此任者非德川則前田若孝高而已秀吉側聽而首肯之已而大召諸將會議行臺曰朝鮮之事如今日狀則何時定乎迺公不可不自往也吾爾家康使守吾邦無復所顧慮焉今舉國內兵雖少猶可得三十萬因顧諸將曰利家汝將五萬曰氏鄉汝亦將五萬吾親將十五

萬爲中軍左右汝二人掃蕩朝鮮直入於明疾具兵艦吾意決矣德川公弗懌謂利家氏鄉曰二公擢於羣中榮孰大焉僕少小事弓馬今雖老矣猶足以當一面何居守爲二公幸推挽之彈正少弼進曰德川公勿復言臣覗殿下近狀彼爲野狐所憑爾秀吉怫然扣刀而跽曰吾爲狐憑有說乎無說則死少弼對曰有說也饒使無說臣固不辭死且如臣等頭雖到千百何足惜乎顧天下纔定瘡痍未愈人人希休息無爲而殿下乃興無故之軍以殘暴異域使我父子兄弟暴骸骨於海外哭泣之聲四聞加之漕轉賦役之相因所在盡爲荒野當是之時殿下一舉趾則六十州之寇賊雷動風起雖有德川公安得鎮定之乎是其所以顧外征爾臣恐殿下舟師未達釜山而根本之地已爲他人所據是勢之最易覩者使殿下有平昔之心豈有不察於此不察於此故謂之狐憑耳鄙語曰鼈欲咬人反咬於人殿下之謂也秀吉益怒曰狐乎鼈乎吾且舍諸以臣罵君不可舍也將拔刀斬之利家氏鄉進擁之曰臣等在此苟欲行誅戮不必勞親手因斜睨少弼曰可去矣少弼乃徐起還舍待罪數日有上變事者肥後賊梅北舉兵取佐敷城秀吉大驚急召少弼謝曰吾甚慙於汝也命汝兒幸長爲大將往定肥後因命德川公以其將本多忠勝助之未發肥後人斬梅北來獻乃止命少弼按定其國減韓戍卒八月淺井氏復生男秀吉大喜使前田利家攝軍事而自歸大坂命所生男幼字弃丸長曰秀賴韓王乃敢歸都城清正喪其俘心甚弗懌又知和議必不成十一月進攻安康大破之虜尤畏清正呼曰鬼上官時韓野多尸虎狼羣至我將士留戍者因大獵之殺獲無數檻其尤大者以獻焉○〔日本外史二十德川氏三〕二年三月江戶土功告竣先是外

征諸將取朝鮮所過殘滅明氏出軍援之連戰不決黑田孝高在行營議以爲元帥不堪其任堪其任者新田公否則前田利家若孝高而已秀吉又慮功不成而有內變會諸將宣言欲自與前田利家蒲生氏鄕將三軍入朝鮮而畱大納言守國大納言卽奮辭色願從行彈正少弼極諫秀吉秀吉怒欲手斬之諸將救而止秀吉斥少弼不許見會肥後寇起秀吉乃悟大納言攜少弼入謝令少弼長子左京大夫討寇以本多忠勝助而平之淺野氏嘗坐其臣僞造金幣獲罪大納言潛往其家審實爲白之事得以寢日益親善八月秀吉庶子秀賴生秀吉大喜東歸大納言自西中納言自東皆往賀之豐臣氏將吏在朝鮮竊懷歸志罔蔽秀吉曲成和議弭兵而還十月大納言還江戶聘藤原肅待以賓禮講論益力

○日本外史十二毛利氏二年正月明將李如松率大兵來援朝鮮陷平壤行長敗走大友義統亦棄城走秀包與黑田長政將兵迎行長殿而退如松乘勝南下秀家等令諸城砦皆解還萃於國都隆景守開城獨不肯還曰諸君皆去吾當獨畱吾受命外征固不期生吾老矣願與明人一戰使明人知日本有小早川隆景者也卽敗死一老翁何損於國哉秀家等促之再三隆景不得已而還與秀包元康及立花宗茂三將合兵二萬未至國都三十里而陣數日候騎報曰如松兵既至碧蹄驛蓋十餘萬騎矣隆景曰足以試我武矣乃分兵爲六隊迎戰前軍二隊不利卻隆景揮槍大呼而進士卒皆奮莫不一當百三將自左右夾擊之明軍遂大敗如松墜馬隆景將井上某鏦之不中與其將李有聲鬬而斬之如松廑以身免逐北至臨津斬首萬餘級而我兵死者廑百餘人如松入開城覘其所失亡痛哭徹曉遂退軍三次明軍大沮明之

乞和於我本於此戰也四月和成國都諸將欲撤還恐虜兵追躡羣議不決隆景倚柱而睡石田三成喚起問計隆景曰縱火焚城更殿而退何虞之有從之全軍而還六月輝元義子秀元濟海與諸將俱攻晉州拔之秀元元清子也其幼元春隆景目之相語曰何酷肖先君也時秀吉欲以其外甥秀秋爲毛利氏後或以告隆景隆景素知秀吉畏忌己且不屑受其封欲返致及聞是言竊度曰不可使他日汨我宗家且秀秋妄庸人養之是養禍也吾寧任其弊已而秀吉從容問之曰參議齡強而無嗣何如隆景卒對曰既養穗田氏子矣秀吉憮然曰吾未之知也隆景使人馳告輝元使立秀元遂請秀秋爲己子秀吉喜許之乃讓與之筑前而自老於三原秀吉始伐韓之年自肥前航歸大阪過大浦舟人謀逆故觸舟於礁殆溺秀元以走舸救之秀吉梟舟人挈秀元入京師奏爲四位侍從報其德也遂有外征之命年甫十五

正親町帝崩淀君生秀賴

明史日本傳明年如松師大捷於平壤朝鮮所失四道並復如松乘勝趨碧蹄館敗而退師於是封貢之義起中朝彌縫惟敬以成款局事詳朝鮮傳

甲午二十二 文祿三年和漢年契築伏見城四裔編年表築千柱大橋

日本外史十六豐臣氏中三年正月大城於伏見興卒二十五萬人將帥萬石以上皆助役三月秀吉與秀次及德川前田諸將遊

吉野四月浴有馬溫泉是年加藤光泰卒初石田三成以韓都之議不合隙光泰甚深遂毒之也嗣子貞泰猶幼徙邑美濃以甲斐賜淺野氏當是時韓戍未徹韓主數促明定和十月明主召如安石星命沿道供帳十二月至燕星就拜於其館待以王公禮厚賂之使曲成其媾如安諾之居數日明主延見之如安騎而入至闕衞士呵下之如安昂然不下入見明主明主令諸將相大臣會於左闕悉問秀吉意如安所荅勉副星意明乃定封王議遣正使李宗誠副使楊方亨以沈惟敬爲導惟敬歟望且難星曰前約七事今止封冊封必不成星弗聽如安與三使皆發○（日本外史二十德川氏三）三年春秀吉大城伏見課諸國助役大納言令榊原康政諭管內將士貸徭錢出役丁尋自西上監視秀吉要之共遊吉野四月永井直勝敍五位爲右近大夫大納言之在肥前秀吉過其營與語直勝出進茗秀吉問知其名曰是往年獲池田者乎因問大納言曰爾時吾與卿對壘卿何以不攻我重壕之兵對曰慮樂田兵夾擊之也抑公亦何以不來戰秀吉術掌曰吾誠置餌兵於壕欲俟卿來夾而殲之故不往戰耳諸將傍聽者皆悅服秀吉於是來請冒直勝以豐臣氏遂有斯命大納言二女適北條氏而寡秀吉自媒再嫁於池田信輝子輝政以釋其憾次年又以三女嫁蒲生氏鄉子秀行九月大久保忠世卒子忠鄰嗣守小田原兼世子傅

乙二　十

未三

文祿四年（和漢年契）秀次自殺（日本外史十六豐臣氏中）

四年二月蒲生氏鄉卒幼子秀行嗣尋徙之下野以會津封上杉景勝三月伏見城成秀吉徙居以俟明使者置淺井氏於淀世呼淀君淀君既生秀賴而秀吉

次無避位之意以故秀吉城伏見欲以讓秀次而予秀賴以大坂也秀次爲人頑放其畱守聚樂淫虐日甚漁色不論貴賤右大臣晴季女新寡而有孤女秀次并取母子變之上皇崩而數日出獵手刃近臣夜出戕行人自槽上銃人爲戲至欲剖孕婦世呼曰殺生關白以殺生與攝政音相近也田中吉政爲其傅數諫之乃託事遠吉政秀吉之再赴行營也外議以爲秀次當代而行殊無行意黑田孝高說之曰殿下之威靈可謂甚矣交武之轂相擊於門天下士民覗其喜怒以爲慶弔殿下知其故乎秀次曰吾爲關白故耳曰否殿下不以太閤爲叔父則能得爲關白乎太閤年已六十猶枕戈而眠而殿下恬然獨縱嗜慾何不自省乎夫位極乎人臣而望不厭於天下怨之所萃姦之所乘也臣竊爲殿下危之爲殿下計者宜赴那古耶代統軍事太閤已倦兵事必喜許之立功自固誰得動之願殿下熟思之蒲生氏鄉亦勸其濟海自請爲其先鋒秀次皆弗納有流言關白謀反秀吉弗問及秀賴生秀次自疑被廢益不聊賴石田三成增田長盛與之有郤希秀吉旨數惡之初常陸介木村重茲有寵於秀吉而爲三成奪其寵乃結於秀次秀次自知取怨多也毎出遊取具鎧仗又厚賂諸侯伯而與之誓三成長盛因證其有反形七月秀吉使三成長盛及前田玄以就詰問之秀次大駭獻誓書七通秀吉意稍解翌夜垂茲乘婦人車入聚樂盡漏而出三成偵知以告比曉秀次促德川氏嗣子使朝參欲因劫爲質嗣子走歸伏見毛利氏亦獻秀次所擬誓書秀吉大怒使使召秀次秀次愛將吉田修理請假萬人夜襲伏見弗聽遂赴謁不許見命放之高野附僧興山監守焉興山南征時首納款者也於是奏請削秀次在身官爵廢爲庶人三成勸遂殺之

潛諷興山促其自裁秀吉遂遣福島正則就賜死然冀興山乞其命也正則還獻秀次首秀吉愕然曰山僧無情三成請而梟之京師併其妻兒姬妾三十餘人皆斬之瘞之一坎名曰畜生冢毀聚樂徙諸邸第於伏見召賞吉政分秀次地予福島正則以清洲誅東木村重茲以下重茲有遺腹子曰重成其母嘗乳養秀賴以故秀吉召祿重成任長門守以隸於秀賴三成既誅重茲遂誣伊達最上氏黨秀次有匿名書曰伊達最上欲分豐臣而霸秀吉笑曰是怨家所爲耳乃皆釋之淺野左京大夫書記芹川藤助者亡命歸三成三成使僞作舊主通聚樂書上之因發兵圍淺野氏前田利家爲白其冤秀吉捕藤助得實乃還於淺野氏礫之先是大田納言秀俊卒秀俊亦昏暴嘗觀蜻蜓瀑命左右自投於湫左右與之俱沒無嗣國除以郡山予增田長盛以藤堂高虎爲今治城主

○日本外史二十德川氏三四年大納言中納言少將共在京師大饗秀吉秀吉既生秀賴欲廢秀次秀次素淫虐石田三成增田長盛等從而搆之五月大納言東還留中納言於京戒之曰聚樂次將及禍即來誘愼勿應之七月秀吉自伏見使使京師就聚樂第詰秀次秀次誓而遣之以事已迫欲取我中納言爲質因拔我兵自援即夜五更使人來言曰關白欲供朝餐請速來并上利勝荅曰世子未起當竢起告之使者去利勝告大久保忠鄰忠鄰使之奉奔伏見從者六人議取間道利勝直由大路南馳使者復來促忠鄰故留之度中納言已遠乃出見曰世子早有茶會之約赴於伏見秀次聞之大悔秀吉見中納言來悅曰眞新田公之子也乃以書告變江戶大納言即發途聞秀次已被殺兼程而至秀吉大喜秀吉素嗜刑殺及老喜怒不測至治秀次獄尤極慘酷三成

既陷秀次遂欲連累諸將異己者誣伊達政宗爲反黨秀吉大怒欲徙政宗於伊豫政宗在京師第使人往伏見就請大納言營救大納言不荅賜使者食畢請對大納言罵曰而主怯懦不足與言也且若輩欲徙伊豫餒於魚乎死京中餒於狗乎必居一焉因召而前之授對遣歸既而伊達氏兵皆衷甲而譟京師大擾秀吉聞之大驚使使詰問政宗政宗便服出迎言曰臣僕從皆曰失累世之國飄泊客土不若死也臣制止之輒斥爲怯夫在目下者猶如此留在國者不審其爲何狀使者還報秀吉患之會大納言親往申雪事遂得釋最上義光女嘗侍秀次及敗併被殺三成又誣義光亦爲大納言所救衆皆睚眦三成而秀吉寵之益甚三成專權無復忌憚獨畏德川氏九月我中納言以秀吉旨娶淺井氏淺井氏有二姊秀吉自取其長者生秀賴稱淀君少者嫁京極高次後稱常光皆故織田信長外姪也秀吉夫人淺野氏稱北廳及淀君專寵北廳失勢石田三成增田長盛小西行長大野治長等皆附淀君加藤清正福島正則等爲北廳親屬不敢附淸正與行長並爲外征將爭功相惡內旨各有所助及秀賴生諸將益黨淀君大納言亦與之有姻戚而獨禮北廳

四裔編年表

禁邪教

〔日本國志〕文祿四年豐臣氏怒天主教惑衆乃收件的連及其徒二十餘人械送長崎磔之始禁祆教然旣所在蔓延不能驅攺就刑者甚衆又云初天正十五年秀吉議毀南蠻寺或請斬其人秀吉曰不若放還命密捕教徒高山友長小西行長泄其情皆逋匿僅獲四人遂逐件的連定法五章曰禁祀天主曰禁毀神社佛寺曰限教士二旬出港曰禁說教不禁通商曰所絕在教士商民姑宥其罪然教士潛匿不去及是乃遂伏誅

丙申二十四 **慶長元年**（和漢年契）**明遣使來不報**（日本外史十六〔豐臣氏中〕）當是時明二使已入韓境疑懼不敢進請我撤兵諸將不得已約成於釜山未肯濟海歸李宗誠貴族子日夜思歸惟敬因欲逐而代之慶長元年正月小西行長歸告和成惟敬私從之以地圖兵書蟒服及燕代良馬三百匹獻秀吉而去怵宗誠曰和敗矣秀吉兵將來執我輩四月宗誠遁去楊方亨問計於惟敬惟敬曰有兩語汝愼記之舉我大明奉承日本而已明主遂以方亨爲正使惟敬副之多出金帛資惟敬齎封冊促往因令韓發使韓以和議未固依違不從獨使黃愼朴弘長從之刻日發五月秀吉以秀賴朝見詔敍秀賴從三位任右近衞中將六月明韓使者濟海我諸將乃畱兵釜山而凱旋行長嫉淸正淸正惡於三成而行長善之與倶譖之淸正至伏見秀吉不許見乃就增田長盛請申救長盛曰予宜謝於治部淸正曰吾死不能乃歸第竢命七月京畿大風霾地大震伏見城壞壓死數百人淸正曰吾寧犯罪不可坐視乃從卒二百入省秀吉秀吉與夫人席地而坐目淸正呼其幼字曰阿虎若來何速淸正因前訴冤畫地而語陳其軍勞秀吉顧謂夫人曰彼肥皙丈夫今至自朝鮮何黧且悴也乃命守其門三成以下踵至不得入有傳命者特納三成淸正大聲令其卒曰使短小倭豎入旦日秀吉召見淸正推問海外戰狀泣下曰阿虎襁褓育於我乃類我也遂愛遇如故時震仍不止德川公夜率兵入衞秀吉曰不知皇宮何如吾當與卿省焉乃遽出從者未屬德川公以其兵擁之而行道路昏黑德川公從者有掣其袖者公不敢顧秀吉談笑而行脫刀授之曰吾老矣覺刀之重矣以煩卿也公不敢執乃授井伊直政

已而秀吉從兵踵至遂入朝還過方廣寺前見大佛倒裂罵曰我爲若不憚勞費將使若濟度衆生今已身且不能保何負我也因呼弓射之還乃修伏見城更作与城於木幡山八月明韓使者共至界浦二十九日造伏見秀吉使柳川調信責韓使者曰吾收兵而汝國未獻三道今又不使王子來謝再造之恩乃遣微者辱我我不許汝入見二使因行長謝弗聽九月二日使毛利氏列兵仗延明使者入城諸將帥皆坐廡之秀吉開幄而出侍衛呼叱二使匍伏莫敢仰覩捧金印冕服隨行而進行長助之畢禮三日饗使者既罷秀吉戴冕被緋衣使德川公以下七人各被其章服召僧承兌讀冊書行長私屬之曰冊文與維敬所說或有齟齬者予且諱之承兌不敢聽乃入讀冊於秀吉之傍至曰封爾爲日本國王秀吉變色立脫冕服抛之地取冊書扯裂之罵曰吾掌握日本欲王則王何待髯虜之封哉且吾而爲王如天朝何乃召行長詬讓曰汝敢欺罔我以爲我邦之辱吾將併汝與明使者皆誅殺之行長股栗諉罪於三奉行出書牘數通爲證承兌亦救解之事纔得止而秀吉怒未釋即夜命加藤清正太谷吉隆石出三成增田長盛遂明韓使者賜資糧遣歸使謂之曰若亟去告而君我將再遣兵屠而國也遂下令西南四道發兵十四萬人以明年二月悉會故行臺柳川調信私屬黃愼曰太閤意已決矣速獻三道使王子來謝不則貴國復被禍矣維敬猶疑其虛喝已而見沿道治兵狀則亦竄奔去秀吉初養夫人姪秀秋爲子出繼小早川氏於是以爲大將以浮田秀家毛利秀元副之以黑田孝高充其參謀以清正行長充其先鋒使行長立功自償諸將皆前役所遣已諳海外事宜以故秀吉不復親出自居伏見遙授方略置吏於那古耶以

司諸道糧運○〔日本外史二十德川氏三〕慶長元年五月詔以大納言爲內大臣敘正二位後二日入朝是日秀吉亦以秀賴入朝敘從三位任中將九月明及朝鮮使者來謁秀吉以來辭非其所望復大徵兵以明春濟海而置吏行營不復親出十月酒井忠次卒十二月以松平康親松平家乘爲大番頭初內大臣置大番五隊以內藤永井栗生三家子弟爲頭皆不滿萬石者於是諭二人曰吾以此職累子子必不厭心雖然世事未定中軍之鋒非子不可又令井伊本多榊原石川平岩五將更番伏見頓於藤杜以備非常

丁酉 二十五 **慶長二年**〔日本外史十二毛利氏〕慶長二年輝元隆景並爲從三位中納言與秀家皆修淀河隄秀元襲輝元官爵爲秀吉女壻是年復伐朝鮮以秀秋秀元統諸將六月隆景病卒年六十二隆景爲秀吉所重參其大計而持己愼密間不入秀吉嘗欲從封毛利氏於九州隆景辭曰八州已多況增一乎恐不能勝也且先人所百戰而取不忍棄之秀吉乃止及退老以誦吟自適以至於沒○〔日本外史十一武田氏上杉氏〕是時上杉氏所領歲入可三百萬石秀吉心畏惡景勝之能又度謙信久訓其國國人皆戴景勝欲徙共封嘗從容問之曰卿國歲入幾何景勝恐被削不以實對曰七八十萬石耳秀吉佯驚曰何少也因從之會津食百二十萬石賜之兼續以米澤地三十萬石賜越後於堀秀治景勝大悔之是歲慶長二年也〔**和漢年契**〕

復伐朝鮮〔日本外史十六豐臣氏中〕二年正月明使者至明佯報秀吉受封拜舞和議全成因私貫海外珍寶號爲日本

幣物已而吳越將吏上變告曰秀吉先鋒加藤清正已擁二百艘
上機張矣明主因詰方亨得實乃詰惟敬惟敬慚謝因曰秀吉責
韓而已矣不久將去明不信乃戒東北守備復大募兵遣邢玠楊
鎬麻貴楊元劉綎董一元等率而東下諸將皆以智勇聞其國者
也我兩先鋒已濟海并其戍兵行長軍釜山清正自機張攻梁山
陷之我軍於西生浦韓人懲創前役逃竄駭散清正榜諭之曰太閤
命吏責問朝鮮王屯兵東邊以蔟其報汝民各安其居勿自擾亂
二月孝高奉秀秋至釜山因山海之勢列壘寨聯舟艦以爲根據
之地出令禁纍掠而諸道望風潰奔時韓地荒廢無糧可因我海
運亦未達諸將以故不輒進聲言朝鮮獻三道如約乃止不復深
入韓王使李元翼守鳥嶺而自奔海州告急於明明君臣歸罪於
石星奪其官且議曰割地之議出於惟敬之託言忠清韓之府藏
全羅慶尙韓之門戶皆其重地而明之海路亦恃爲藩屏焉今子
之秀吉秀吉以爲取韓犯明之資彼之舟帆晨發夕至天津登萊
非明之有也因宥惟敬使往更爲說以弭和兵清正行長使人返
告韓不獻地秀吉報曰當蔟韓穀熟進入全羅以攻諸城必攻破
而後已且戒行長等曰前使我不得志者全羅水軍也此行必報
之惟敬在南原明主數責其效韓人亦指目之曰是左右賣國反
覆之臣也周明欺和使韓受其弊惟敬大窘又鬪石星已下獄
則恐因度以爲行長和主清正主戰不若先退清正因遺書清正
曰三國媾和將歸無爲而足下足下勸太閤敗之明主命邢總督以精
銳七十萬將首擊足下足下速請和弭兵不然禍不旋踵清正荅
書曰吾每病朝鮮兵羸弱不足與較今當明軍作一快戰吾所願
已惟敬得書不知所爲乃因行長欲投歸於我行長許之邢玠在

遼東聞之曰彼入日本必爲我腹心害者乃令楊元伏三千人要其走路捕之尋被誅而我與明遂絕明軍已至全羅楊元在南原陳愚衷在全州韓將元鈞在閑山唐島水陸相援以守全羅七月我水軍諸將議攻唐島藤堂高虎脇坂安治先發韓以數百艘逆擊高虎安治親揮槍力戰加藤嘉明後至遇敵一大艦艦上列卒張弓持滿擬之嘉明拔刀躍入其艦敵不敢發嘉明立斬數人遂奪其艦諸將因奮擊大破之元鈞收兵守閑山而明將楊鎬麻貴等繼至韓令鈞進擣釜山初鈞與李舜臣並將水軍行長間使人告韓曰清正首敗媾吾深嫉之今孤軍先濟宜襲執之韓王乃命鈞舜臣舜臣不肯鈞劾其逗留王召舜臣下獄鈞於是獨將及受此命不得不自進乃合水路諸軍赴釜山行長聞之八月伏兵於加德以舟兵逆擊於絕影島會日暮風濤大起我軍佯退鈞縱兵冒濤而進比至加德飢渴下舟取飲伏兵起行長返之夾擊大敗鈞軍鈞逃至巨濟行長復夜襲之遂斬鈞乘勝西向連陷南海順天自豆恥津上陸而清正兵自西生浦歷慶州入全羅諸城望其旗曰鬼上官至矣不戰而潰清正進與行長合攻黃石城陷之守將郭趦趙宗道等皆死我軍乃二道並進清正從雲峰浮田秀家繼之行長從密陽毛利秀元繼之兵各五萬會於南原韓元帥權慄軍雲峰望清正軍棄守而逃我諸將使島津義弘加藤嘉明絕全州援路而合軍入南原投書楊元約戰期元高壘深塹悉衆捍禦諸將疾攻兩晝夜已而退兵窺城兵倦且息則復進伏卒一面而三面塡塹踏藉而登元在帳中裸跣走其所率遼東突騎數千爭門驅出伏兵要之奮刀斫馬足適月明明騎莫得脫者韓將李福男等皆死我軍進向全州州民素苦陳愚衷徵求及聞南原

陷皆遁走明兵阻之多爲韓人所傷愚衷遂棄城走會麻貴遣牛伯英等援南原不及與愚衷合兵軍於公州我諸將因糧於全州終議入國都韓王聞水陸軍皆敗謂鳥嶺之守無益也使李元翼引兵徑出忠清以沮我軍鋒復起李舜臣統三道水軍舜臣至錦島與我將菅正陰遇於碧波亭下以大礮乘潮來攻正陰敗死舜臣因與明水軍將陳璘軍古今島以扼我水軍而我陸軍一隊以秀元爲將黑田長政爲先鋒進迫國都九月軍於全義館擊明將解生於稷山明將楊登山牛伯英來衝我陣長政將後藤基次栗山利安揮槍拒之殺傷相當登山伯英退與生合濟川斷橋我兵絕流而渡擊走之明軍復大至長政將母里友信原種良等力戰秀元亦至擊御明軍於是明軍在國都者不敢出我軍亦持重不進天瀨塞十月清正退守蔚山行長退守順天諸將連營與釜山相爲聲援明乃遣李如梅來取谷城遂攻毛利秀包於星州不能取秀包亦以兵少退守求禮十一月邢玠入韓聚議都城以爲和兵持重若待秀吉親濟者其志不在小宜及令擊之會明諸道募兵皆至乃分爲三李如梅將左軍高策將中軍李芳春解生將右軍明三十三將與韓七將分屬三軍以楊鎬麻貴統之糧餉火器皆極豐備期以十二月進攻焉我諸將聞之益修城壘清正巡視西生諸寨而酉裨將加藤清兵衞與毛利氏援卒俱修蔚山明諸將議曰秀吉諸將清正最勇悍先克清正則餘從風解乃聲向順天以牽行長而諸軍會慶州酉高策於彥陽以絕釜山援路而李如梅解生等皆萃於蔚山蔚山土木未竣其役卒駭明軍至入告清兵衞清兵衞出戰陷伏大敗入城嬰守淺野左京大夫率毛利氏將太田政信宍戶元繼等將往蔚山監役行至彥陽與高策夾

嶺而舍未相知也比曉我斥兵上嶺爲明先鋒所獲我軍乃覺政信元繼說曰衆寡懸絕不若疾走入蔚山也大夫曰幸長提兵至此未覩明人之旗而逃何面目復見太閤哉公等欲走郎走吾當死於此矣乃遣其將太田岡野寵田森島四人率銃隊進遂擊明先鋒卻之大夫在高阜望見策軍踰嶺也恐其戰沒使人召還之不肯奮擊斃數百人而死之獨寵田脫歸獻所獲甲首且曰明兵之衆望之無際請君速退大夫怒曰吾豈聞衆而退哉自揚徽號麾衆而進將士覩之爭赴明軍大夫身被十餘創猶進不已寵田力諫使二從士囘其轡而以刀鞘鞭馬馬奔蔚山策兵追躡岡田某福永某返戰而死清兵衞望見出城迎入元繼爲明軍所隔自閒路入島山島山蔚山別堡也時楊鎬李如梅等已破蔚山外郭大夫代清正率厲將士嬰壁守之明兵以大夫爲清正也必欲獲之攻擊甚急大夫自放銃無不命中時開門突戰殺傷過當二城之閒有川李芳春解生泛兵艦以絕之城兵銃破其五艘溺數千人而敵勢不衰麻貴茅國器鼓衆攀壁前者墜後者登晝夜不歇城兵欲告急於清正清正時在機張相去三日程敵衆充塞道路大夫曰誰可往者近臣木村某奮請往大夫壯之予以善馬已出門明兵麕集木村一騎馳突萬衆中一日一夜達機張見清正告急清正大驚投袂而起左右或止之曰蔚山以孤城當大敵之衝而我寡兵援之終不能保不若弃之也清正曰彈正屬我曰緩急幸援我兒今餒之敵何以立天下乃率見兵五百人人負糧食登舟赴援與明候舩戰江中走之清正自蒙銀鎣鍪杖薙刀立舩首指麾士卒明韓諸軍指目莫敢近者遂入蔚山鎬貴謂將士曰清正定入城矣猶檻虎而刺之也明日合諸軍蟻附而上清正令士

卒投大石巨材擊卻之即夜與數百騎襲明軍大獲而還敵更起飛樓以火筒佛狼機百道並攻城壘震裂清正與大夫堅守不屈鎬貴知其不可力取乃下令休戰合圍十晝夜斷我汲道城兵飢渴皆嚙紙煎壁土刺馬飲其血馬盡乃飲溺夜出城外搜明人尸取其所佩糗糧牛炙食之天大雪士卒瘴瘃有墜指者而清正意氣自若益修守具用銃及紙礮日斃明兵數百千人鎬貴夜設伏而曉焚營退走數里以誘城兵城兵欲追清正不許曰彼舉火以退退不設殿不以夜而以曉是將誘我而殲之也久之明伏稍稍出終復圍之浮田氏卒有亡在明軍者呼語城上人曰楊經理願媾和欲與加藤公面議之期城外百步相見清正欲往大夫曰敵情不可測公受太閤命爲一方重寄勿輕出貽笑外國雖然不出示之怯也度彼未識公面僕請爲公代行衆遂兩止之故紓會期以竢我援兵至黑田孝高在梁山使使告釜山曰蔚山急矣即陷諸城隨之不可不趣援諸將援之豐臣秀秋毛利秀元黑田長政加藤嘉明森忠政蜂須賀家政藤堂高虎其子高良脇坂安治等將騎卒五萬自彥陽昌原分道赴援而行長自海上會之

義昭卒

戊戌 二十六 慶長三年

〔日本外史十四織田氏下〕文祿元年秀吉召信雄至大坂子其子秀雄以大野五萬石信雄退居伏見削髮稱常眞常眞之弟次丸自信長在時爲秀吉所養更名秀勝封之丹波爲左近衞少將四年秀勝卒無嗣國除是歲蒲生氏鄉卒氏鄉幼英敏信長識拔之予十餘萬石以女妻之秀吉又任以方面累加封至百萬石鎮會津已而悔之石田三成因譖

其有異心毒之疾作不起孤子秀行嗣秀吉聞其寡婦織田氏美欲取之織田氏不肯秀吉脅之家臣交勸其往織田氏削髮以死自矢秀吉怒慶長三年託事削其八十二萬石徙之宇都宮〔和漢年契〕師棄朝鮮秀吉薨〔日本外史十六豐臣氏中〕三年正月秀秋等至彥陽擊破高策與昌原軍皆赴蔚山行長益裝空艦蔽海而至楊鎬聞我軍自三面至挺身先遁麻貴解生等乘夜解圍長政使後藤基次晨出候軍得一馬鞍於水涯返報曰是日本制我兵已有騎渡者不可後矣長政郎驅躡明軍藤堂高虎等揮槍繼之清正與大夫乃開門合擊敵衆崩駭獨其將吳惟忠茅國器殿而同戰吉川廣家奮擊走之明軍大走遺弃糧仗蔽野諸將之救蔚山也明候我空虛一軍襲梁山爲黑田孝高擊卻之一軍襲釜山浮田秀家使立花宗茂邀於般丹燒而走之明主得蔚山敗聞與其下議曰是役也謀之經年傾海內力加以全韓之兵期於必克今乃如此罪當歸經理乃罷楊鎬以萬世德代之與鄧子龍張芳藍芳威等率楚兵往助邢玠秀吉得蔚山捷聞賜手書於清正賞之爲餽糧食三月秀吉攜秀賴及夫人以下遊醍醐命前田玄以掌供帳務使豐盛勿有遺憾四月遣使諭諸將留秀秋行長清正及島津義弘黑田長政左京大夫等十餘將其餘盡罷歸其留者分爲四屯秀秋守釜山而蔚山在其右清正守之順天在其左行長守之泗川在其前義弘守之四城兵凡十萬明兵亦可十萬世德與邢玠議令李如梅當義弘劉綎當行長麻貴當清正陳璘以水軍出其後已而召如梅以董一元代之相持未戰是月秀賴進從二位爲權中納言五月秀吉有疾六月

外師罷者至乃召見慰勞論其賞罰七月秀吉疾篤召德川公諭之曰外國未服而吾罷此疾吾死則難作非卿莫以定之吾今日以天下託卿卿爲我努力秀賴幼弱亦煩卿保護至其成長當立與不當立一在卿之心德川公歔欷曰殿下百歲之後孰不奉嗣君者雖然人心不測殿下宜運其神算以建萬世之安家康不才不敢當重任曰吾熟思之莫若卿者卿勿避也德川公固辭而退秀吉遂召石田三成增田長盛告之二人諫曰殿下百戰取天下而一日予之他人是胡爲也今天下猛將謀臣無不被殿下恩者其於輔嗣君可有於是定大老奉行奉行五人如故所置德川公及前田利家毛利輝元浮田秀家上杉景勝爲五大老以中村一氏生駒親正堀尾吉晴爲三中老小事決於奉行大事決於大老大老奉行或有不協則中老居間和解之使片桐且元小出秀正傳秀賴密屬二人曰吾起人奴至爲關白孰非國恩哉吾與明構兵禍結弗解吾深悔之彼聞吾死或大舉來報國朝自古未曾受外國侵辱及我時受焉吾深恥之是吾所以託國於家康至我家存亡未暇恤也雖然家康必不負我汝輩謹保護秀賴莫使生釁隙焉又使木村重成薄田兼相渡部尚副二人分親兵爲七隊以速水守久伊東長次青木一重眞野宗信中島氏種野野村吉安堀田正高爲隊長馬標旌旗畫傳之秀賴使母衣騎郡良列卒將津川主近掌之八月盡會大老奉行以下爲誓誓曰虛心協謀務輔嗣子羽樹私黨勿忘公議勿變更勿漏泄勿不告而結婚勿不告面交寶賄子六歲未莅親政前田保之於大坂而德川視事於伏見封邑行罰皆俟嗣子之長命淺野彈正石田三成曰汝赴朝鮮收我兵不能收則遣家康家康有不可往則遣利家二人遣一

雖有百萬敵不能尾也十三日疾大篤將暝已而張目曰勿使我十萬兵爲海外鬼言畢而薨年六十三羣臣祕喪使前田玄以密葬之於阿彌陀峰九月三日德川公與諸侯盟無貳於嗣君遂使淺野石田以遺命赴肥前密召在韓諸將諸將之與明軍相持也明兵益至邢玠萬世德促諸將軍進攻劉綎患順天帶山海不可近則思沈惟敬所爲欲誘而取之遣間使來告行長曰先鋒鄉與我國盟矣因淸正詿惑關白復致有今日今兩國兵老吾欲親與先鋒會以成前盟也行長不信職綎單騎候於道則信之將出赴會而我兵降在綎部者爲泄其謀行長驚還綎恚而來攻行長擊卻之淸正亦懲蔚山役糧多兵勇人思一戰九月麻貴至溫井徼前敗堅壁不敢出淸正屢出戰擊走貴兵立花宗茂在釜山自請以五百人往救淸正値明五千人於元濱乘曉霧薄擊克之遂追北或以衆寡不敵止之宗茂曰敵馬足亂可追不追視我寡也追擊復克之旣舍逸明四設五伏以待曰吾乃覘寡而誘之也夜半明兵來襲伏起復克之明日未至蔚山數十里與淸正夾擊麻貴大克之是時義弘及子忠恆在新寨與董一元夾晉江而軍茅國器聞島津氏與豐臣氏爲宿仇以爲可間也乃作檄數秀吉罪遣辯士以搖義弘義弘叱而卻之國器又說一元曰義弘築望津東陽泗川永春昆陽金海固城新寨入壘勢如長蛇望津其首也擊其首餘易制耳一元然之會明捕虜郭國安在望津送款於一元約爲內應舉火爲信至期國器引兵臨江我兵亦出寨臨江已而寨中火起吾兵顧而救之明兵乃渡陷望津忠恆在新寨欲赴援義弘曰未可望津兵退守泗川而一元已分兵襲永春昆陽燒其積聚悉軍渡江遂乘夜襲泗川我守將出戰斬明驍將李寧盧得

功潰圍走新寨忠恆復請赴援義弘曰未可一元已取數壘而島津氏不出意甚輕之進燒東陽倉火晝夜不滅遂向新寨國器止之勸先攻金海固城以奪其羽翼不聽十月朔一元合兵以國器及葉邦榮彭信古爲先鋒以藍芳威爲後軍攻新寨自卯至巳以木礮摧大門及城墻薄塹拔柵城兵殊死戰會礮炸煙燄四迸明陣亂義弘目忠恆曰可以出矣忠恆唯而起與數千騎闘門直衝明陣明陣皆披靡而國器邦榮以萬人橫入於城義弘豫勒五千人迎擊走之芳威望見先走明軍遂大潰義弘忠恆追奔逐北斬首三萬餘級明兵爭走相擠伏尸二百餘里我軍以亡糧不復窮追追至望津乃還而秀吉之訃適至諸將潛相告言稍稍治歸裝而明都御史在吳者諜知秀吉沒報告明主明主大喜舉朝相賀於是趣邢玠等躡我軍郭國安亦走告之明羣帥羣帥創新寨之敗不敢進當是時我邦訛言明大舉扼我兵歸路德川前田二老皆欲親往衆議止之使藤堂高虎代之來至行臺得新寨捷書乃止而釜山軍已從秀秋還對馬淸正義弘次收兵還行長亦欲還而劉綎復來圍之淸正與義弘返擊拔行長皆下舟陳璘鄧子龍李舜臣陳蠶馬文煥陶明宰等以兵艦數千艘要之海中淸正已去義弘鬪且卻至加德島明兵四集於行長行長厲士卒止戰會明人失火器反中其船我兵因奮擊鏖其兵斬子龍舜臣來救亦射殺之進圍璘幾獲之而蠶文煥繼至銃礮交發盡焚我船行長上一島奪敵寨據之明兵艦環守焉行長乘夜獨遁歸於義弘義弘返載其餘衆與蠶明宰戰擒明宰而還皆至加德劉綎以生兵來攻義弘行長擊卻之明軍不敢復追躡我軍盡達對馬十一月諸將整軍至那古耶兩奉行迎之宣秀吉遺命諸將皆泣三成曰

公等詣伏見當各之國來秋會同以茗讌相招清正曰諸君姧爲茗讌我守孤城七年矣勞悴纔存毋茗毋酒當炊稗粥荅之耳三成嗛之先是行長德清正救順天也欲釋憾焉清正曰吾亦欲之矣如子善治部何自是相讐益深於是諸將相率詣伏見謁秀賴諸老慰勞之令罷之國以嗣君猶幼國家多難不敢自逸族明年去明年大老奉行論征韓功賜義弘以公田在薩摩者四萬石清正行長以下得賞有差○〔日本外史二十德川氏三〕三年正月二日內大臣感吉夢潛詣石清水祠當是時內大臣及前田利家毛利輝元上杉景勝浮田秀家等爲巨藩大老秀吉嘗會諸侯而抱秀賴自室中闚覘問曰彼列坐者誰最可畏輝元狀貌尤魁偉秀賴指之曰彼最可畏秀吉哂曰否首坐黧面翁可畏耳秀吉欲試內大臣從容語諸將曰弓箭之事方今莫及乃公者諸將皆伏曰誰敢望殿下內大臣作色而跽曰某在於此殿下未可出此言殿下獨不記小牧之事乎諸將相顧駭栗秀吉默然起入內諸將交謂內大臣曰適所聞公戲言之耶內大臣曰否否雖太閤有天下至弓箭之道僕不肯讓一步雖觸讙怒所不避也頃焉秀吉復出談他事而罷諸將皆謂內大臣善直言也秀吉等再伐朝鮮與明人戰不決自外師與至此前後七年丁壯苦軍旅老弱罷轉漕秀吉亦自倦乃置軍事於度外獨與秀賴及諸姬侍日爲宴樂窮極奢侈媮取快一時性素喜土木天下未定時建方廣寺造大佛像材諸道費累鉅萬金遇震而崩是年五月欲復更造之罹疾而止於是豐臣氏紀綱寢弛其中軍將士與諸牧伯互相讐覘六月秀吉疾篤召奉行淺野彈正少弼石田三成增田長盛長東正家前田玄以曰如聞諸侯與麾下有郤是大亂之本也宜使相協和以

翼沖子十六日五人乃大會內外牧伯將吏傳旨眾對曰協心奉嗣君則敢不奉命至於私憾各有所由不能輒應從告諭再三終弗肯也秀吉乃召內大臣告之曰願以煩卿內大臣乃出而諭之眾對如初內大臣作色厲聲曰公等已言協心奉上協心奉上者猶挾私怨乎果挾私怨是懷貳也安在其奉上也眾屈服頓首曰唯唯謹奉命內大臣入報秀吉大喜命五人大饗眾眾復爭坐位雜席而食及酒行皆離次忿諍中村一氏生駒親正傳旨周旋不能定復入告內大臣內大臣復出踞而按劍曰公等賣家康乎家康以公等言報太閤太閤一乃喜賜此饗公猶尚如此非賣而何舉坐皆我仇敵我誓不縱一人因顧五人趣闔諸門一坐讋服莫敢出聲淺野中村自傍慰藉之使眾謝罪更獻酬為歡而罷明日秀吉聞之召內大臣曰疇昔之事雖古名將不能過焉非卿威信素著於眾則安能如此哉垂涕謝之秀吉已憂內難又悔外征欲班師鎮國而兵連弗解又恐明朝鮮乘喪來侵計不知所出七月終召內大臣盡以後事委託之曰秀賴當立與否一在卿之心內大臣謝不敢當秀吉曰天下莫若卿者故不得不煩卿內大臣固辭而退秀吉召石田三成增田長盛議之二人素有異謀因大諫以為勿專託德川秀吉然之乃定五大老三中老五奉行使前田利家輔秀賴己而伏見城下一夕大擾井伊直政自藤杜馳至內大臣使直政與天野康景出調之還報曰石田大野氏有甲諸第相告自備故致此騷擾也已而事定人莫知其故者水野勝成為父忠重所逐歷遊西國聞警來歸請自效內大臣悅諭忠重宥之八月五日秀吉召內大臣曰以卿固辭置列老奉行今則悔之而令已布矣雖然雄武強任誰若卿者卿當冠諸人統軍國事乃要

諸將盟誓旬餘甍於城中遺命彈正少弼及石田三成祕不發喪三成素惡少弼之善內大臣也乃紿之曰祕喪當以計吾與子貽魚於內府以視外人少弼從之其明內大臣以中納言入城問疾途與三成遇三成使人密計之內大臣還歎曰治部疏於我者也猶告大故彈正何以外我乎人心固不易測也即夜命世子治行且日遣歸江戶以鎮本國九月命少弼及三成以遺令赴那古耶班外師遣德永壽昌濟海密令諸將十月有訛言明大舉扼我歸路內大臣曰我不可不親往前田利家寢疾聞之曰內府一動則海內搖矣我當輿疾往肥前指揮諸將衆皆止之以藤堂高虎習外事請遣之內大臣曰然乃使高虎代往外師已大克而還十一月盡至伏見內大臣與諸老俱慰勞之○日本外史十二毛利氏十二月明兵圍我將加藤清正於蔚山三年正月秀秋秀元赴援廣家謂其騎曰明兵衆而不整汝往視其後軍今將走也既而果走廣家以千餘騎先追之明騎將吳惟忠茅國器返戰廣家縱橫奮擊二將皆奔逃清正望見之曰彼以蒲穗爲背幟者誰左右對曰吉川也清正曰勇哉恨其幟之不較著也當贈吾號乃手取其背幟馬藺贈之廣家驍名益著秀吉欲大賞之僧惠瓊素惡於吉川氏乃與石田三成俱廢沮其議八月秀吉甍子秀賴嗣毛利氏德川前田上杉浮田氏並稱五大老共輔翼之三成等離間諸老

明史日本傳久之秀吉死諸倭揚帆盡歸朝鮮患亦平然自關白侵東國前後七載喪師數十萬糜餉數百萬中朝與朝鮮迄無勝

算至關白死兵禍始休諸倭亦皆退守島巢東南稍有安枕之日矣秀吉凡再傳而亡終明之世通倭之禁甚嚴閭巷小民至指倭相詈罵甚以噤其小兒女云

己亥二十七 慶長四年（和漢年契）秀吉諡豐國（日本外史十一武田氏上杉氏）三年秀吉有疾囑子秀頼猶幼乃以景勝與德川前田毛利浮田氏並稱五大老與爲盟約秀吉薨德川公威權獨熾四年石田三成與直江兼續謀勸景勝舉兵日羣牧共顧推公爲諸將載書示之因密定議七月與佐竹義宣皆就國城香指原修壘寨峙糧餉誘陸奧出羽土兵齊起又使人招越後遺民遺民競起應之堀氏不能制○（日本外史十七德川氏前記豐臣氏下）慶長四年正月十日前田利家奉秀頼從大坂抱坐正廳德川公以下牧伯將吏來謁之德川公還居伏見第視事五奉行更遣兵守城皆如秀吉遺命而德川氏威權獨熾利家謂其侮己乃忿恚欲罷就國細川忠興爲利家戚屬引遺命諫止之是月二十一日大老奉行連署詰德川公曰足下行事多可疑者背太閤遺命與伊達福島蜂須賀三家私結婚姻是欲何爲也宜解政就國又詰三家三家不服三家與黑田淺野池田藤堂細川京極有馬金森山岡諸將皆嫉石田三成爭附德川氏仇視他侯伯三中老議曰遺命所謂居間和解者在於此二月乃請大老奉行尋盟於伏見利家有疾加藤清正與細川忠興淺野左京大夫勸利家興疾赴伏見三月德川公亦往大坂利

家病甚扶而起泣屬之曰吾將旦夕入地願公盡心以輔嗣君德川公曰諾利家次子利政欲刺德川公爲其兄利長所止三成等會議於小西行長宅曰內府專橫蔑視嗣君諸老所共憤也不可不速除之行長因建襲擊之策前田玄以素通款德川氏故發異議沮之三成又欲以火器襲之伏見第延細川忠興告謀忠興復沮止之走告德川氏教之徙居於向島行長曰諸公明文墨而瞶兵機乃爲豎子所誑大谷吉隆聞諸奉行之謀謂增田長盛曰吾視諸公所爲不務利嗣君而專害內府內府苟貳於嗣君宜族其罪著而討之天下誰有棄此歸彼者哉今自我開釁彼則有辭是不獨自禍乃禍嗣君也長盛以告三成三成不肯文祿之役三成長盛吉隆在朝鮮聞淺野黑田來就議軍事兩人方圍碁不顧三成等三成等怒而出兩人收局問侍者曰三奉行何不來侍者告故乃使人呼返之三成等不肯爲惡言而去終惡兩人於秀吉兩人之子深銜之於是與加藤清正加藤嘉明福島正則池田輝政細川忠興連署罪狀三成請誅之德川公不許乃如大坂請於利家利家疾篤三成方視之七將不得達乃各自治兵欲擊殺之未發也閏月三日利家疾革奮呼曰天下洶洶吾不目嗣君成立而死死不瞑矣遂卒衆推其長子利長代之列四大老之下七將曰大納言既沒三成必出欲要擊之或走告三成毛利浮田島津上杉佐竹五家皆善於三成佐竹義宣自伏見馳至弔前田氏因見三成於浮田氏曰盍自歸於內府攜詣德川公德川公納之七將聞之憤惋追至伏見或說德川公勿除三成德川公大悟遂諭七將弭兵七將不得已聽之又諭三成解政權就封澤山七將欲要擊之見德川氏兵護送乃止上杉景勝與三成通謀約族明歲東

西舉兵以討德川氏四月太閤廟成詔賜號豐國明神自秀賴從大坂伏見城無主五月黑田長政堀尾吉晴等請德川公入城如太閤故事六月毛利浮田以下外征諸將皆謁歸七月前田上杉佐竹三家亦之國德川氏久不觀秀賴頗有物議淺野片桐等數促之辭以疾八月乃往遂留居西城西城時爲秀賴嫡母淺野氏所居於是淺野氏遜於京師有流言淺野彈正大野治長土方雄久援前田氏以圖德川氏十月放治長於下野雄久於常陸與彈正於武藏府中下令北伐前田氏細川忠興爲謝之德川氏徵前田利長母爲質十一月從之江戶增田長盛長束正家爭之曰遺令勿不告而交質盡與諸老議弗肯利長泣而奉令是歲德川公加封細川忠興堀尾吉晴各五萬石○日本外史二十一德川氏正記德川氏四慶長四年正月內大臣在伏見代豐臣秀吉權決天下事與大納言前田利家中納言毛利輝元中納言上杉景勝參議浮田秀家式部少輔中村一氏雅樂頭生駒親正帶刀堀尾吉晴彈正少弼淺野某治部少輔石田三成右衞門尉增田長盛大藏少輔長束正家法印前田玄以俱論外征諸將之功奏請天朝以島津義弘全我國兵功最大任參議其子忠恆任左近衞少將加封四萬石賜刀劍其餘行賞有差豐臣秀吉之薨也嗣子秀賴循幼內外疑懼口耳相屬石田三成增田長盛相與謀曰德川與前田協心出政我輩徒爲其所驅役方今之計莫若離二家二家已離乃可以遲二人乃爲相惡者長盛事我三成事利家利家營欲饗內大臣期已定長盛遂來警曰大納言將不利於公乃託疾辭饗他日長盛謂利家曰囊有流言內府是以辭今事已白矣公復請之利家曰前日之事吾辱已甚吾不堪再被辱長盛固請

日內府悔不來也苟請之必欣然來利家從之長盛馳見內大臣日利家奸計既成公愼勿往內大臣曰吾不忍再辱之及期將駕長盛復至出密移於袖示之內大臣驚怪乃託事不往利家慚憤細川忠興與利家有姻利家召而語之曰吾衰老爲人所侮何面目立世乎吾將歸國也忠興曰公之憤固宜然廢遺命棄沖子而自引之國是自舍威權而取嗤於人也利家乃止而終與我有隙是月利家奉秀賴從居大坂內大臣送之而還舟至平瀉見岸上有兵衆失色以爲大坂人追躡也或曰得非井伊兵來迎乎近則果然乃使殿而還當是時天下牧長豪傑人人有自立之志而桀皆忌德川氏相與欲圖之一日內大臣觀散樂於有馬氏井伊直政來請間曰今日外間騷擾恐有變宜及未昏還也藤堂高虎繼至密語久之共扶而出關東士民在京識者更相告言曰我君將有難盡往護之來護第者數百人先是伊達政宗以上總介忠輝爲女壻福島正則以松平康元女爲婦蜂須賀至鎭自娶小笠原秀政女康元內大臣異父弟之子秀政者故世子信康之壻也諸老奉行使人讓三家私婚背遺令三家分疏不服諸老奉行遂連署來詰使解政柄內大臣曰我固不欲執政也諸公厭我我當引去於是我諸將以前日變故皆有蹤跡反詰之京畿騷然黑田孝高其子長政福島政則池田輝政藤堂高虎細川忠興京極高次織田長益加藤清正加藤嘉明蜂須賀家政森忠政有馬則賴金森長近山岡景友新莊直賴等獨歸心於我每夜來護議事或勸入京極氏大津城內大臣不肯曰當是之際進一步得勢退一步失勢乃止榊原康政以更番至勢田聞警疾馳至大津故止不進塞關以壅行人行人塡咽乃開關通之京師以爲東兵大至也黨

人之計以故大沮本多正信伊奈忠次等適監稅西上亦兼程至內大臣廷正信問謀且曰三中老調停尋盟要我於大坂可往否正信曰不可因問曰淺野彈正近爲何狀曰亦負平生久不來此正信卽赴淺野氏與偕來內大臣讓曰吾與子親昵日久太閤之喪治部猶訃於我子何獨欺我乎彈正少弼始知爲三成所賣流涕陳謝自是益傾心焉而三成等務推戴前田氏勸除德川氏利家嗣子利長密告之細川忠興忠興曰吁子亦爲治部所欺也利長色變忠興曰子悔告我乎前田氏存亡將決於此不敢不忠謀生死必與子俱子勿憂利長大悟曰微子我殆不免請煩子諫家君忠興乃入諫利家曰治部推戴公公知其情乎彼欲專事權而憚內府與公乃欲假公力以除德川氏今日除德川明日及前田公獨暗於此乎公稔知其姦今乃在其計中而不自知也夫內府雄貪智略諸將無出其右者彼輩百計圖之適竟自禍耳公與彼輩共被其禍不若自結於內府以爲子孫之計也利家頷曰然唯子爲我計之忠興卽夜赴伏見比曉來入我第具告以故自是忠興數往來兩府而憚外人指目被簑笠自操舟時利家有疾忠興與淺野加藤等俱勸其力疾赴伏見面內大臣利家從之內大臣乘輕舸迎入第手設褥使坐利家悉語諸奉行密謀勸我從向島第以絕覬覦曰吾百歲後公幸善視我兒內大臣許諾利家喜而去忠興又請我往荅之內大臣許之三月內大臣欲赴大坂三成故縱流言以沮其行欲使利家忿之福島正則又諫曰大坂姦人巢窟不可輕入內大臣曰亞相來可不荅哉吾有警備奴輩何能爲十一日遂行少將秀康畱守加藤池田細川福島黑田淺野諸將皆從以弓銃護水陸細川忠興以與利家有姻遣父藤孝侍舟

中其實質之也舟至大坂岸有女輿一人自輿中出視之藤堂高
虎也進曰道路恐有變宜御此而行内大臣從之入高虎中島第
終詣利家利家喜扶起迎謝利家次子利政有異心爲兄利長所
制而止及饗諸將皆侍利政佩利刃將近内大臣利長目攝之利
政不敢發其夜内大臣復宿高虎第諸奉行會於小西行長宅獨
彈正少弼以我館伴辭弗往也三成議曰内府亞相復協矣我輩
將無噍類爲之如何行長建策曰吾請今夜襲藤堂氏縱火攻之
不則要之歸途可以獲志前田玄以素歸心於我因沮之曰嗣君
未長我輩受諸老之令固其分也今私動兵背天下約縱使得志
豈能晏然哉且諸宿將皆護内府不可輒得志交戰不決而結城
秀康以東兵來援必大敗矣增田長盛亦然之長束正家曰且諜
之諜還報曰中島列炬如星乃止明日内大臣北還榊原康政爲
前驅井伊直政爲後拒遂歸伏見第三成等悔恨又謀襲擊我第
以爲非摟忠興則事不可成也乃因玄以請忠興啗以大封忠興
密告之諸將諸將曰且可佯聽以探其謀忠興乃與三成會於長
東氏問三成曰欲除内府有何策三成曰我謀其邸邸兵廑二千
邸側宮部氏福原氏皆爲我黨而其宅頗高我率衆據之臨放火
箭鏃其避火迫以鳥銃可以鏖之問其期曰今夜矣忠興憂之而
不動辭色徐曰内府素訓練其兵二千人決死出鬭公保必勝之
乎且放火箭何論地高卑彼苟諜知我計則我能放之彼亦能放
之是非策之得者也我有一策我以吾兵二千爲子之先鋒突入
死戰而公等以大衆承其弊克之必矣三成等不肯忠興力爭議
未決而天明矣忠興走告之加藤清正並馳來白内大臣曰吾亦
非不覺之也奴輩來攻則吾自焚第出東北廣地決戰耳忠興等

促從向島向島伏見故城址也乃修築之以二十六日從居焉諸奉行知事泄皆著僧服要謁於豐後橋以謝其罪物情稍定池田黑田淺野細川福島兩加藤七將皆與三成有仇隙於是遂連署請誅之內大臣不許時三成依於利家七將遂赴大坂請之利家亦不許閏月利家病卒七將議伺三成出要擊之毛利上杉浮田島津佐竹五家素善於三成三成於是乃間行入浮田氏備前第而以五家兵自衛秀吉在時佐竹義宣嘗賂三成得以兼并其國深德之義宣是時在伏見聞三成急馳見之曰衆怒不可犯能制之者獨德川翁治部盍自歸焉乃使女裝而往自入乞命內大臣許之七將追至夜治兵各第而固請焉內大臣心自計之寐而不寢本多正信入謁欬曰何亟就寢也內大臣自中呼而問爲誰曰正信稟事正曰所稟何事正信曰謂治部何內大臣曰吾方思之正信曰主公已思之思則得焉臣不必言也趨而出旦日內大臣使伊奈圖書出諭七將曰治部窮來投我我不忍與之諸君且諸君欲以私憾戮重臣吾何得許之哉諸君必求逞其意吾當助治部而與諸君決戰七將大驚勉從之乃使中村一氏酒井重忠諭三成曰衆情恟恟子盍解職就國是爲幼主屈躬以靖國家之亂也三成謝曰當熟慮而荅焉三成乃潛馳使大坂謀之於上杉景勝景勝大會諸藩主議之謀曰治部宜聽命就邑退伺世變然後上杉佐竹皆歸藩聚兵不復來覲下兵於入州以據其根本則內府必自將赴討毛利浮田以下乃羣起其後夷內府而東西擊之從征諸將置質大坂必不棄此黨彼內府孤立腹背受敵雖有勇智無復所施竟窘蹙而乞降矣天下之事皆可圖也乃使使者還密報之三成七日三成聽命十一日就其邑澤山內大臣慮七將

要擊之令少將秀康等護送之七將不能發三成既被擯而諸奉行皆不自安因三中老請內大臣入伏見城以鎮京畿許之六月十三日自向島從焉諸藩主皆來賀威望益重七月命諸奉行令征韓諸將皆罷就國上杉景勝請曰去歲從封未及施政奧地難服君所悉也請一往措置焉佐竹義宣請曰統內寇起請往定之前田利長亦以襲封後未視國政謁歸皆許之於是前田氏歸加賀佐竹氏歸常陸上杉氏歸陸奥毛利氏歸安藝浮田氏歸備前而黑田氏歸豐前加藤氏歸肥後細川氏歸丹後其餘諸將皆就國是歲春島津氏重臣伊集院忠棟有罪島津忠恆誅之伏見邸衆尤其擅殺忠恆懼屏居於高雄以竢罪內大臣遣伊奈圖書率兵數十迎還其邸聞忠棟子久直在國舉兵令忠恆歸討之至是又遣山口直友勞之贈以衣物尋遣寺澤廣孝諭降久直八月內大臣入朝京師九月七日赴大坂欲以重陽節見秀賴三成在澤山聞之遙授計於增田長盛長束正家長盛正家乃就館告內大臣曰加賀黃門與淺野彈正通謀曰內府入城則彈正佯與之博因拉其手令大野治長土方雄久耦刺之內大臣與從者議本多正信曰宜稱疾不入而徵兵伏見以歸井伊直政本多忠勝榊原康政曰不入則曲在於我臣等從焉以死衛之內大臣兩用之乃徵兵兵來者三千八百九日率而入城升堂從升者十餘人衛士欲止不納直政厲聲曰內府有戒心關東野人不復知禮節內大臣入見秀賴母子直政忠勝康政隔障而坐彈正少弼聞有讒言稱疾不出內大臣出至中廚託言曰廚下大紙鐙東國所無當使從者觀酒井忠利出招從兵護衛歸館內大臣曰沖子在此而我居伏見其勢隔絕姦所以易入也吾將徙居與之密邇長盛正家

請以西城奉之秀賴嫡母北廳時來寓西城於是去歸京師內大臣代入焉使秀康留守伏見十月與正信議放治長雄久使彈正少弼就國不敢就而赴武藏府中以依其子內大臣遂下令擊前田氏前田氏治於金澤丹羽長重請曰臣邑小松與金澤鄰北伐之役願為先鋒許而遣之細川中興聞而來見為利長白冤因馳書加賀使其老橫山長知來謝內大臣命以利長母為質利長聽命是月浮田秀家將坂崎戶川岡花房四人計攻變臣長船某秀家欲誅四人內大臣制止之以四人附吏時關東喧傳上杉氏有異圖石田氏亦招四方有名之士島勝猛者嘗仕甲斐山縣氏稱為知兵三成延為謀主修繕守備內大臣使人詰之答曰澤山當衢路其荒廢不可不修也

庚子 二十八 **慶長五年**

五年正月使藤田信吉賀正於大坂德川公厚賜之信吉歸驛謙景勝兼續欲殺之三月信吉挈家奔歸德川氏德川氏使伊奈圖書來諭景勝西上景勝不聽數德川氏背盟十罪德川公終決意東伐令前田佐竹伊達最上氏四面來擊伊達氏國會津東境先眾而至其將伊達成實片倉景綱將兵來侵景勝遣兵擊卻之七月德川公統將帥百餘人至小山景勝軍長沼分兵守險以待之石田三成乃矯秀賴命與毛利浮田島津小西諸將俱舉兵至美濃八月德川公使庶長子秀康以萬人守宇都宮而自引兵西上直江兼續請悉兵躡之景勝弗聽會秀康來請戰景勝答曰先人用軍未嘗乘人危吾不敢違也且公年少非我敵吾待內府返決戰耳糧仗如缺乏當相給焉乃收歸會津德川公之西也命諸

將曰景勝勁敵也愼勿與爭鋒是以四鄰環守不敢來犯九月景勝以兵四萬附兼續令攻最上義光於山形義光設二十五砦待之請援於伊達政宗政宗發兵二萬赴之兼續拔二十一砦進攻畏谷城起櫓櫓鑿地道晝夜攻擊城將志村高治善拒景勝又遣中村式部攻上山城不利義光政宗合兵來援兼續軍中有傳呼曰上國軍敗矣已而使者至自會津傳三成敗聞命班師兼續曰聞變而退怯也乃使人入城告故且日鼓衆齊登陷其外城而返義光政宗與高治尾擊之兼續返戰二十餘次而至米澤政宗進攻福島本莊繁長守城擊卻之○日本外史十四織田氏下秀吉薨子秀賴嗣德川公攝天下政上杉景勝與石田三成謀除公五年六月德川公率諸將攻上杉氏秀信佚遊奢侈國用窮竭以故不能從軍七月石田三成舉兵關西追躡德川公使人脅秀信曰岐阜當東下之衝不從則虀粉矣秀信疑懼欲附三成老臣木造具康諫曰公以右府嫡孫顧役於豐臣氏家奴乎秀信猶豫不決具康等請謀之於前田玄以玄以是時爲京師所司代秀信乃遣之玄以曰速東嚮具康馳還未至近習爭勸其應西軍三成又遣黃金百枚啗以大封秀信終與三成盟於澤山具康至歎恨因又請誘殺三成弗聽終爲西軍守岐阜尾張美濃諸城因是多屬西軍既而東軍還至淸洲秀信出兵距木曾川具宗曰我兵寡請堅壁待後援弗聽東軍濟川來戰追北傳城秀信分兵守外城具康曰寡兵不可分請專守內城又弗聽城遂陷具康力戰被創秀信降逃於高野數歲卒東將福島正則使人勞問具康既而前田氏欲聘之延以厚祿辭曰福島公已知臣矣遂就正則爲其國老

和漢年契貞觀政要梓成豐臣秀

賴立冬十月石田三成小西行長等會五畿西海北陸兵作亂家康自將率關東兵戰於關原大敗之輝元元春請降吉隆死之三成行長等伏誅〔日本外史十七豐臣氏下〕五年春德川公戒上杉景勝西上答曰我受太閤遺旨鎮守東陲何受內府令也乃數其背盟十罪德川公大怒議東伐上杉氏夏以其義女妻黑田長政留兵於伏見而自將諸軍東下三成欲起兵乘其後會大谷吉隆自其邑敦賀會師三成使人要之告以其謀吉隆極言其非計三成不肯吉隆乃訣去低回久之曰吾與治部共仕太閤舊相好也今知其事不克東之非義乃還三成大喜與長束正家皆赴大坂見增田長盛定議移書遠近曰內府有罪嗣君命討之苟念太閤恩誼者宜來戮力毛利輝元以下侯伯來會者四十餘人時東西諸侯妻子皆在大坂三成收之城中使輝元長盛守大坂浮田秀家小早川秀秋島津義弘等將四萬人攻伏見城小野木重勝等將二萬人攻田邊城毛利秀元與長束正家僧惠瓊將三萬人攻阿濃津京極高次等將二萬人徇北陸吉隆在敦賀招北莊大正寺小松三城下之前田利長與弟利政爲德川氏攻拔大正寺遂欲攻北莊北莊乞援於敦賀吉隆乃自將赴援或曰堀尾氏兵守府中而在我後不先取之則進退皆難吉隆曰北莊陷則小松孤立矣至若府中則不必取也亦不可取也卽可取也不可不分兵守之分則兵寡以寡對衆是爲難耳且彼必不敢要我矣是我使敵守城也我既卻北兵以存諸城則彼不攻而下矣卽夜五更馳至北莊利長姊夫中川宗件在京師將赴北

陸吉隆要而執之令爲書給利長曰內府西上將士多叛之大坂兵逆擊之美濃走之遂發舟師將取加賀公宜早爲之備利長得書疑懼引兵卻府中果遂降於吉隆會高次等至合兵復大正寺遂定越前置守而南吉隆敎三成招織田秀信秀信以岐阜降於是三成導諸將至大垣秀家等拔伏見來會爲德川公至下野聞變不爲驚然以諸將質在大坂頗疑之使人問其去就諸將皆奮欲擊三成乃誓曰公苟不渝太閤約善視嗣君則僕等力戰必梟治部諸將乃先發首攻岐阜下之三成與島津義弘援之不及東軍陣赤坂秀家欲夜襲之三成弗聽秀元拔阿濃津來陣南宮山秀秋來陣松尾山初秀賴與生母淀君居大坂而嫡母淺野氏稱北廳居京師庶母京極氏稱松成君居大津北廳之兄曰木下家定家定子爲秀秋及兵起北廳使人戒秀秋曰內府不利秀賴則力拒之非然則勿負之秀秋遂送款於江戶松城君之弟爲京極高次高次受封大津與德川氏嗣子並娶淀君之妹亦送款江戶及岐阜陷吉隆召北陸諸將會大垣高次後發驅歸大津舉兵應德川氏立花宗茂筑紫廣門赴大垣比至石部聞之返陣勢多會毛利秀包等來自大坂則合兵攻高次淀君遣二女使諭松城君及高次夫妻不肯宗茂等攻奪其邪而城未下也德川公分兵爲二自將一軍由海道使其嗣子秀忠將一軍由山道命彈正少弼助之關西從風而靡爭先送款山道之軍進至小室招眞田昌幸初昌幸赴會津至犬伏而大坂檄至長子信幸曰吾受關東殊遇請東矣西軍卽敗吾爲父弟乞命幸村曰太閤舊誼不可背也寧西而死不東而生昌幸曰欲東者東欲西者西而吾與西者也乃遣信幸之江戶而自與幸村以兵三千歸上田東軍三萬陣於小

室信幸從在其軍以書招其父弟不肯居四日東軍來攻上田城帶川昌幸壅其上流伏兵險阻出戰佯走東軍爭追陷伏而亂乃決其壅水大至東軍不能繼幸村以突騎蹙之遂大敗其軍使不得進者三日其海道軍竢之亦遲回數日以其久不至乃獨進陣於赤阪秀家與三成計亦設伏而挑戰敗其前軍而退於是諸將大議決戰秀家吉隆欲固守大垣以竢田邊大津兵島津義弘欲夜襲赤坂三成恃其衆皆不聽欲出戰於關原夜赴南宮請秀元夾擊東軍秀元素通款東軍佯諾之三成遂赴松尾獎厲秀秋秀秋已與東軍約爲內應亦佯諾之吉隆疑秀秋有異以其兵陣松尾山下吉隆有惡疾以絹蔽面輕服坐轎戒其左右曰及敗速斬我頭旦日兩軍大戰關原自辰至未東軍數卻而秀元秀秋皆觀望不戰東兵窪島某馳白德川公曰秀秋似背約請更爲計德川公驚曰我悔爲小兒所賣使窪島向松尾山發礮促之黑田長政亦使人責秀秋秀秋乃以兵入千銃手六百下山擊吉隆吉隆怒呼曰豎子背恩忘義不可舍也以六百人直衝其麾下戶田重政平家爲廣助吉隆大破秀秋斬東軍監使奥平貞治而脅坂朽木小川赤坐等皆應秀秋與東將藤堂高虎織田長孝等三面逼之重政爲廣皆戰死吉隆隊長湯淺五介退告之吉隆吉隆曰吾可以死矣勿使敵傳吾元遂自殺五介到之使侍臣某藏之泥中而驕冒高虎陣死吉隆二子吉肩吉之姪賴繼皆力戰返見空轎相泣欲死從者諫之乃走欲守敦賀無肯納者遂走大坂賴繼尋病死東軍以秀秋內應乘勢齊進西軍遂大敗秀家怒欲與秀秋決闕明石守重諫曰君爲元帥何自爲匹夫行也秀家曰吾不翅惡秀秋也輝元不親出秀元亦持兩端事可知矣吾有一死報太閤

而已守重曰縱諸將皆叛君宜御振其國以輔嗣君徒死何爲秀
家乃走其將長河內某死之秀秋薄義弘義弘擊走之曰吾雖敗
不肯卻走以殘兵五百薄東軍而南東軍爲動東將井伊直政等
追躡又擊走之敵衆尾不止阿多盛淳代義弘死義弘得間踰鮪
尾嶺而去三成走匿伊吹山散從者曰吾欲自大坂航赴薩摩以
計再舉也汝等宜伏匿以待時三成遂採拾充饑行四日患泄至
石橋村就所知農夫某某舍匿之或者戒某曰聞子匿治部今田
中吉政在井口索之甚急事露子必逮禍矣農夫曰無之三成隔
障聞之謂農夫曰吾終不可脫汝盍出告農夫使之遁走三成曰
吾病矣不能寸步恐累汝汝第速自首農夫乃之井口告吉政吉
政遣卒捕之初三成之握權也吉政事之甚恭三成既被捕呼吉
政如故曰吾欲報先君知遇與上杉毛利等俱舉事一敗至此命
也願得速自裁吉政請之德川氏乃命醫治其疾其父晴成兄重
成子重家姪朝成皆在澤山自殺長東正家走保水口東兵來誘
出之迫使自殺僧惠瓊亦被捕皆囚於東營諸將帥爭折辱三成
獨淺野左京大夫視之憫然脫其短襖衣之曰子雖我仇也同爲
豐臣氏臣吾不忍乘其困加以無禮德川氏聞之心敬憚大夫義
弘之南走經伊賀大和行破土兵而至大坂欲與輝元長盛俱城
守二人不荅乃取其質航歸薩摩先是田邊大津皆下立花宗茂
引兵東至草津聞敗還入京師使人謂木下家定曰貴息之事不
可言也子猶右嗣君則請共守大坂家定曰子先往乃閉門自守
宗茂遂至大坂使謂輝元曰公苟城守顧扞一面輝元曰議而後
荅宗茂罵曰今日復何議乃欲歸其國將士曰公所以酬豐臣氏
足矣因勸降德川氏乃送降焉亦航歸柳川秀家經近江爲土兵

所囷獨從二人竄土窟中聞捕者至欲自殺從者止之請其寶刀出告東軍以秀家既死獻刀爲證秀家至大坂聞其國已覆沒竟走薩摩其妻前田氏利長妹也大歸加賀後數年利長問得其實告之江戸乃責前告者告者請死釋之島津忠恒請宥秀家死流入丈島前田利政據能登九鬼嘉隆據志摩並抗東軍利政除籍嘉隆自殺是役也小西行長首應三成三成以其更事倚賴之行長爲人自殖而薄士士不樂爲之用也及敗陣亂不可禁乃走至糟川逢僧林藏主者曰吾攝津守也吾德女矣僧曰公盍自刃行長曰吾奉耶穌敎不可自刃僧乃執而告之是歲冬與三成惠瓊皆斬於京師加藤清正初知三成必舉事止德川氏東行不聽乃歸其國逢大坂檄至曰是侫豎託幼主以濟其私也乃發兵攻小西氏城邑盡并之會黑田孝高攻略近國因合兵降筑紫廣門等遂臨薩摩島津義久已降德川氏森勝信其弟勝永出小倉走匿土佐上杉景勝與伊達政宗最上義光戰而勝之佐竹義宣觀望不出及聞上國敗皆降德川氏先是德川氏既捷將入京師諸將先進至大津福島正則議曰吾輩知三成舉事非郎君意故右內府討之今三成既敗矣內府或遂謀不利於郎君則吾以死拒之淺野加藤等皆然之乃入京師德川公至大津置關於日岡以其臣伊奈圖書守之正則使使大津爲關吏所辱使者復命而自殺正則怒以其首贈井伊直政直政驚斬關卒數人謝之正則愈怒曰百卒不直一士必得圖書頭如不見許吾將爲我所欲爲也圖書聞之自殺既而德川公入大坂不問秀賴遂大行慶讓削毛利輝元之六國放增田長盛於高野眞田昌幸與子幸村亦遁高野以秀秋功最大封浮田氏故地尋病狂死國除其父家定削邑兄

勝俊利房皆奪封邑延俊獨邑於豐後當是時德川公威權益熾七道將士皆會江戶畱其孥爲質而秀賴獨食攝津河內和泉六十餘萬石初片桐且元小出秀正憂諸奉行舉事而不能制也東西之軍未接二人亟發使者赴關東分疏其意諸奉行要之使攻阿濃津使者亦恐嫌怯避終從之德川公怒秀正退居岸和田尋病卒且元獨傳盡心輔導未嘗離左右○（日本外史二十一德川氏四五年正月內大臣在大坂受諸將參賀二月中納言牙騎有鼠巢其馬尾人異之或援文治故事以爲亂兆也是月內大臣令增田長盛大谷吉隆促景勝入覲景勝稱疾不來而東北諸國爭上變告景勝有反形乃令伊奈圖書再往詰之景勝枝梧不服四月復令僧承兌以書諭景勝老直江兼續五月兼續復書書辭悖慢內大臣大怒遂欲親將東征中老奉行並請命代將往弗聽乃大議軍事按東國地圖部署諸將所嚮伊達氏自信夫佐竹氏自仙道最上氏自米澤前田堀村上溝口氏自津川其餘侯伯從內大臣自白川進堀氏老堀直政進言曰白川之道絕險所謂一夫當關千夫不過者恐難於進宜爲之計內大臣曰彼執·槍我亦執一槍何難之有乃下令諸侯伯治兵以來月會江戶石田三成佯請自從不許乃從前田氏質於江戶養保科正直女以黑田長政十五日秀賴來祖明日內大臣佐野正吉於西城而自至伏見以鳥井元忠爲畱守以松平近正內藤家長松平家忠副之元忠嘗從三形原之役傷股而跛及老益艱步履於是聽堂上用杖翌夜入謝曰畱守之任臣與近正足矣會津事勢重大家長家忠皆宜扈從內大臣曰京畿不保無變四將吾猶以爲少也元忠曰無變則已苟有變則此城先被兵而四無應援臣當死以報國

他將帥不宜留以貽敵也內大臣慰勞之曰吾童時質於駿河汝自參河來侍蓋十二歲矣今何老也留而與談夜已三鼓元忠曰明朝早發君少就寢因辭曰臣以此爲永訣亦不可知也將起足益痺內大臣命侍者扶出目送攬涕而入旦日駕發伏見諸將帥在者盡從至大津見京極高次賜物及其諸臣以其弟高知而行及石部水口城主長束正家請饗之會有告其異謀者乃[illegible]婦人輿夜過城下正家驚追及於土山謝罪內大臣溫言遣歸諸侯伯相踵來從得兵五萬沿道將士以次饗之至駿府府主中村一氏篤疾瀕死使其子一榮從軍軍至箱根中納言使大久保忠鄰本多正信來迎七月二日至江戶七日大饗內外諸將休士馬數日下軍令十三條使前部先發三成候內大臣之東也曰吾計中矣乃議舉事會大谷吉隆自其邑敦賀將會東征三成使其老樫原某要之垂井吉隆問知其故語樫原曰治部雖[illegible]有才[illegible]不爲衆所喜今舉大事誠能推輝元秀家而自下之合其軍以應景勝或可徼幸萬一雖然我軍未合而內府返旆則所嚮魚潰矣予將以此諫治部也乃至澤山問三成曰子何以克內府三成曰西道豪傑皆應嗣君之令當不日會大坂而東北諸國通於景勝景勝縻內府數月而我舉西諸侯長驅踰箱根可以一舉而克是諸老所定議也吉隆曰是亦可謂善計矣而吾不保其中也子獨不見夫奕棋者乎中手相對算成者勝即過國手其所爲皆出我意表矣內府國棋也吾恐其出子之意表也且子舉事有不可者五內府少小角武田北條諸豪老於兵機以故太閤之英略終不能加焉況於今人乎其不可一也內府國富兵強諸大國莫可較者其不可二也內府資望重於諸侯而子以卑位微力首事其不可三

也內府多熊虎之將在昔織田右府選諸家將率圖繪其像時德川氏有參河一國而上圖者十九人今又不知其幾倍我將士有類之者乎其不可四矣德川氏撫士非一日也部屬精銳義與國終始者不可勝數即有死事祿其孤於禮祿士之親附如膠漆然我乃以瓦合之師校之其不可五矣有五不可子必止焉三成曰我已定約其可止乎且諸大國皆仇內府內府不足畏也吉隆太息曰吁子而有此謀盍蚤告我我託送內府率兵從之與長束大藏夾擊之可一擊而獲今已東矣是放虎還山也乃辭出既而不忍弃之遂還佐其謀與俱至大坂移書遠近誣內大臣不利秀賴抑畱西諸侯赴江戶者立花宗茂在柳川得大坂檄其老小野某曰內府雖握兵不能較西軍之眾前跋後疐不過保守箱根之險而天下皆歸豐臣氏矣不若速就大坂眾皆是之立花增時曰公等所言皆其形也吾聞智將勝於無形內府之東必豫知西之有變聞變之日即還軍矣且黑田孝高加藤清正在我近地而素與諸奉行不善必應內府我宜與之俱進退宗茂終從小野所言孝高清正果不從大坂之徵曰三成藉口幼主以樹私權不可與也乃勸島津義弘令歸東軍而三成急促義弘義弘終應西軍孝高清正又諭小早川秀秋秀秋嘗爲三成所譏獲罪於秀吉以內大臣救之乃得免嘗思報效其從母北廳氏又戒勿負內府而諸奉行陽推奉之秀秋亦陽應之三成議收諸將孥於城內以爲質遣兵諸邸取之池田輝政妻爲內大臣女加藤清正娶水野忠重女與黑田長政妻並爲內大臣養女其族人畱守者皆以計脫之細川忠興妻明智氏使其婦前田氏先遁而圍已合乃下令禁鬬縱火自裁三成懼而戢兵使人入西城諭佐野正吉十四日正吉出

諸姬侍自奔伏見毛利輝元入居西城於是侯伯會大坂者四十餘人爲應援者三十六國乃議引軍東下令增田長盛遣使伏見諭鳥井元忠曰大兵東下將先攻伏見城城本豐臣氏之有也子弃而東誰得誹議吾受內府眷顧又與子親善故相告也子速決計元忠與三將荅曰我知受君命而守不知聽他人令而走也足下誠念寡君之顧乎則當見勉厲今乃示以走路殊非所望德川氏不乏於人而我輩特受此任固決志於死雖有百萬敵不敢逃避請速來以試我鋒使者再至有刀而已乃馳使關東告變事二十日浮田小早川島津鍋島等十將軍合兵四萬來攻城兵僅二千元忠盡焚城下街市謂諸將曰吾與諸君以寡兵守大城不可相救各守其所死而後已乃命酒訣飲分陣而守木下勝俊在城內不自安而出佐野正吉請入守內藤加長辭曰子不可俱守者正吉曰我日棄大坂者以諸姬故耳我將死於此以明我志乃納之茶商上林政重素受我眷顧亦請而入城以茶筅爲號秀秋義弘送款於元忠請入城俱守元忠不納諸軍乃圍城松平家忠出戰不利乃收兵固守大坂兵乃別攻細川藤孝於田邊伏見受圍之前日中納言發江戶其明日內大臣繼發行四日至小山而伏見使者至內外大驚中納言自宇都宮還少將秀康自結城來親信將士皆會焉本多正信曰從征諸侯其質盡在大坂必不爲我用爲今計者宜盡罷歸之而獨與諸舊臣固守四疆焉衆多然之井伊直政進曰德川氏取天下正在於今日臣聞天與不取反受其殃盍速返大旆埽蕩羣雄區區保一隅臣所不知也作色而出秀康曰直政言是也宜留一要將而舉軍西上內大臣曰然使秀康出迎直政入畢前議旦日下令盡會諸侯於小山使井伊直政

本多忠勝傳命曰大坂將吏與景勝通謀關西大亂彼挾諸質子而託言於幼主諸君縱知其奸亦情義之所難違也即欲歸西軍者宜速解去吾毫無所憾焉當資其芻糧送而達之諸將相目未有所荅福島正則進曰三成首事非幼主所知臣等焉受其頤指以敵於足下哉願充前驅殄滅姦黨淺野左京大夫與黑田長政池田輝政細川忠興加藤嘉明等皆贊其議曰吾曹從足下固不顧妻孥內大臣悅饗之使人問曰東西受敵我馬首所嚮先東乎抑先西乎諸將荅曰西哉正則引滿屬長政曰近日必以三成行長頭爲下酒物內大臣出面謝諸將諭曰公等先行我亦當繼往因謂德永壽昌曰子知兵矣今日之事勝敗如何壽昌曰雖諸侯伯舉敵足下而各自爭威號令不一敗形已覩矣內大臣曰然凡勝敗之決在於元帥我雖無似又更事者諸君苟聽我約束吾平天下不出五六十日矣即賜壽昌驪馬以爲鄉導賜正則驪馬以爲先鋒直政忠勝請間曰諸客將之意未可測也藉第令無他使此輩下手以得成功異日必曰我輩取天下以授德川氏臣爲主公羞之請以臣等充監軍當率以往焉乃許之諸將將發皆獻誓書納質於是擇留守之任本多正信薦秀康乃召命之秀康曰兒願效力西討何留守爲內大臣曰汝年少不知留守任重耳且諸侯置質江戶非汝莫以繫羣心秀康猶不肯內大臣叱曰汝畏景勝邪秀康乃頓首曰兒留矣苟許兒以大將則不使景勝出白河一步大人勿復憂正信進掖其膝曰壯哉郎君無論爲大將內大臣濺泣取一甲授之曰是我少小所被未嘗示背於敵今以附汝也秀康拜辭以萬人陣於宇津宮令東北豪傑皆受其節度初佐竹義宣觀望兩端陰遣梟將車猛虎率兵救景勝及西事作益修

守備內大臣使人詰之曰子撫四萬之衆無一人東馳者我不能無疑苟不懷他心則速擊會津且納質焉荅曰僕於足下素無怨仇何有他心哉至若妻子盡在大坂無復可納者諸將請討之內大臣曰且置諸上國本也東鄙末也苟覆其本末不患其不靡矣乃使平岩親吉松平信一統下總諸豪以備之初伊達政宗在大坂請先馳歸以備會津內大臣笑曰子又發故態乎事平當賞以地愼勿遽戰政宗歸國卽襲取白石內大臣使中澤主稅往告西事問其去就政宗誓不貳主稅曰內府有別命使公君臣熟議三日而後告之政宗請速聞之不荅明日固請乃荅曰內府使謂公曰吾留兵宇津宮而西上公收兵退守其疆彼慮其後不敢尾我我捷西軍而來可夾而殲之政宗曰吾力戰取此城曷可遽棄之宜乘勢入會津主稅曰是內府所以丁寧也勝敗不可必苟有敗衄適張敵勢四近皆叛翼而西鄕其風豈易遏乎願熟思之公苟聽從寡君更有密旨政宗沈思久之乃問曰密旨何如主稅附其耳語曰事平以會津百萬石附公政宗大喜使人送至小山乞印信收兵歸大崎最上義光素戴內大臣則首攻會津率東陲諸侯臨米澤口堀直政其子直寄與溝口村上氏數擊越後人應會津者內大臣皆下令禁戰於是東事處置盡定乃使西征諸將以二十八日發小山當是時天下將士東西嚮背來往如織而父子兄弟分處兩地者迭懷危疑訛言沸騰內大臣使召還黑田長政謂之曰卿謂正則之心如何也荅曰臣保其無他卽有他臣控掣之乃賜長政鎧胄遣之生駒一正蜂須賀至鎭九鬼守隆其父皆在西軍內大臣留之不遣已而一正父近正至鎭父家政皆送款守隆亦固請歸志摩招其父嘉隆乃皆遣之山內一豐之室自大坂

馳使告事以路經敵中營書爲笠糾一豐得之不解而獻內大臣還之曰猶觀也一豐又詣堀尾忠氏曰子何以表志忠氏曰欲納城一豐曰善乃自納其掛川城先是忠氏父吉晴受內大臣命自濱松赴越前將守其別邑府中途遇所知利井重茂者與俱至刈谷刈谷城主水野忠重饗之卒爲重茂所刺吉晴驚立斬重茂重茂石田氏所使也報至小山曰吉晴殺二人內大臣不懌衆欲執忠氏中納言曰吾識彼父子爲人是必謬傳也已而得實遺忠重子勝成還撫其衆而忠氏首發納城之議一豐既納掛川忠氏亦納濱松中村一榮納駿府有馬豐氏納橫須賀池田輝政納吉田田中吉正納岡崎福島正則納清洲乃令諸舊臣代守焉海道於是闢而山道未闢本多正信建策擢木曾氏遺臣山村良勝千村吉晴歸徇木曾盡逐西吏命遠山友次徇東美濃取其故邑西尾光教以美濃兵來歸眞田昌幸以信濃兵叛去昌幸長子信幸素受我眷顧固諫之昌幸使之赴小山而自與次子幸村西走夜過沼田沼田信幸邑也欲入見其婦婦本多氏忠勝女也辭曰良人不同歸是必有故妾不敢私開門欲見其子曰公欲抱孫何必今日遂命士卒乘陴昌幸不能強去歸上田厲兵以竢我軍我軍分爲二內大臣由海道中納言由山道令定未發內大臣乃赦淺野大野土方三人以土方雄久與前田利長有姻遺之北陸勖利長使發兵扼越前令富田知信稻葉道通等就封伊勢各自爲守又發間使予書於黑田孝高加藤淸正遙授方略使統西海將士以撓西軍之後孝高益以書諭小早川秀秋歸款於我秀秋自伏見送書小山謝曰僕發筑前來上國本將會於東征不圖爲賊所要共攻伏見勢不可獨異請竢大旆來倒戈以償前罪初西軍向伏

見以爲當一鼓而取也已而我諸將捍禦不屈敵益用大礮巨熕攻擊十晝夜城中有甲賀人長束正家部兵與之相識浮田秀家命射書於城上誘其內應曰不聽則磔汝孥八月朔甲賀人縱火松城西軍爭登秀秋逼名越堡松平家忠松平近正力戰死之島津義弘逼西堡內藤家長開門而射殪十餘人被創退入作書附一卒曰汝潰圍達之關東遂縱火自殺其子小一郎與安藤定次佐野正吉山岡甫安皆死之外城已陷鳥井元忠之卒勸其自殺元忠曰未也殺敵一人亦非報國乎乃嬰壁亂射殺傷過當敵發火箭焚樓櫓隨撲隨燎元忠知不可守麾兵二百開門血戰七合七克敵衆羣進我兵皆斃至廝養之卒無不戰死元忠杖薙刀踞階而息敵人雜賀重次進欲擊之元忠曰吾本城大將也授汝首重次橫槍揖曰僕豈敢君請自刃元忠乃使重次釋已鎧自割腹而死年六十二重次到而裹之并諸將首傳於大坂賈人某竊元忠首葬之知恩院是日我前軍發江戶內大臣發小山四日至江戶得伏見之報哀慟憴戰死者子皆令襲封米澤口諸侯聞伏見陷內大臣歸江戶也疑懼引還越後諸侯亦收兵自保越後人應景勝者亦收入津川上杉氏將士請尾擊內大臣景勝不敢許其將士竊相賀曰內府西顧狼狽而回我勝必矣獨杉原親憲有憂色曰內府回軍非不得已也內府若勝則我公何以獨立乎初內大臣之赴小山也遺其軍麾中路覺之從騎欲馳歸取之內大臣曰無以爲也命伐道傍竹篠爲麾柄取紙手裂之束於柄端試揮之者再曰如景勝者用此而足矣及發小山擲之地曰此亦無用矣石田三成遺書眞田昌幸報知上國之捷轉致會津且曰內府分兵守管內十餘城與上杉佐竹相持焉能歷二十日行程而來

上國哉卽能來乎邀之海道擊而擒之耳予善守山道諸老皆欲賞子以信濃也昌幸喜益治兵三成等又遺書北陸數招前田利長利長不應大谷吉隆導京極高次及脅坂朽木赤坐小川諸將入越前長東正家導毛利秀元及長曾我部等入伊勢中納言織田秀信在美濃岐阜介居東西衝要之地西人誘以大封秀信欲應其臣諫曰豐臣氏嘗負我德川氏嘗助我宜以今日決去就焉前田玄以爲京師所司代亦敎其歸東軍秀信弗聽終爲西人城守氏家行廣以桑名羽柴勝雅以神戶九鬼嘉隆以鳥羽岡部某以龜山丹羽長重以小松靑木一矩以北莊山口正弘以大正寺皆應西軍西軍總十八萬騎其圍伏見者引而東下入美濃修大垣城以爲根據使四近將士砦於犬山以援岐阜十一日三成先入大垣以迎諸將警聞至江戶者項背相望內大臣曰我已處置之矣舉動如常十三日我監軍井伊直政本多忠勝引前軍二十七將騎卒五萬至淸洲距大垣七里相持未戰毛利氏前部攻阿濃津城城主富田知信受東命固守不下夜出擊敵將長東正家走之我將德永壽昌與市橋長勝攻福束高須二砦取之以絕大垣桑名糧道而大垣兵日加我軍有流言前軍諸將與敵通款二監數返使江戶促內大臣親出欲以鎭軍情不獲命十九日村越吉直銜命而至二監迎問其旨吉直曰稱疾不出耳二人大驚曰子愼勿將此命果將則諸將解體矣因私改其命授之旦日會諸將而引吉直吉直心竊謂二監所言主公豈有不知乎我素以幸直名而特受此命者取我不枉其言也乃言於諸將曰內府言諸公久屯良苦吾有寒疾不可速去二監失色諸將默然加藤嘉明曰臣聽命福島正則曰何謂也嘉明曰吾曹與敵對壘未嘗出戰

大旆之不西上不亦宜乎正則拍掌曰然衆遂議進取正則曰岐阜兵衆而阻木曾川未易攻我聲言攻犬山則彼必分兵援之我則逼岐阜岐阜陷則犬山自潰二監從之織田秀信果分兵來援二監乃部署諸將番藤堂高虎黑田長政等備大垣犬山令福島正則涉尾越川出其面池田輝政亂河田渡出其背諸將分隸之兵各萬餘正則以河田上流路捷欲自赴之以先諸軍輝政又以出敵背爲恥二監諭正則曰公已受先鋒之任誰能爭之但公主本州舟筏可辦池田不然也諭輝政曰公德川氏之壻當務利其翁何悻悻然與衆人爭尺寸乎二人乃服岐阜人聞警請堅壁以竢大垣援秀信不聽出兵阻水二十二日輝政亂流遇敵於米野破之攻北門正則攻陷竹鼻砦攻南門城兵善拒不可拔淺野左京大夫與一柳直盛等攻其別堡堡險而隮左右泥淖大夫老臣淺野右近生長美濃諳其地理蹊田而先登揚徽於壁上大夫望之曰右近不可亡也馬上揮槍身先士卒士卒皆奮奪壁而入斬城將南部遠山以下五百人餘兵走城城中驚擾諸將因爭登秀信遂乞降逃奔高野正則與輝政爭功欲鬬二監折之曰以私忿忘公事誓辭之實安在二人服而罷犬山敵聞敗而懼戍將加藤貞泰與竹中重門關一政皆拔歸我軍自餘諸將皆遁大垣敵聞我攻岐阜卽出援之島津義弘石田三成陣呂久川遣三千人進至合渡長政高虎等諜知之相謂曰是吾輩任也乃分道而渡天方霧敵兵不覺諸將急擊敗之追北至呂久川義弘曰前軍雖敗吾與子整兵橫擊則勝三成曰敵兵銳進岐阜蓋陷矣吾已不能援何可當新勝之鋒乎收敗兵俱還大垣高虎族高政進至赤坂諭居民使安堵諸將繼至止舍定爲頓軍之地南與大垣對會浮

田秀家至自伏見三成迎而犒之推爲元帥秀家曰敵兵戰疲深入客地吾乘夜襲之以逸擊勞必得大利矣三成曰當與島津小西議秀家曰兵貴神速何議之爲吾獨出決戰耳三成止之曰島津小西皆以爲地勢沮洳不便夜戰且夜戰以寡擊衆者也今以衆擊寡何必如此今毛利參議在伊勢安藝中納言在大坂俟其盡至合軍決勝秀家曰我軍盡至則敵軍亦盡至勝其可決乎雖然子稱老輩之言吾後生也不敢違焉唯子勿悔之乃入大垣小早川秀秋自伏見至高宮稱疾不前三成等疑之使人往議事因刺之秀秋覺不見於是稱疾愈來至美濃不敢入大垣大垣羣帥以岐阜陷召伊勢越前之軍毛利秀元長束正家等再攻富田知信知信堅守累日上野城主分部光嘉弃城來歸與俱守知信妻有勇翼夫而戰其郛已陷嬰守內城於是敵使僧興山入諭致城不聽强而後聽秀元正家乃入美濃秀元族將勸秀元歸東軍遂陰送質大谷吉隆數誘前田利長利長不應與弟利政攻拔大正寺進至細呂木欲攻北莊謬聞東軍敗於海道乃退還小松兵於淺井畷力戰而還吉隆與京極高次等取大正寺府中於是亦入美濃高次素歸心於我欲城守大津故遲回不發脅坂以下先發亦已通款焉而吉隆不知也使之陰備秀秋秀元屯於南宮山秀秋屯於松尾山皆在大垣城西島津義弘屯於城東城北有長松砦砦將某爲西軍守及我軍至赤坂棄守遁二監遣一柳直盛守之益旗幟張疑兵又遣水野勝成守曾根砦爲其聲援西軍聚議不決我軍亦以敵兵衆盛不敢出戰日旋內大臣至內大臣得村越吉直之報大喜乃命榊原康政輔中納言以兵三萬西上以二十四日發下野直出山道間日得岐阜捷報使人轉告東陲諸國

賜書正則輝政以下賞之曰且勿戰以待我出命異父弟松平康元及石川家成留守江戶五郎信吉及松平康直留守其西城遂命諸城留任九月朔內大臣親將發江戶酒井某村串某擎金扇馬表葵章白旗在馬前近藤秀用大久保忠教掌槍渡部守綱伊奈今成成瀨正成安藤直次等十五人爲弓銃隊長下野守忠吉以下親屬將領二十餘人兵凡二萬五千石川家成白曰臣聞星家之言今歲西方塞矣請避方而發內大臣曰西方塞則我擊而開之遂發自東海道鼓行而西近畿西國將士爭發使者上狀馬首者絡繹屬道而東北空虛宇都宮軍中訛言會津悉甲南下少將秀康使人言於景勝曰小子受父命居守於此不能從上國軍甚苦無事願與公一戰公能來乎抑小子當往也景勝辭顧遣兵北攻山形最上義光伊達政宗與之對守堀秀治聞岐阜陷大軍西上乃攻取津川前田利長將會大軍發兵復攻小松小松既通款乃攻大正寺逐敵守兵遂招北莊會前田利政以能登叛乃不敢進京極高次守大津西軍三萬攻之不能拔細川藤孝守田邊與西軍二萬相持兩月加藤忠明迎擊毛利氏軍於伊豫加藤清正攻小西氏於肥後黑田孝高攻大友氏於豐後迭有勝敗十一日內大臣至清洲召直政忠勝於赤坂賞其功勞止軍二日以竢山道軍軍不至內大臣決策獨發十三日至岐阜或獻巨柹實內大臣戲曰大垣落我手矣擲之地使近士爭取之蓋以垣柹國音相通也十四日發岐阜前軍諸將迎謁呂久川上內大臣面褒岐阜戰功遂率諸將至赤坂當是時天下之兵美濃以東者概屬我軍美濃以西者概屬敵軍四方豪傑割據方隅者皆觀望其成敗而東軍以內大臣來士氣大振西軍偵騎走報大垣曰赤坂多白

旗得非內府來乎秀家三成等陽大言曰彼方憂上杉佐竹踏躙不進焉得遽來此乎我諸將請乘機攻大垣內大臣曰大垣城壘壯固兵食皆足秀家雖少非暗者也而義弘行長正家吉隆一心戮力持重不出攻之必損我兵矣獨三成輕而恃衆若誘出之外使秀秋秀元撓其後則可一戰鏖也我且動軍以試之日午建大將旗鼓於岡山令諸將少移陣而前三成邀秀家登丘而望曰東軍塵外何也偵騎爭報曰內府來矣諸軍聞之恟懼島勝猛曰是張聲勢以怵我耳我當乘其動搖擊之秀家曰然藉內府來亦吾所期也吾與治部當以先鋒挑戰勝猛建策設伏於一色村而遣輕銳涉株瀨犯中村一榮陣一榮迎戰有馬豐氏在其傍分兵援之西軍走一榮張左右翼追之內大臣自中軍望見謂侍臣曰式部當練兵隊伍可觀也追者渡而進內大臣曰嘻敗矣果遇伏走者皆還我兵不得退內大臣命直政忠勝往收之二人卽馳左右指揮自殿而退敵兵不能尾收入大垣大垣諸將會議曰內府來確也何以決勝秀家曰彼必悉銳來攻我守備既具足以待之田邊大津之兵將不日來會安藝黃門亦當繼至我疲敵於堅城之下而內外擊之其勢如鷹鶻之搏鳥雀是全勝之策也三成曰不然今敵兵半於我吾聞倍則戰未聞倍則守也我輩擁大兵征伐關東而坐守孤城不敢出戰天下之望我者皆沮喪矣往年小牧之役太閤過慮當戰不戰終成內府之名今豈可貳過哉諸將負勇者多右其議吉隆正家爭之曰當今之世誰與內府決勝於野戰者獨有持重以疲之而已中納言謀慮深長宜聽從之議未決內大臣揣知之乃宣言曰敵不敢出我將置兵而西直取大坂矣皆東裝大垣諸將聞之終決議出戰曰備前中納言出陣關原安

藝宰相以前軍邀敵薩摩參議自菩提山赴赤坂之北繞出敵背
三成以下分屬三軍胥機合擊擠東軍於呂久合渡及下令治兵
使人出戒三國之軍卽夜島津義弘使族家久入說曰東兵遠來
衆心未定請今夜潛兵襲擊吾爲先鋒衝其麾下必利不利乃赴
闕原爲未晚島勝猛曰詰旦之事吾將再見德川甲背何必草草
爲也三成曰然家久顧勝猛曰子嘗見德川甲背乎對曰僕少仕
甲斐嘗追之遠江矣家久曰今德川非舊德川子同覩之可謂飯
匕爲矩也不辭而出毛利秀元素通於我乃託言不欲爲秀家先
驅三成親往諭之不肯三成乃約曰吾輔浮田君與敵交鋒而公
橫擊之吾胥其時舉烽爲號秀元伴諾三成舛赴筑前軍見秀秋
勖之遂北赴小關村大垣諸將繼發設大炬於栗原山以燎路路
隘隊伍不整又遇雨衣甲皆瀅五更而達浮田秀家島津義弘背
天滿山東向而陣小西行長陣其左石田三成又陣其左有馬河
尻槽屋石河布施玉置氏陣其右大谷吉隆與平冢爲廣戶田重
政又陣其右小早川秀秋屯松尾山脅坂安治小川祐中朽木元
綱赤坐久兵在麓毛利秀元屯南宮山鍋島勝茂長東正家長曾
我部盛親安國寺惠瓊在麓皆北嚮而陣騎卒凡十二萬八千福
島氏候吏法齋者走報曰敵出矣正則問何以知之曰臣擬馬矢
皆溫是以知之正則乃使人赴岡山告之既而長松曾根諸砦皆
上狀內大臣洒曰敵墮我術中矣乃下令軍中部署諸將以福島
正剔爲先驅下野守忠吉與井伊直政本多忠勝爲申驅黑田長
政初藤嘉明細川忠興田中吉政生駒一正竹中重門戶川達安
等爲右軍藤堂高虎山內一豐織田長益津田信成京極高知等
爲左軍蜂須賀至鎮筒井定次稻葉貞通遠藤慶隆小出秀家龜

井茲矩寺澤廣高等爲游軍淺野左京大夫池田輝政與中村德
永市橋有馬金森等備南宮山水野勝成松平康長與一栁松下
西尾津輕等備大垣內大臣自以麾下爲中軍酒井家次居前本
多康重大須賀忠政居後騎卒凡七萬五千遣奧平貞治潛赴松
尾山監秀秋軍使竢戰酣爲內應黑田氏將毛谷主水使至中軍
召問敵數對曰三萬曰我候騎皆以十餘萬告汝何所見對曰臣
筭其鬭士而已內大臣大悅十五日黎明親擐甲不冑而巾上馬
率諸軍進至桃配野召忠勝曰南宮之敵可疑忠勝曰彼若挾詐
當下山陣今猶在頂是無慮也內大臣曰然賜忠勝以名馬三國
驪者遣之自進軍可半里家次以白旗十二旒先行三百步會天
大霧咫尺不可辨東西之軍遇於關原日加辰而天霽敵諸將觀
我軍已近欲誘致而夾擊之未敢挑戰忠吉時年十二與直政以
兵三百踰正則陣而前正則臣可兒才藏誰何之荅曰下野公子
井伊侍從自爲斥候也曰候騎不可多直政乃附兵於其老木俁
右京而以十餘騎馳既而中軍鼓螺起諸隊大鬭弓銃已交忠吉
親冒義弘陣與一驍騎搏墮馬命從兵斬之復進被創直政扞戰
右京尋至忠勝乘三國驪橫衝敵陣陣皆披靡其子忠朝手斬二
騎義弘行長戰甚力秀家亦擊正則殺傷數百我衆將卻正則叱
咤督戰會游軍來援合兵疾擊我右軍自菩提山南循麓而進長
政豫揀死士十餘自從欲必擊三成先諸將迫其柵斃三成將島
勝猛吉政一正與三成將蒲生備中北川十郎戰而不利嘉明忠
與擊其橫吉政等返之左軍諸將自道南進直擊吉隆吉隆與爲
廣重政健鬬我兵不可進時日將午兩軍迭進互退勝敗未決西
軍數舉烽秀元不敢動秀秋亦不敢應東軍東軍發礮松尾山以

試之奥平貞治亦促之秀秋乃以兵八千下山平岡重定稻葉正成爲先鋒迫吉隆之右不利貞治戰死脅坂朽木小川赤坐諸將與我左軍相翼而進信成長益斬重政小川氏部兵斬爲廣秀秋返戰三面合擊於是內大臣傳令諸軍鼓噪齊進聲震天地西軍大動我先驅乘之擊走秀家我左軍既獲吉隆進與右軍夾擊走三成斬十郎備中行長之軍望見擾亂欲卻而整我申驅迫擊走之義弘以一軍東南走正家盛親等皆潰西軍遂大敗我軍乘勝追北斬首四萬級原草爲之赤未時戰罷我士卒死傷不滿四千將帥無一人死者盡赴中軍效首虜內大臣據胡牀顧左右取冑左右怪問故內大臣笑曰諺所謂勝而肅冑綦者也乃以忠勝爲擯延見諸將忠勝贊曰列侯今日之戰皆絕類離羣矣正則曰中務用兵乃過所聞忠勝曰敵脆弱不足較也忠朝來謁刀反不入室數寸衆壯之忠吉直政裹創而至內大臣起覘直政創手注藥以其餘賜忠吉直政告忠吉戰狀曰鄙語言鷹之俊者其雛亦俊臣於四郎見之內大臣曰發縱者得宜爾秀秋秀元疑懼未至內大臣使人召秀秋乃與脅坂安治等來謁膝行而前莫敢仰覘正則耳語長政曰黃門何醜也長政曰雖而遇鷹固宜如此內大臣使秀秋攻澤山自效以小川赤坐有罪奪邑放之秀元使使賀捷以其父輝元在大坂不敢先謁引而西歸池田淺野等亦撤備上謁正則進而言曰足下決天下勝敗於一日振古所無也闕江雪曰譬之猶昏夜向明也盍凱內大臣曰諸君爲我努力得以取此大捷而諸君家室皆在大坂吾心未降也不出數日取附之諸君然後凱耳諸將聞之有感泣者於是發使者東報捷於中納言及少將秀康使直政忠勝西次今須自以諸軍止舍藤川內大臣既

大捷西軍崩潰散之四方四方豪傑莫不震慴旬月之間六十餘國盡服於德川氏先大捷四日田邊圍解細川藤孝從龜山先大捷一日大津陷京極高次之高野敵圍二城者或奔或降大捷後一日內大臣進踰磨針嶺陣正法寺山使直政忠勝率小早川脅坂以下攻澤山澤山兵已逃殘黨死守明日直政自城後水道入縱火焚之諸軍繼入族誅石田氏遂從陣永原明日又從八幡山懸令大索諸渠率我軍留備大垣者聞關原戰作進薄其陴城將福原某石田氏戚屬也與熊谷垣見相良秋月高橋等固守不下松平康長令銃卒以銃代梏破陣而入奪其外郭議曰大師既捷是何足損我兵乃緩攻之四日相良以下素通款於是斬熊谷垣見以降福原削髮遁尋賜死我軍留備南宮者奉命追擊多所斬獲池田長吉龜井茲矩逼水口獲正家還報以城內貨財賞賜之近江人捕行長獻之田中吉政捕三成於伊吹山中獻之十九日內大臣幕於草津天皇使使勞之內大臣拜謝曰姦人託事擾亂天下臣家康賴諸將吏之力得以攘除之四方殘黨當不日來降幸勿勞聖慮焉乃命池田左衛門尉福島左衛門大夫淺野左京大夫先入京師鎮撫士民且慰問北廳氏大坂聞敗內外失色輝元長盛馳使乞降內大臣不荅使大野治長往諭秀賴母子曰近日之事吾明知不出冲子也今亂人既獲宜安堵如故於是眾情大安京畿帖服而山道軍亦至山道軍以是月二日至小室使眞田信幸招其父昌幸昌幸不肯榊原康政曰彼必夜來嚴備以待昌幸果至不敢迫本多正信勸攻之戶田一西爭之不聽六日攻之不利乃令小室城主仙石秀久川中城主森忠政備之而西十七日至妻籠遇報捷使者兼程以至內大臣怒其愆期稱疾不見

中納言垂泣而出康政正信與大久保忠鄰酒井忠利請見亦使井伊直政辭之直政素受寵任又爲公子忠吉婦翁於是出傳命因颺言曰儲君逗撓不及大事公等亦焉得不分責也諸將惶恐而退獨忠利留謂之曰儲君後期以攻上田爾主公不必深尤子何遽詬之爲直政曰吾爲儲君歎恨不能不言忠利作色曰藉令儲君失驩於主公子動戚也宜彌縫之今乃衆彰其過果何意乎願得聞其說焉抑刀而進牧野康成本多成重救解而止衆指忠利曰彼今日舌戰過往年武功萬萬本多正純入白曰慫期由於正信也願罰正信以著儲君之無過內大臣意稍解二十日至大津召見中納言謂之曰爲天下猶奕碁也既勝其全局則雖有敵子存者何足較輸贏哉汝未聞若說乎中納言曰爾時戶田左門諫兒勿以小失大誠如大人所言曰彼微者也故其言不行耳乃召一西褒之曰吾使汝言可行矣命爲大津留守淺野彈正少弼奉命從中納言而至內大臣召而謂之曰西面之事我與秀忠能辨之東面獨有秀康子往助之以經理奧羽彈正少弼乃東於是兩道之事盡萃於大津侯伯將士來謁者如雲前田利長圖靑木一矩於越前數日而捷聞至一矩懼降納質及賂利長受賞卻賂而來謁內大臣慰勞之問曰令弟何如利家囁嚅不敢對內大臣曰子安之尊公嘗以子兄弟託於我我豈忘之哉使罷歸命山岡景友奉命徇伊勢援福島正賴守長島及捷聞至出兵要南宮敗兵擊走之取桑名龜山神戶諸城而來謁內大臣乃遣奧平信昌入京師以板倉勝重加藤正次大久保長安爲副行所司代事捕僧惠瓊二十二日遣直政忠勝率列侯臨大坂輝元長盛復乞降不荅二十四日中納言入京師二十七日內大臣入大坂遠近屛

息十月朔命奥平信昌徇石田三成小西行長僧惠瓊斬於六條河原併長束正家首梟於三條磔伏見城中應敵者十八人於粟田口遂下令伐西南諸國未定者以中納言爲大將刻期發軍十九日中納言入大坂輝元長盛乞降益力乃放長盛於高野使藤堂高虎收其郡山釋其留守渡部了屬高虎削輝元六國收浮田秀家三國浮田氏臣某來告秀家既死而潛使秀家奔依島津氏島津義弘之歸自關原其兄義久囚之而乞降內大臣曰我初遇義弘父子甚厚何所負而黨亂人是固在所不許雖然吾不忍復勞兵乃許其降義久欲來謝會疾作伊集院族亦爲亂以故未能來也初豐後故主大友義統應西軍欲復其舊國首逼杵築杵築告急於黑田加藤氏黑田孝高方以募兵萬人發中津南伐聞之赴援與杵築兵合擊破而降之轉攻熊谷垣見氏邑偶得關原逃卒縱入其城城皆降遂助中川氏攻下大田氏盡定豐後還入豐前攻香春小倉踰月皆下之轉入筑前加藤清正援杵築不及乃攻宇土八代肥前大村氏始不應西軍於是發兵助清正清正亦使關原逃卒入諭焉二城皆降薩摩兵援八代至水股而遁去清正乃與東軍孝高約夾攻筑後鍋島直茂舉兵應之擊立花宗茂宗茂既降東軍孝高清正和解之召立花增時行成宗茂乃出面曰公等豫知內府必勝非我所及也清正置之熊本遂與孝高徇下毛利秀包筑紫廣門邑十一月合二肥二筑二豐兵臨薩摩境上日向伊東氏世與薩摩仇攻取宮崎佐土原引兵來會內大臣聞之下令告島津氏既下彌其兵以定九國初毛利氏遣將徇伊豫攻眞崎加藤忠明爲兄嘉明留守與其將佃一成隨方防禦大破之長曾我部盛親還自關原因井伊氏乞降許之盛親有庶兄與藤

堂氏善盛親恐其代己迫使自殺內大臣怒遣井伊氏將鈴木重好奪其封以定四國初福知山城主小野木重勝與圍田邊城既解據其邑及大捷細川忠興以其父仇請而討之重勝自殺石川賴明與圍大津及捷而降其父數正爲我叛臣以故不許當斬并重勝首梟之細川藤孝之守田邊也以死自矢藤孝長詞學受古今集於西三條氏敵將谷衛友等其弟子也陰通款不丸於銃朝廷恐其學絕傳也遣廷臣諭使行成及聞捷藤孝自愧遁高野京極高次亦愧不敢來謁內大臣使人諭高次曰子守孤城使數萬敵衆不及於事功亦多矣乃召見之以前田玄以以坐視田邊大津之難黜之尋徙封丹波八上青木一矩丹羽長重等亦坐觀望失邑九鬼守隆初招其父嘉隆嘉隆不肯守隆乃止陣於畔乘及大軍西上恐獲罪乃進戰效首級於途內大臣不懌及大捷嘉隆懼奔新宮守隆爲乞命得允馳使迎之未至而嘉隆自殺眞田昌幸與少子幸村來乞命不許長子信幸因井伊榊原二氏固請內大臣使言之於中納言中納言曰我失關原之期實終身之憾而致之者昌幸也必處之死信幸固請曰嚮也臣寧負父不能負君今也寧死徇父不生事君榊原康政入白兩公嘉之爲宥死一等放之高野先是關原之報至陸奧上杉景勝大驚急召還山形軍佐竹義宣亦懼議降東北亦稍定十二月內大臣與中納言及諸親信議曰禍亂略定當裂天下賞有功乃以關東八國立爲根本之地居江戶城如故以越前尾張近江伊勢封宗族舊臣其餘盡爲外藩賜加賀能登越中於前田利長爲一百萬石賜肥後於加藤清正爲七十萬石賜備前美作於小早川秀秋安藝備後於福島正則筑前於黑田長政播磨於池田輝政並爲五十萬石賜豐前

於細川忠興爲四十萬石賜紀伊於淺野左京大夫筑後於田中吉政並爲三十萬石賜丹後若狹於京極高知因幡伯耆於中村忠一出雲隱岐於堀尾吉晴土佐於山內一豐阿波於蜂須賀至鎮讚岐於生駒一正伊豫於加藤嘉明藤堂高虎並爲二十萬石賜飛彈於金森可重丹波福智山於有馬豐氏美濃高須於德永壽昌伊勢神戶於一柳直盛其阿濃津於富田知信其松阪於古田重恆伊賀於筒井定次信濃上田於眞田信幸因幡鳥取於池田長吉備中庭瀨於戶川達安豐後日出於木下延俊或益封或依舊賜肥前四萬石於寺澤廣高美濃二萬石於西尾光教以信濃之邑賞木曾諸士諸降附之國改立其嗣賜薩摩大隅日向於島津忠恆爲七十萬石賜長門周防於毛利秀元肥前於鍋島勝茂並爲三十萬石以攝津河內和泉六十餘萬石隸大坂賜越前於少將秀康爲六十七萬石賜尾張於下野守忠吉爲二十萬石賜近江澤山於井伊直政爲十八萬石賜伊勢桑名於本多忠勝併舊封爲十七萬石賜美濃加納於奧平信昌其大垣於石川康通賜上野高崎於酒井家次駿府於內藤信成濱松於松平忠賴岡崎於本多康重增酒井忠利秩爲萬石餘各有差外藩以今歲發命舊臣以明歲發命乃使中納言入朝告成事令諸旨豐臣氏者皆復本姓豐臣氏嘗立皇庶子良仁爲太子而非天子意也於是欲立皇嫡子政仁諮於內大臣內大臣對曰是非臣所敢議也嫡庶之分唯帝心裁之天子卽以政仁爲皇太子。〔日本外史十二毛利氏〕五年二月輝元饗德川公於其第修好交盟四月德川公伐上杉氏輝元遣廣家惠瓊將兵助之三成使惠瓊言輝元曰德川氏將不利嗣君嗣君憂焉將倚公之力以討之輝元乃將兵四萬守大坂增田長盛副之三成自引兵進入美濃秀元諫輝元曰秀賴幼駭何辨臧否大人愼勿惑其言且君與德川盟未幾背之可乎不聽秀元曰然則大人擁秀賴以東伐兒請爲先鋒焉則諸將從德川者皆來屬我我勝必矣坐守此地非計也又不聽命與廣家陣瀨田向伊勢攻拔津城聞東西之軍會美濃則北屯南宮山惠瓊與長曾我部盛親長束正家陣山下兵凡三萬秀秋會西軍首送款於德川氏約爲內應廣家亦與福原越後定議勸秀元送款秀元曰吾家受託於幼弱人棄之歸強國非義也且無家君之命安可自肆乎廣家曰豐臣氏恩澤侯且叛歸東擧況於我家乎宜速決去就是利納言也秀元未決廣家密因黑田長政納款送福原某粟屋某爲質長政使之卒衆來屬擊西軍以爲信秀元曰我山下軍非從吾降者吾亦不忍擊之唯當按甲不動輝元在大阪聞京極高次以大津應東軍遣元康秀包與立花宗茂等攻之使人入說曰諸將爲嗣君擧義公嗣君姻戚何獨不從高次不肯曰今日之事毛利與德川爭雌雄耳嗣君何關焉於是攻擊益急高次遂致城而去諸將將遂會美濃當是時西軍竢輝元東軍竢德川公相持未戰九月德川公至而輝元未至三成等遂聚議於大垣推浮田秀家爲將以秀元爲先鋒正家惠瓊往參其議還報廣家怒曰宰相代納言統師不能爲秀家前驅已而三成自來請曰毛利浮田分將前後豈有輕重乎廣家終不聽三成曰然則公止軍於此見我擧烽則直襲東軍後明日兩軍皆陣關原德川公猶疑我意分兵當南宮而進陣桃配野惠瓊來見秀元勖之秀元曰軍事委廣家矣惠瓊曰公太閤義子不可須臾忘秀賴何得此推諉之言乎秀元曰吾必如約惠瓊去秀元使人謂廣家曰

東軍諸將其質皆在大坂棄而不顧吾亦欲棄福原輩以應西軍如何廣家不肯已而兩軍大戰石田氏陣烽起正家促秀元秀元欲應之廣家與宍戶元繼爲先鋒其兵皆免胄而坐秀元不得進乃託傳飧故失戰期世人傳笑遂謂不得已之計曰宰相傳飧是時秀秋在松尾山觀望兩端德川氏促之乃自後襲西軍其家老松野主馬怒曰主公何爲此不義之舉小早川氏所未曾有也終不肯戰西軍大敗我山下軍不戰而潰廣家因長政謝德川氏曰秀元宜速謁顧輝元在大阪不敢先也乃下山西歸長政與福島正則欲止秀元爲質馳出其前路設帳要而饗之秀元有膂力佯醉拗正則手曰近日見公於大阪矣奮袂而去二人不敢止立花宗茂至草津得關原敗聞返至大阪欲助輝元城守輝元不聽秀包亦返至宗茂欲與俱歸東軍秀包曰吾從納言者也乃入大阪以疾歸安藝尋卒輝元避城居於木津別第削髮稱宗瑞請降德川公德川公與其親信井伊直政密議曰毛利氏右族不可遽加讓削而廣島其治所也不奪此莫以正與刑焉議未決會輝元使者來曰生死唯命若垂大仁得領周防長門望外之幸也德川公大喜許之盡收其餘六州惠瓊匿伊吹山出依秀元聞其通東軍去匿鞍馬聞吉川氏來索又出匿本願寺子院近江僧樂鎮素與之惡以告東將奧平信昌信昌遣兵捕之從者輿載走東寺追兵已迫從者度不可脫隔輿刺之返闔皆死惠瓊未殊遂就縛十月朔與石田小西長束等皆梟首京師輝元從長門治於荻城食三十萬石不與公設送其子秀就爲質

英船來德川秀忠延見之其至也遭風船壞秀忠命賚麇穀五十斗（日本國志）是年荷蘭船至和泉界浦英人從至皆乞互市

日設館居之時時引見詢外域風俗越十年後船至乃載還

辛丑　二十九　慶長六年（日本國志是年呂宋船亦至德川家康給以印票允通商又須信牌於國民令航外海）和漢年契

家康東征佐竹上杉等請降（日本外史十一武田氏上杉氏）六年二月政宗又來侵繁長又擊卻之政宗轉濟逢隈河攻梁川城將須田大炊設四伏而與戰破之四月政宗留兵備須田而返攻本莊本莊出距松川侮敵不備政宗乘曉而濟擊敗之本莊走入福島須田聞之濟逢隈川破其兵遂襲政宗軍後與本莊夾擊走之景勝乃自將而出政宗驚舍其軍獨與十餘騎間道走白石德川公既克石田氏天下歸之景勝因秀康謝罪德川公使人來促其西上景勝卽治行將士皆危而止之景勝曰吾豈可再負乎七月至伏水謁見八月國除獨食米澤三十萬石宥兼續罪賜五萬石。（日本外史二十一德川氏四）六年正月內大臣在大坂西城中納言在二城入見秀賴於牙城列侯諸將盡朝西城賀正先是修伏見城三月成徙焉朝廷欲酬內大臣勳勞擬以大將軍大將軍之拜自足利氏亡後莫復舉其禮內大臣不敢當且恐其勞費天下也固辭乃以中納言爲大納言陞從二位下野守忠吉敍從四位下任侍從舊臣多進爵者於是以西事既平使大納言往平關東諸國四月發伏見歸江戶佐竹義宣懼討迎之品川謝罪請降使往伏見請之於內大臣內大臣曰乘時舉事英雄之常不足深咎也獨觀望兩端者可鄙之甚故吾惛義宣過於景勝乃不許見使就第竢罪景勝屢因少將秀康謝罪秀康以爲景勝方失勢乘之非武因爲請納其

降內大臣許之七月景勝來謝伏見八月收其會津一百萬石賜
米澤三十萬石以會津賜蒲生秀行食六十萬石伊達政宗藉大
捷之威數侵上杉氏違密命又誘南部反臣和賀忠親作亂及事
不成殺忠親滅口乃停前約割上杉氏地十二郡六十二萬石賜
之加最上義光堀秀治之封命二人率南部戶澤本堂村上溝口
氏擊平會津城邑未服者會津之老直江兼續初與石田三成定
密謀本多正信請特加刑內大臣曰與此謀者豈獨一兼續吾蕩
滌天下何必介介也釋不問九月召前田利長任子利常冠之遣
歸以大納言女妻之內大臣方銳意求治時藤原肅益有名石田
三成嘗欲聘之不就尋應淺野氏之招至是內大臣數延之諮問
太平之策後聘其門人林信勝爲博士以備顧問是歲夏奏加供
御之地及廷臣食邑給豐國廟以萬石其他寺祠皆給米田初本
願寺祖姓藤原氏稱親鸞剏一向法蓄妻食肉八世孫兼壽始建
寺於山科尋徙大阪其曾孫光佐與織田信長搆兵所在門徒爭
戰不已後助豐臣秀吉西伐誘其門徒通薩摩之道以功建寺於
京師六條光佐死二子光壽光昭光昭母美秀吉納之因立光昭
內大臣之東伐二人皆送之江戶爲石田氏所沮光壽獨閒行而
達歸匿京師已而大軍西上黑田長政請誘門徒撓京畿內大臣
曰吾以武定天下何借浮屠力哉乃止大捷後光壽迎賀大津內
大臣曰光壽本當嗣也乃爲建寺於六條東令天下門徒分屬東
西以板倉勝重加藤正次爲京師所司代掌獄及寺祠事尋罷正
次專任勝重勝重亂後物情不定事務極繁勝重詳雅強敏人人無不
厭心其他大津草津界浦尼崎等地皆置吏吏皆稱職又城於膳
所使戶田十西守焉遂命關西諸侯城於京師二條以爲駐駕之

地以大番士人更戍之十一月內大臣乃歸江戶尋使大納言居牙城而自居西城天下牧長請朝於江戶辭不許先是以本多正信內藤清成爲關東奉行以綜庶務於是命青山忠成爲副賜奧平家昌以宇都宮食十萬石〔四裔編年表〕鑄大小判定五十三驛建伏見學校〔日本國志〕慶長六年島津義弘奉將軍命遣島原忠安送被掠人二十餘口於明明厚遇之爲許歲通二商船於坊津界商伊丹某聞之遂結奸細要之琉黃海上燬船掠貨義弘捕僇之鹿島然明船後不果至

壬寅三十慶長七年〔日本外史二十一德川氏四〕七年正月內大臣進從一位大納言進正二位前田利長請朝江戶以爲天下之率自山道東下內大臣避之京師爾大納言當之利長至大納言親迓之於板橋待遇甚渥利長喜出望外乃就第獻名刀馬鷹金百枚旦日入謁大納言出坐前殿諸將羣臣左右臚列儐者出延利長坐之下坐尋行饗禮賜名刀一口金百枚銀千枚時服百領遣之利長遂赴伏見謁內大臣而去三月內大臣適大阪賀正尋還伏見後以爲常四月賜島津氏印信島津義久既平國內反者欲輿疾入謝反者復起不果五月朔內大臣入朝二日朝皇太后因留在京師六月奏請翦南都黃熟香天使來莅本多正純掌其事八月生母水野氏卒爲建傳通院十月內大臣歸江戶十一月復赴伏見十二月島津忠恆盡平國內亂來謁謝其諐

緩之罪先是前田利長告浮田秀家未死乃召浮田氏臣嘗告其死者詰之告者請死內大臣嘉其忠祿之於是忠恆白曰秀家實在臣所彼爲關原渠率天下所不容雖然窮來投臣臣不忍殺願幕下枉包容之乃宥死一等流之八丈島以明年赴配所是歲春井伊直政卒直政以關原功首賜石田氏故邑居於澤山尋奉命城彥根未成而沒其子直勝襲封是歲夏內大臣欲廢佐竹義宣爲庶人以其父義重乞哀仍收其常陸八十萬石賜出羽秋田二十萬石收其弟貞隆之岩城賜出羽龜田以秋田氏不從關原之役收其國賜常陸宍戶命松平康重檢常陸地佐竹氏將車猛虎作亂襲水戶康重豫知之邀擊擒猛虎是歲冬小早川秀秋卒無嗣收其備前以其老稻葉平岡氏嘗有功於關原召而用之內大臣欲賜榊原康政以水戶辭曰臣有罪於關原之役免罰受賞臣所不安臣邑密邇江戶緩急得以致身不可徙也遂馳還館林本多正信使人止之不聽於是封五郎信吉於水戶二十萬石以其舊封佐倉封七男忠輝以岩城賜島居忠政食二十萬石以酬其父元忠死義自關原之役至於此賞罰略畢天下大定

癸卯 三十一 慶長八年〔日本國志〕是年始設長崎奉行官專司外船事島津氏所隸之坊津海商蕃客日益輻輳〔和漢年契〕

秀賴任內府〔日本外史十七豐臣氏下〕八年三月德川公爲大將軍四月秀賴陞內大臣敍從一位七月將軍以其孫女妻秀賴命且元迎之令大阪加且元封萬石且元以嗣君幼辭不受尋如江戶將軍面諭勿辭封〔四裔編年表〕

家康爲征夷將軍〔日本外史二十一德川氏四〕八年二月天皇詔以源家康爲征夷大將軍進右大臣

兼涫和奬學兩院別當補源氏長者賜隨身兵仗十二日大納言藤原兼勝參議藤原光豐以傳奏司奉詔書就伏見拜焉少將秀康進參議敘從三位其餘屬將吏敘任有差二十二日入朝拜命井伊直勝本多忠勝等十餘將騎從輿傍參議德川秀康參議細川忠興參議京極高次少將池田輝政少將福島正則爲後乘獻白金萬兩皇后皇太子及宗室百官皆有贈遺天皇賜之酒曰天下亂久矣汝能略定之朕勤汝功使舉乃祖之職宜統我師以鎮護王室大將軍稽首曰家康雖不才敢不服膺王命禮畢而出文武庶僚悉詣二條城賀之大將軍初捷於關原卽使永井直勝就細川藤孝諮室町禮式於是又與藤孝議禮是歲春封七男忠輝於信濃川中封八男義直於甲斐義直幼未之國使平岩親吉攝其國事徙川中城主森忠政於美作加其封三月西道牧長盡朝江戶四月大將軍還伏見時豐臣秀賴爲內大臣年已十一大將軍欲以孫女妻之六月大納言使夫人淺井氏攜女赴京師七月使大久保忠鄰送女於大阪黑田長政以弓銃手三百衞之大將軍聞之弗懌豐臣氏素尙奢華於是欲以白綾覆城內道途片桐且元曰德川公不喜此等事趣撤之婚既成秀賴不妻視之淀君不婦視之使福島正則密徵西諸侯誓書十月大將軍辭右大臣尋歸江戶十一月大納言右近衞大將補右馬寮御監先是水戶城主信吉卒無嗣封九男賴宣於水戶是歲召井伊直政遺腹子直孝於江戶

建日本橋罷講書之禁

甲三十
辰二

慶長九年

山田長政入新羅與韓和親築一

里堠〔日本外史二十一德川氏四〕九年二月令東北三道定道程皆倣之三月大將軍入京師六月入朝七月大納言夫人淺井氏生男家光於江戸大將軍授其幼字呼竹千代是歲藤堂高虎倡議使諸侯置邸及質於江戸相良氏首納其母衆繼之是歲黑田孝高卒關原之事孝高之計居多其定九州不妄戮一人既而告老謝絶世事大納言比以漢張良及卒殊悼惜之自關原之捷德川氏威溢海外紅毛安南諸國皆來貢而松前慶廣奉教旨約束蝦夷先是大將軍謂對馬守宗義智曰豐臣氏伐朝鮮非我所知我與彼皆無怨仇彼苟欲入貢我當許之然非自我求和子體此意往試計之義智之國遣使諷之朝鮮朝鮮苦明人來戍也欲速成和然喜懼相半是歲使孫文彧等來對馬請入見且求還其俘四義智馳使報之大將軍荅曰明春吾父子將入朝卿率詣京師以竢義智如其敎板倉勝重受旨館之大德寺

乙巳 三三十 **慶長十年**〔和漢年契〕**德川秀忠爲征夷將軍**〔日本外史十七豐臣氏下〕十年四月秀賴遷右大臣將軍讓職其嗣子秀忠五月前將軍在京師諷北廳使秀賴來見淀君母子相依不欲分離又恐其有變固辭不遣○〔日本外史二十一德川氏四〕十年正月大將軍入京師二月見韓人於伏見令諸道檢韓俘返予謂義智曰吾將老矣貢使來致之江戸又曰吾欲舉鎌倉禮使右大將拜賀期在近矣宜留韓人觀其儀衛乃賜義智邑於肥前三月大納言率上杉佐竹伊達最上氏西上特命鳥居忠正爲後殿仗戟載途者十有七日先入伏見遂入朝拜大將命四月大將軍奏請辭職優詔許之

学十二 後陽成

五三

且欲遷爲左大臣固辭而還十六日詔以源秀忠爲征夷大將軍遷內大臣陞正二位仍帶舊職弟忠占進三位中將弟忠輝任四位少將十日入朝拜命東諸侯及前田毛利島津氏盡從自是世號前大將軍曰大御所五月前將軍諷豐臣秀賴使入朝淀君性猜忌固執不遣少將忠輝奉命往告襲職焉六月大將軍歸江戶七月課諸侯十餘名重修伏見城十月前將軍歸江戶十二月養榊原康政女妻池田利隆又謂異父弟松平定勝曰島津淺野皆冀與我結婚汝二男皆已可有室矣宜使長男娶島津次男娶淺野定勝奉命是歲令金工光次更造方金初上杉氏有佐渡毛利氏有石見皆出白金然不能多鑄造豐臣氏收佐渡亦無大利及前將軍收二國使甲斐人大久保長安掌之居二歲得數萬斤長安又採於伊豆其利亦等乃因豐臣氏故制造金幣次年又鑄新錢民皆便之

〔四裔編年表〕始種煙草

丙午三十四

慶長十一年〔和漢年契〕築江戶城〔四裔編年表〕停鑄永樂錢〔日本外史二十一德川氏四〕十一年春前將軍建白禁廷狹隘不可行朝儀遂課天下侯伯修拓之各刻名於礎參議秀康掌其事秀康尋遷中納言又大修江戶城使藤堂高虎率池田福島加藤黑田淺野細川等十五姓助工三月前將軍赴京師五月榊原康政卒命子康勝襲封九月賜島津忠恆松平氏及偏諱改名家久自是諸藩多賜氏是月江戶城成宏壯稱天下第一藤堂氏以功賜備中地萬石其餘有差十月前將軍歸江戶是歲封十男賴房於常陸下妻食五萬石爲少將忠輝娶伊達氏罷內藤清成

青山忠成奉行職以安藤重信代之徙駿府城主內藤信成於長濱○（日本國志）慶長十一年德川秀忠爲將軍禁用永樂錢猶用京錢京錢漢古雜錢也足利氏時屢乞錢於中朝永樂錢銅質純良流通全國以一當古雜錢四一貫當黃金一兩而民間往往爭取鬬訟沿用蓋二百餘年至是停之

丁未三十五 **慶長十二年**〔**和漢年契**〕**朝鮮入貢**（日本外史二十一德川氏四）十二年正月課海道及畿西諸國城於駿府前將軍嬰疾昏側既而愈有訛言二月乃張四部散樂下令縱觀前將軍將軍率諸侯臨焉訛言立止先是中將忠吉有疾少間來江戶寓大久保氏三月忠吉卒無嗣徙義直於尾張食六十萬石令平岩親吉居犬山中納言秀康爲伏見留守是月以疾謁歸兩月而卒秀康武而善政內外惜之其子忠直襲封後任少將次子直基繼結成氏三月前將軍老於駿府以松平定勝爲伏見留守以井伊直孝副之先是韓因歸其國說我新政韓主心嚮之五月遣使者呂祐吉等入貢詣兩府自是每將軍禪代輒來永爲我屬國兩將軍奏宗義智之功爲四位侍從比十萬石前代外國書信皆委僧侶於是命博士林信勝掌之是夏課東北諸侯作江戶天主閣十月前將軍之江戶舉西城府藏既將軍又設茶會而招將軍以上杉景勝佐竹義宣伊達政宗爲接伴皆手賜茶當是時兩公數臨諸侯邸每極歡焉十二月前將軍還駿府府城災

戊申三十六 **慶長十三年**（日本外史十七豐臣氏下）十三年二月秀賴患痘福島正則自安藝馳至日夜看護先是

正則謂結城秀康曰公太閤養子於大阪郎君爲兄弟將軍百歲後公善遇郎君老奴亦當竭力周旋秀康疑其有異志絕之○（日本外史二十一德川氏四）十三年再城之三月成九月將軍率諸侯往賀焉自是兩公往來二府而豐臣氏以下歲使使駿府賀正是歲筒井定次以淫虐前田利宗以喪心並收封以利宗邑八上徙封松平康重以其地形不足以扼山陰乃改城於筱山課藤堂及池田福島加藤淺野氏○（日本外史十二毛利氏）輝元既養秀元而生秀就及就隆德川氏欲分長門於秀元秀元辭之退居長府以攝國政會其室卒德川公養松平康元女繼之十三年又以其孫女妻秀就秀就時爲四位侍從○（日本國志）是年呂宋船抵浦賀求直至關左又請通商舶於其國皆允之

己酉 三十七 **慶長十四年**（和漢年契）**義久取琉球**（日本外史二十一德川氏四）十四年正月義直之國前將軍送之二月歸九月徙脇坂安治於大洲富田知信於宇和島以伊賀伊勢二十三萬石賜藤堂高虎治於阿濃津比動舊之臣先是廷臣有一結伴姦淫者前將軍奉敕命板倉勝重按治之十一月誅其首罪一人流竄其餘十二月封賴宣於駿河遠江五十萬石治於濱松徙賴房於水戶是歲諸侯妻子盡至江戶令其會同者留期年而去著爲永制禁西諸侯多造戰艦先是島津家久奉教招琉球琉球不至請而討之是歲春遣其將新納一氏將八千人南伐樺山久高爲先鋒抵東求島執琉球戍兵三百夏攻難巴津虜以鐵鎖聯船扼守津口而津旁有山險多蛇蝎虜恃不置兵我軍放火豬山而上進奪楊暌灘戰於千里山不利

轉攻朝築城拔之琉球王尙寧使其弟具志來乞降不許五戰而至國都擒尙寧及王子大臣數十人而嚴禁鈔掠安撫國民以六十日定琉球秋幕議以琉球賜島津氏爲其臣隸先是我賈舶至阿媽港皆見誘殺其三人潛逃歸告之是歲港人二百至長崎幕府命原城主有馬晴信助長崎奉行長谷川藤廣擊慶港人後二歲其大人來謝乃給印信許互市○（日本國志）是年將軍秀忠又給印票於澳門葡商於荷蘭於英吉利均許互市長崎奉行入謁德川家康曰現今市易繁昌漢洋麕集外船繫泊至八十餘艘家康大悅當是時安南暹羅東埔寨以外南洋諸島及西歐各國通商者凡十許國皆給印票旋定以長崎爲互市塲禁進他港

庚戌三十八 **慶長十五年**

（日本外史十七豐臣氏下）初秀吉造金馬數十一馬當鋑金千枚藏之大坂城中以備軍須十五年秀賴以東旨再興方廣寺以繼先志以且元監役所費鉅萬多鎔金馬充費是時關東工役數起福島加藤淺野池田諸家每助其役清正赴江戶多率士卒又必過省秀賴因置邸於大坂如故凡邦俗男子必剃其鬚髯而清正長髯自喜前將軍使一親將以其私謂之曰以予觀於公有可去者三長髯一也大阪邸二也東行從兵三也清正曰吾戎服著銅面有髯以爲之藉則肅然無有搖撼之患撤大阪邸是棄太閤舊誼不以兵自從緩急不及事皆不可去也（和漢年契）築尾州城（日本外史二十一德川氏四）十五年正月將軍以內藤忠重爲嗣子傅松年正綱子信綱阿部正次子正秋爲侍臣二月將軍適駿府先是堀忠俊之宰堀直清專政讒庶兄直寄逐之直寄奔訴之駿府府閏二月兩公親聽之直清詞屈放之山形放忠俊岩城封直寄於

信濃飯山以越後封少將忠輝併舊封爲五十萬石治於福島尋遷高田是月將軍大獵於遠江本多忠勝自桑名來謁曰往年老僕從太公拒武田信玄於茲爾時以信玄兵爲衆盛不可當也今郎君之衆十倍信玄矣是春爲義直城名護屋課前田氏以下十七國助役諸侯助役山役者告竣命助名護屋福島正則謂池田輝政曰土木薦興我輩困敝若夫兩府所不敢辭此等私役復驅使我輩何也子爲駿府愛壻盍爲我輩說之清正奮髯曰左衞門何出此言不欲助役則不如速反不能反則何出此言平輝政大笑而止前將軍聞之使輝政言諸侯曰厭土木者宜速就國高壘深溝以竢我旆諸侯大懼併力就役數月而成八月島津家久攜琉球王來謁駿府獻方物遂造江戶九月將軍釋王使復其國命島津氏歸俘虜十月本多忠勝卒忠勝自十四歲從軍大小五十餘戰每戰皆捷而未嘗被創前將軍殊悼之使長子忠政襲封自是藤堂高虎代忠勝鎮伊勢（日本國志）十五年前將軍德川家康頒給印票於明商約互市商給印票始此冬十二月商人周性謁見家康乞禁海寇家康知通商開港之利而中國獨不通公商遂命本多正純作書附性致福建總督陳子貞略曰敝國與中華通問久矣內外史籍歷歷可徵台下所知也前日兵馬倥偬之際嘗一辱專价情緒不通來往頓絕遺憾不已今也吾主源君戡定禍亂釐革前轍西南諸番國咸來朝貢獨遺中華而不相通洵乖舊好適周某來得通問好機請自今結符信通福船兩國之利孰大焉且吾海商歲航番方者遭風破船或匱薪糧亦願見惠敝邑僻處海隅所謂蕞爾國也中華以大字小之意幸有熟圖長崎奉行長谷川廣智亦致書皆不答

辛三十亥九 **慶長十六年和漢年契帝禪位皇太子在位二十六年加**

藤清正卒〔日本外史十七豐臣氏下〕十六年三月前將軍在京師使織田長益來諭召見秀賴淀君不肯北廳使清正及淺野左京大夫促之二將因啟日臣輩以死守郎君必無慮矣且元亦自京師馳還苦諫之淀君乃遣秀賴二十八日溯淀入京師二將以弓銃夾岸而北福島正則稱疾守大阪前將軍使其二子義直賴宣迎之東寺二將以下二十一人徒步護輿入二條城前將軍出迎之門相見於正殿前將軍南鄉坐關東將士及諸侯伯擁衛左右秀賴北鄉坐二將在其後秀賴贈前將軍以名刀二口驗馬一匹黃金三百枚及錦緞若干其公族將領皆有所遺前將軍答以二刀三鷹十馬饗畢清正曰淀君遲歸請辭矣前將軍使其女壻池田輝政賜酒於二將既罷扶秀賴出謁北廳拜豐國廟視方廣寺役自伏見上舟清正獻酒賀焉歸其邸出短刀於懷泣日吾今日聊報太閤之恩矣四月義直賴宣來大坂報秀賴北上也秀賴迎而饗之六月清正病卒清正嘗謂人曰前田利家晚志儒學招吾及浮田秀家淺野幸長語次舉論語託孤寄命之章我爾時不知其何謂乃者讀而思之略有所曉當今之世不念此語者恐陷不義也清正既卒淺野父子相繼病卒○日本外史二十一德川氏四十六年三月前將軍如京師先是朝旨欲以爲太政大臣固辭不拜是月皇子受禪是爲後水尾天皇前將軍命諸侯修上皇宮多置供御地前將軍使人謂豐臣秀賴曰自結婚未相見恐生物議願一來以定衆情秀賴年十九驕逸不知外事事皆決於淀君淀君欲不遺嫡母淺野氏使使諭其不可再違命乃遣

之四月詣二條城前將軍饗而還之遺義直賴宣往大坂謝之遺
白金一萬三千兩乃歸駿府是月淺野彈正少弼卒前將軍最與
少弼親善以常陸眞壁五萬石爲其湯沐邑而時召見與圍碁及
其沒不復奕也乃賜眞壁於其季子長重五月加藤清正卒嗣子
忠廣猶幼幕議使藤堂高虎往視國事十一月兩公偕獵於上野
先是京師富人角倉某上書言便宜請通丹波之漕許之尋命通
甲斐駿河之漕是歲又請引鴨川通伏見又許之當是時夷舊入
貢若乞互市者二十餘國前將軍命吏贈書於明福建守因故事
請勘合印守疑懼不荅而其商舶來者益衆乃以長崎爲互市地
禁他依泊初豐臣氏禁耶穌教既而禁弛至是蠻人耶蘇子上變
告倡蠻教者皆覬覦非望乃令海內檢蠻人盡逐之我民奉其教有
者命僧諭之不聽者處流斬置耶蘇子於江戶東郭厚視之又有
告有馬晴信修蠻教次年放晴信於甲斐尋賜死其子爲前將軍
義女孫壻因得襲封○〔日本國志〕十六年又禁天主教初秀吉禁
教繼以兵事禁網稍寬教士來者日衆及是荷蘭人楊與士上變
又有僧訐教士曰葡王之遣教士傾力濟度名爲通商實以蠱民
漸圖奪國其取呂宋農毗斯番皆用此術及今不圖必貽大患家
康大驚遣使搜索教士逐之海外申嚴教禁命僧崇傳以梵法勸
諭教徒不悛者處流斬○〔又〕自後小松至此凡八世二百一十九
年足利氏上不知有王室下不能馭羣雄蹂躪二百餘年織田氏
稍定大亂豐臣氏起於人奴以兵力定海內德川氏用力少而
坐享其成至此舉國始知有尊王之義息戰爭者二百餘年

日本源流考卷十七 終

日本源流考卷十八

長沙王先謙益吾撰

後水尾天皇

和漢年契後水尾天皇諱政仁後陽成第二皇子日本國志母中和門院近衛氏

四十壬子慶長十七年和漢年契去年重修方廣寺四裔編年表置市尹日本外史二十一德川氏四十七年正月平岩親吉卒無子親吉為義直假父以故不敢立後前將軍適尾張二月歸六月徙京畿豪商於江戶七月修春日祠先是祠樹折朝議以為凶兆來諮前將軍對曰是神欲以修祠耳乃有是命因給穀祿准伊勢大廟又嘗與朝臣議制天下寺祠修造之節而嚴禁新立焉是時越前列宰爭權來愬十一月兩公在江戶聽之一人坐不直處流一人愧恥自殺前將軍遣本多成重為宰與舊宰並視國事成重重次子幼侍秀康者也是歲蒲生秀行卒子忠明以我外孫嗣鎮會津日本國志初有告天主為邪教者德川秀忠特命揖斐某於南洋傳習其教七年而歸秀忠召問窮數日夜不倦終[illegible]是年

又申禁天主教盡毀京畿諸道教堂新西班牙人始來通商得自鳴鐘旋遣京商田中某附其船往逾年而還獻緋紅鵝絨葡萄酒各物〔又〕家康定文臣法五章廷式十七章武員式十二章大修朝廷舊典始置老中定幕府及列國郡邑制度

癸丑 四十一 慶長十八年〔四裔編年表〕禁耶蘇教〔日本外史二十一德川氏四〕十八年正月命三十七藩修皇宮是月池田輝政卒池田氏實楠氏楠正行之死節遺腹子教正育於攝津池田氏其裔恒利始徙尾張恒利孫為輝政輝政助德川氏定禍亂人以為不辱其祖長子利隆襲封播磨二弟忠繼忠雄並以我外孫分領備前淡路八月淺野左京大夫卒關原之役大夫首破岐阜功最大而保護豐臣氏不衰前將軍心深疑之遂約以其女妻義直未成婚而卒無子有二弟仲長晟稱但馬守少在大坂國人避嫌請立叔長重前將軍命立仲襲封是歲春大久保長安姦利事覺會病死誅其七子故石川數正子康長連坐奪邑以康長邑深志賜小笠原秀政復其舊封是歲冬富田知信高橋元種皆有罪收封是時大久保忠鄰本多正信土井利勝安藤重信酒井忠世為江戶老中本多正純成瀨正成安藤直次為駿府老中分執天下諸政是歲秋前將軍適江戶十二月將還駿府舍於中原甲斐人馬場忠時上變事曰大久保忠鄰謀不軌馬場嘗蒙譴放小田原請忠鄰申雪不見省怨望先

是忠鄰喪其子忠常乃稱疾謁歸又與山口重政婚吏劾其不告奪重政封忠鄰謝罪不報乃杜門不出馬場時之也又聞正信與忠鄰有郤遂因本多氏誣告前將軍驚還入江戶令忠鄰如京師檢耶穌教蹤歲正信傳命京師放忠鄰於彥根毀小田原外郭逐其士臣設兵備於箱根前將軍乃歸駿府板倉勝重奉命詣忠鄰館人走報忠鄰方與客奕徐斂局而出聽命京師驚擾忠鄰乃縛鎧仗送之板倉氏終赴彥根其族皆連坐叔父忠佐卒亦除國毀城安房里見氏坐與忠鄰交通奪國忠鄰自配所上書駿府曰臣縱伏誅而明無反心有司不敢通獨成瀨正成爲通之僧天海以密敎見親近亦從容申救以將軍怒不釋乃止及井伊直孝領彥根勸忠鄰再訴辭曰是顯君過也亦止兩將軍思大久保氏舊勳使忠常子忠季襲其封二萬石後竟復其舊前將軍素留意學術援於關原之年即取經籍未經刊行者盡上之木以修禮文爲志自讓職以來益令天下購求遺書引廷臣諳典故者與林信勝等講究於前日夕不倦又招文學之士無緇素皆禮重之是歲親試以爲政以德頌將軍亦試草尚之風必偃賦〔日本國志〕

將軍秀忠命島津家久因琉球王尚寧致書於福建巡撫丁繼嗣求互市亦不答〔又〕十八年陸奧守伊達政宗遣其臣支倉六左衛門於羅馬屢年乃歸日本人之至歐洲以是爲始時以日本舟雇洋人駛往閩船百八十人獨支倉得歸攜有羅馬牒及十字架等

物時敘禁甚嚴遂祕其事英人來駿河上書獻有鑲嵌銃望遠鏡等物家康報書約許以七事曰商船蠲役曰需用必給曰隨宜進港曰市民雜居曰財產自主曰禁强買賣曰罪犯各用國法由是商船歲至行之十一年以無利又辭通商案此報書即近世和約之權輿也

甲寅四十二 **慶長十九年**（和漢年契）**鑄大佛鐘冬十一月家康發兵攻大阪城**（日本外史十四織田氏下信雄在伏見德川公之東征秀雄以疾不從三成誂信雄信雄辭以無兵乃約給金千枚以募兵曰事成復封尾張信雄乃應之請金乃予銀千枚信雄曰尾張可知矣召秀雄謀之秀雄力諫而止秀雄卒無嗣德川氏收其封而不問信雄信雄徙居京師遂徙大阪以與秀賴母有中表之親也初信長妹適淺井長政生三女再適柴田勝家勝家臨死使人匿三女於一乘谷秀吉收而育之皆有容色秀吉自取其長女次女嫁京極高次三女嫁少將秀勝秀勝卒更爲德川氏婦長女專秀吉寵生秀賴母子共居大阪乃迎信雄居天滿第十九年秀賴傳片桐且元使關東而歸或譖之於淺井氏淺井氏乃延信雄使人說之曰且元與關東通謀圖吾母子吾將待其歸伏甲誅之遂舉兵也內兄爲我將信雄驚曰是大事也且彼叛狀未見請

熟思之淺井氏聞之弗懌曰再請不從當先除此翁以防漏泄一侍女與信雄有故捧茗而出附其耳告之淺井氏使再請信雄牟諾曰事已至此吾豈固辭吾之少也亦將一萬指揮之方固所謂慣熟今雖老矣猶能得當方面淺井氏大喜使歸報信雄歸第其下曰吾豈可再背德川之德哉乃走京師使人馳要且元警之且元以故得免信長弟長益屬秀吉食大和二萬石爲從四位下侍從削髮稱有樂以淺井氏外叔在大阪與大野治長等並輔秀賴以拒東軍城中倚賴焉及和議起先納質於東勸淺井氏成和和成長益乃赴駿府請曰僕在圍中欲拔歸東軍而和適成以得有今日僕無復所願獨願於京師界府之間得一隙地以爲終老之計德川公優旨慰藉

十二月講和

（日本外史十一武田氏上杉氏）慶長十九年十一月大阪兵起德川公率諸將攻之景勝與佐竹義宣爲先鋒二十四日至大阪景勝將杉原常陸尙水干衣於鎧表衆指而異之曰彼越後宿將也是其軍禮乎杉原聞笑曰吾鎧太敝惡故尙此耳景勝陣鵜野義宣陣今福間日並進破敵柵景勝命植柵設塹於大和河南令隊將鐵某將銃手五百守之將士竊言曰此非戰場不知何用日午城兵大出義宣兵不利銃手齊發敵兵乃卻已而城兵七隊出鵜野我先鋒須田大炊與戰敗走杉原常陸與安田上總長尾權四郎進擊斬其三將德川公聞鵜野戰急令堀尾氏丹羽氏來代景勝景勝以槍手三百自環爲陣憑椅不動使者十餘輩來傳敎旨皆不得入景勝厲聲曰吾在戰場雖有敎命不能退一步麾兵益進遂破城兵城兵入柵景勝銃手又驅柵內兵入城不使復出須田愧敗與五騎馳入敵中人得一首級而返德川公軍監小栗又壹具狀以聞

退語同僚曰今日戰既解猶有宜進擊之機吾言之景勝辭以日暮可憾德川公聞之叱曰景勝武事若曹敢得誹議之次日巡視諸營至上杉氏親慰勞之遂賜功狀於杉原長尾安田須田鐵以津等杉原伏謝曰臣等何力之有焉先寡君家範猶存臣等奉以周旋焉耳退謂人曰吾從先公數與武田氏戰若今日之戰乃兒戲耳何足載功狀乎

○〔日本外史十七豐臣氏下〕十八年秀賴以東旨加片桐且元大野治長祿各五千石且元與木村重成薄田兼相及七隊長以遺命保護秀賴服事關東甚謹而治長者淀君孔母子也織田長益者淀君季父也皆見親信寢與且元相輒十九年正月彗星見東方二月大阪天主閣煙起衆趨救則無矣使韓人李文長筮之遇艮之益日尋兵失疆喪其貞貝敗我穀鄉再筮遇臨之坎曰人面鬼口長舌如斧斲破瑚璉殿商絶後秀賴大懼命巫禳之四月方廣寺成乃鑄洪鐘命東福寺僧清韓銘之五月遺片桐且元赴駿河告成請慶前將軍曰右府爲願主宜親往慶之因命其親臣本多正純以女爲且元婦慰勞遺歸且元大喜復命卜八月三日公卿以下皆會縱四方民觀儀將發行會前將軍覽鐘銘稿大怒曰銘有國家安康之句是截我名也序有大小釋迦迭爲主伴之語是欲代我也秀賴何意乃敢詛我德川氏京尹板倉勝重馳使告之且元停其慶會且元大驚曰是非右府所知也託之清韓偶然及此耳臣不學成郎州工罪無所逃今大儀垂成萬衆已聚而遽停之恐驚民耳目伏願且畢禮尋毀滅銘文然後臣甘心伏誅毋悔也勝重不肯曰是成訕也遂停儀物情騷然且元召問清韓清韓不服乃使清韓赴駿河陳謝而自與其弟元重大野治長繼赴之前將軍執清韓命板倉重昌如京師令五

山僧註疏銘文僧多證其詛且元至鞠于驛畱不敢入九月有命遣歸治長而獨召且元詰責之且元陳謝甚力淀君聞且元等不得見遣其乳母大藏與尼正永赴謝二女欲專辨銘辭急習其句讀且誦且行至則召入溫言慰藉不復及銘辭使往江戶省夫人淺井氏二女大喜出意外既還駿河與且元皆告歸許之二女請荅書曰既面諭之矣乃皆辭上途有命獨止且元使本多正純僧天海言之曰將軍意終不可解右府何以爲信表其無他且元曰願受教二人不荅且元曰請赴江戶取將軍旨二人入白馬曰將軍意亦與我同耳女宜歸而熟籌之且元遂辭去馳及二女於土山驛二女乃悉語之以前將軍懇諭狀曰國事莫復足慮者且元曰吾所聞則大異諸前將軍逼我以右府表信吾揣其意蓋有三策焉淀君東與妹氏同居上策也右府往依婦翁中策也避大坂徙他下策也三策行一庶幾無事二女不言退而相言曰前將軍豈至於此是市正欲賣我君也密馳書告大坂曰且元形迹可疑且元不之知也使二女先還而自入京師與板倉勝重議事淀君聞二女報憤恚曰吾雖太閤妾也於右府爲生母何屈辱關東哉甯與右府枕城而死乃欲誅且元遂舉兵治長益力贊之已而且元至謁秀賴陳三策秀賴稟之淀君淀君使人諭且元曰竢後日面議至期且元朝服將出會其臣小島某自外來告曰淀君信讒言倩公有貳於關東也欲伏兵要之遂舉大事且元太息曰噫年少輩註誤我君自速亡滅耳治長傳內旨召之甚急且元遂稱病不出治長知謀泄恇懼曰彼素掌管鑰諳城內有無卽起兵奪城不可悔也不若先發誅之乃令七隊長赴攻之七隊長皆不肯曰市正忠勇無比誅之是絕嗣君手足也於是一城大擾兵士聚

片桐氏者三百餘人治長患之欲離間其兄弟諭元重攻且元元重荅曰家兄誠懷攜貳吾將大義滅親不必煩公等公等忌害忠臣又使人推刃於同氣未能奉令也秀賴近臣今水某潛來說且元曰內城八門公管其六今夜潛兵奪城逐治長兄弟而請命於關東關東猶不釋則翼我君舉兵且願公速斷之且元顰顣曰吾特欲待讒人來攻而自殺也苟如公所言則長披反名矣因令部下日即及於戰勿使矢嚮內城明日七隊長諭且元納質弭兵退就其邑且元從之十月朔與治長交質盡獻城門管鑰致事而去七隊長送至大和川上還質訣飲且元曰吾苦心運籌欲利豐臣氏吾上策而見聽吾則請地築第於江戶之郊故宏其規模以延數年我君已壯而前將軍大耋吾策不亦善乎區區之心未遑盡明乃卒至於此因相鄉泣哭顧望而別且元遂歸其邑茨木遠近騷擾前將軍遂下令天下共攻大坂秀賴會諸將議拒守先是七隊長更候駿河治長等疑之頗收其兵隊長皆怨望於是不出參其議速水守久和解之乃出治長建議曰宜急舉事天下比年苦士木舉皆思亂至西諸侯機皆浴先君恩澤誰不來援者遂買城下及界浦漕粟及火藥移檄四方關原敗後潛匿所在者若諸國獲罪亡命者爭先來聚眞田幸村自高野長曾我部盛親自京師後藤基次自南都森勝永自土佐其餘內藤政勝小倉行春明石守重御宿政友塙直次仙石宗也岡部則綱山川賢信長岡興秋北川宣勝等數百人治長以竹範鎔金馬以募兵飢寒之士僞姓名應募旬日得五萬而有士將士無一人應者秀賴手書招諸國主前田氏以下皆縛使者以其書獻德川氏治長等意大沮而事不可中止乃聽言曰諸侯伯皆陰通款於我矣東軍來夾而擊之

耳遂修守備壘高丈餘十步一樓北帶淀河欄於長柄神崎二島東控大和木津二川鵜野今福以南至於鷺島皆臨汗田爲壁西據橫港連砦於川場博勞淵葦島福島穢多道頓諸處列艦於海口南穿空壕交錯材木於壕內以沮敵馳驅七隊長曰寨不可廣廣則難守況以一城抗天下曠日持久而驅市人糜糧食毋爲也治長不聽眞田幸村不喜受人約束乃別築偃月城於玉造阜開東西二門募信濃遺民得百五十人秀賴又附以伊木遠雄山川賢信北川宣勝等五千人守之幸村因獻策曰臣聞德川氏檄天下兵以來攻我我坐竢之無他奇道度關東北國之兵强半未至宜以此時出大旆於天王寺以勝永與臣爲先鋒赴於山崎使盛親基次出大和路扼守治橋攻拔伏見縱火京師以大關天下之衢路則西國諸侯必有來屬者是一奇也基次曰計雖善矣非萬全者本城壯固無匹雖受天下兵可支三五年如此則敵必有內變諸侯被先世恩者必歸款於我何必遠出衆然之前將軍將軍率諸侯伯相繼西上獨畱福島正則黑田長政加藤嘉明平野長泰谷衛友於江戶不許從軍正則潛應大坂需自其封安藝輸粟五萬石其二姪正守正鎭皆入城守以故最見疑竹中重信受命自駿河赴江戶諭旨正則正則因以書諫秀賴曰郎君因事忤關東旨遂動兵馬是自速亡滅也願攺其圖奉淀君於關東以計無事不則老奴爲東軍先鋒一舉拔城君其勿悔豐臣氏安危將決於此願熟計之前將軍遂覽其書遂不許從秀賴得書亦無所對重信復受命赴安藝使正則子正勝治兵會師正則遥戒其老福島丹波尾關石見曰汝輩輔我兒以應郎君莫以我爲也郎君而成事吾死不憾不然則吾何以見太閤地下哉丹波欲從命石見

爭之曰吾儔之於主公猶主公之於右府也吾儔何可禍主公哉遂擁正勝曾東軍蜂須賀家正既老首迎謁東軍片桐且元嘗託其贊於界補人宗薰宗薰告城兵來掠界浦且元乃遣兵二百援之至尼崎城索舟尼崎人疑而不許大坂兵出擊且元城兵亦不援且元退守神崎土民聞其叛大坂也爭起要之與城兵合擊遂鏖其兵且元僅免於是前將軍至京師召見之且元辭曰臣計輯和乃開大隙何以見爲前將軍曰兵起非汝罪宜亟來此更爲後圖藤堂高虎爲東軍先鋒來陣佳吉郡艮列窺其孤軍欲襲之議不諧而止艮列又欲遣間諜縱火兩將軍營亦不用東軍患二告難濟壅其上流城兵出爭之不克十一月池田氏兵自神崎濟城兵出拒不利幸村基次等建議曰將軍不日至天王寺及其未陣襲之必克治長曰是可用之小戰今與天下戰始合失利不可復振不若致之堅城下而挫其鋒也幸村等曰以寡擊眾自非出奇何得勝乎艮列亦勸之終弗聽已而東軍悉至列營四外大凡五十萬許治長發間使誘舊屬諸將諸將皆捕其使獻之前將軍前將軍遺書城內使請和不肯幸村叔父信尹從在東軍前將軍使之人諭幸村降之幸村荅曰關原之役臣父子屬西軍以寡兵抗大師及敗遁逃伏匿山野右府不以臣陋劣授臣以數千兵使將一面是知臣也士爲知己者死臣死不能負焉信尹復命再遣說之曰苟降則封以信濃地世世毋絕幸村曰爲我謝前將軍臣一死報右府不知其他有如東西弭兵臣當寄食叔父耳不然則雖受日本之半而不能奉命矣願叔父勿復來也前將軍與木村重成父垂茲有故又招降之乘成不應薄田兼相守穢多崎蜂須賀至鎮來攻之兼相欲於倡家其兵留守不支而走兼相深以爲恥

已而蒭野柵爲上杉景勝所破今福柵爲佐竹義宣所破水村重成聞急單騎出拒義宣渡部尙與七隊長出拒景勝秀賴自城樓望見之顧基次往援重成基次卽起從士取鎧及之京橋擐而馳謂重成曰公勞矣僕請代之重成曰事方殷代將則陣亂公老於兵者何爲是言也基次乃陣其後泛舟澤中排楯放銃橫擊義宣陣重成因大破之斃其老澀江政光尙等亦擊破景勝前軍竟不利退重成基次亦收兵基次中丸傷其左肋捫之曰吾創不至死右府命厚矣已而以柵難守棄而入城片桐且元入軍備前島而蘆島博勞淵前後皆陷池田淺野蜂須賀諸將自西北進七隊長曰吾輩固曰廣者難守適以增敵氣耳宜棄天滿川場道頓堀三寨約之內城治房以萬人守道頓堀獨不肯卽夜諸將託軍議召之遣基次等燒諸壘寨治房部下驚走入城基次伏死士誡曰備前之軍其將年少氣銳必來於此汝輩突起取之池田忠繼在福島望火果欲馳入川場其將花房職之曰後藤多謀必有伏也乃止伏兵徒歸基次曰花房未死乎十二月東軍入三寨卽夜大野治長第失火東軍意城兵有內應者自京橋口進城兵堅拒卻之幸村村與前田利光對壘出銃手於城外林中日斃敵兵利光一鋒奧村某欲奪林以爲功幸村諜知之潛收其兵奧村至不見一人城兵自銃眼指而笑曰公等索狐兔乎奧村忿踰濠攀壁則銃矢交發殺傷數百人南條光明在南壁其叔父與藤堂高虎相識高虎約書於矢射壁上招降之叔姪合謀欲導高虎兵期四日黎明事覺秀賴與諸將議族誅之而不更其幟列銃以竢黎明藤堂氏井伊氏合兵傳壁加賀越前兵亦逼幸村壘下皆遇銃而敗會櫓上失火敵二百人乘之而登幸村擊鏖之是日之戰自卯至午而

城兵不損一人織田長賴守星谷口其卒私鬬東軍乘喧疾攻秀賴遣北川宣勝等拨擊卻東軍東軍於是自天王寺口穴地而進城兵亦穴地而拒之東軍休戰每夜發礮而鬨城兵亦發礮而鬨前將軍數遺書於織田長益勸和要三事曰毀羅城塡周池若徙封大和若以淀君爲質皆不肯然城兵聞和議起守備頗怠而東使至愈頻長益治長以秀賴旨使使荅之曰雖果成和而諸客兵不忍棄之願得益封議乃轂墧直次長岡貞安請大野治房曰受圍日久不一出戰軍氣何得振今備前阿波兵陣本街橋南北宜分兵襲之治房曰吾亦欲之夜戰利於寡寡而分之恐不能克宜專襲其一軍乃揀壯士百餘申暗令以直次貞安將之出斫阿波營斬其將中村重勝治房與御宿政友出迎之橋上而還當是時天下諸侯皆從東軍未至者獨島津氏而已京極高次子忠高從攻城其母常光在京師前將軍以其爲淀君妹也使人迎之以講和議又陰誘降城兵淀君遂使治長長益勸秀賴秀賴召七隊長及新附將士議或曰關東之謀不可測也宜嬰城二三年以幾敵有變或曰諸侯無援者而城兵有貳者以有貳之兵守無援之城而城內糧仗不足以支三年不若媾和以爲後圖也治長長益欲和說秀賴甚力秀賴曰片桐且元爲我盡忠以計無事汝輩乃退之勸我舉事今何與前言相反也會常光氏至慫慂淀君數往復傳東旨終約逐客兵塡周池長益出子尚長治長出子治德爲質十九日和成翌夜茶臼山下失火延燒二十餘營幸村曰敵新和而懈備宜掩襲之治長等不許二十日前將軍遣板倉重昌將軍遣阿部正次入蒞誓焉秀賴遣水村重成出蒞誓焉而以郡良列爲之副重成年少有風儀盛服騎馬抵茶臼山營自轅門下馬關

東諸將設臚幕中引重成重成不揖而入永井直勝上井利勝擯之使坐下坐重成不顧而進敘秀賴旨然後退伏前將軍曰是常陸介子乎何酷肖父也因問其齡曰二十二矣曰然則與右府同年矣往日鵠野今福之戰壯勇無雙重成慨然對曰臣有遺憾焉已而誓書出押血模糊重成曰淀君婦人恐有疑焉敢請更面刺血前將軍鍼於指曰年老血枯重成爲不聞者遂取血誓拜謝而退禮諸將乃還旦日東軍發卒十萬人隳外城塡空壕以吏七名監焉是日島津氏始至兵庫居二日治長與長益俱往謁兩營前將軍見治長而稱揚之曰卿年少能爲秀賴擧事何其壯哉吾欲上野介事將軍猶卿也上野介者本多正純也因命正純請其上衣遠近傳以爲榮治長意氣益驕其夜前將軍遽入京師吏請夷壕淺深前將軍哂而對曰彼三歲小兒可得上下耳初城中諸將約塡周池以爲止西南外壕居數日外壕既堙遂及內壕城中大驚皆咎治長治長使人出詰監吏吏對曰吾輩受命塡周池以爲周者周內外之謂也是時將軍猶在岡山治長自馳赴岡山岡山將吏皆曰是大御所命已治長乃馳使京師因板倉勝重請之勝重曰本多正純主此事我所不與也還詣正純正純稱疾不出面往復數回而東軍益興卒晨夜督責以至明春塹壘皆夷獨存牙城而已○日本外史二十二德川氏正記

德川氏五慶長十九年三月大將軍陞從一位遷右大臣天使就拜焉四月天使歸自江戶過駿府諭內旨以前將軍爲太政大臣准三宮辭不敢當又諭納孫女爲中宮奉詔當是時豐臣秀賴已長其臣大野治長等陰謀擧兵復其舊業治長有姿容密通淀君所言莫不聽與淀君季父織田長益議遺書前田利長曰先君有遺命君盍來輔嗣君

城內甲仗豐足福島正則等所貯穀粟積至數萬石足以有爲矣利長以疾辭之以其書來獻兩府五月利長卒命子利光襲封秀賴傳片桐且元常誡秀賴曰德川太公不失義元之誼也而納氏眞不遺信長之好也而助信雄先公知其然故臨終託孤君務不失其驩心則可以長久矣不則禍將不測秀賴頗悟而羣臣不悅以且元數使關東意其有私稍猜防之先是秀賴造方廣寺以繼先志至是畢功又鑄巨鐘乃使且元來告請慶之期以七月秀賴親往是歲高山友祥內藤如安等以奉蠻教下京師獄前將軍遣吏二名往與板倉勝重議放友祥等於海西流餘黨於是界浦有犯人二吏率卒往按之途經大坂有訛言曰且元候秀賴出導東吏取城秀賴懼不出二吏既按界浦遂之長崎訛言乃止將慶之其鐘銘觸忌諱類呪詛者上棟牌亦不如式林信勝僧天海等交言之前將軍怒乃馳使停其慶八月且元治長等來謝女使二人又奉淀君命至前將軍召二女使謂之曰右府吾孫女壻淀氏亦吾婦之姊吾豈相負哉吾視右府猶子而右府視我猶仇讐如聞大坂日招士繕甲多峙糧餉吾未知其何謂也今吾在猶如此況後世乎雖然是非出於右府母子蓋爲姦人所詿誤焉爾苟悛非輸誠則國家無事矣不復問銘詞二女大喜遂赴江戶候夫人氏九月使本多正純僧天海責且元以輸誠之實且元請其旨不荅且元乃與二女偕辭去行思之得三策曰納淀君爲質曰使秀賴居江戶曰避大坂徙他國密啟曰質母於德川氏者先公所嘗爲也是爲上策或譖且元賣淀君淀君大恚與羣臣決議誅且元舉兵且元奔其邑茨木遠近騷然板倉勝重飛書來報十月朔報至駿府前將軍方與諸子觀散樂得報曰孺子終不悟也不得不除

之乃撤樂使報之江戶是春謀東諸侯城於高田是秋課西諸侯修江戶城於是皆罷就國以備大坂秀賴亦益散金募兵關原餘黨若諸藩亡命者四集大坂號稱十萬人四出鈔掠以貯軍需東府穀五萬石在其城下板倉勝重使人謂大野治長曰聞之道路諸公將有旗鼓之事不腆敝邑之穀敢犒從者治長辭不敢取勝重乃使賈人漕送京師不勞一兵伏見留守松平定勝井伊直孝與勝重議遣諜大坂悉知消息輒報之東府置關於淀葛葉以檢兵士往來尼崎城主建部某關原降將也與池田氏有姻前將軍命池田利隆遣其戚屬下間重景將兵援守片桐且元已納降於我將自茨木赴界浦與大坂兵戰尼崎下求救於重景重景疑其僞不肯救且元敗走大坂兵始合而捷氣倍壯大議守備其城故秀吉所築窮天下力塹壘壯固無匹西北帶水東南多池澤於是益設塹寨置守兵遂發間使招諸侯伊達政宗遇之小山縛送江戶島津家久御其幣馳告駿府且請師期淺野但馬守國富兵強而與大坂相爲腹背議者以爲大患已而大坂果數遣使誘其君臣以利但馬守荅曰我父兄所以報故太閤足矣吾於東府恩誼非輕今無故倍之以黨亂人不義孰大焉使者猶來百計勸說但馬守乃欲斬其使懼而止前將軍得諸報告乃下軍令曰伊勢近江美濃尾張越前等兵急扼淀勢多大和兵自守其地北陸諸國兵陣大津坂本中國兵陣池田南海西海兵泊和泉海濱並竢大軍勿輕戰東海東山將帥皆隸前將軍關八州及陸奧出羽將帥皆隸將軍而世子家光與少將忠輝及酒井重忠其弟忠利等居守江戶蒲生最上氏以下隸之賴房與其傅中山信吉留守駿府義直與其傅成瀨正成賴宣與其傅安藤直次皆從軍義直初爲

右兵衛督賴宣為常陸介並敘從四位下後並進從三位任參議兼右近衛中將賴房初為左衛門督後敘從四位下任右近衛少將於是分賜白旗於義直賴宣諸嘗受豐臣氏特恩者不許從十一日前將軍以數百騎發駿府大坂發刺客入京師欲狙駕且焚二條城板倉勝重覺之盡捕下獄二十二日駕至京師傳奏司傳敕勞問少將忠直以二萬人前田利常以三萬人皆會焉居三日召諸將開大坂圖議戰日西南兵未至宜以先鋒挑戰井伊直孝藤堂高虎為先鋒松平忠明本多忠政繼之忠明奥平信昌少子以外孫故賜氏封龜山是歲其兄忠正卒代領其眾統美濃將士於是先鋒自南面進以北面難濟令伊奈忠政壅淀川於長柄壅大和川於鳥飼尋使毛利福島氏助之十一月高虎至大仙陵時城將薄田兼相山口弘定掠平野望之而走城將大野道見焚天王寺以撓我軍高虎不動終與直孝進陣任吉城將堀氏弘掠畀浦聞之而走過高虎軍前前部渡部了處其有伏不敢擊淺野但馬守將兵發紀伊行擊土兵應大坂者來與高虎議事還陣大鳥池田利隆與二弟忠繼忠雄至神崎川城昌茂奉命監其軍二弟亂下流利隆涉上流進至長柄川城將織田長益等以萬人守天滿中島利隆欲濟昌茂止之其夜二將復渡下流逐守兵以取中島將軍以前將軍入京師之日發江戶兼程而進十日至伏見其明詣二條議事十七日前將軍陣任吉將軍陣平野義直賴宣陣任吉北少將忠直前田利光陣岡山井伊直孝藤堂高虎陣天王寺上杉佐竹相馬秋田堀尾京極諸將陣平野西伊達金森諸將陣今宮淺野蜂須賀鍋島諸將陣今宮北池田加藤山內森有馬諸將陣中島九鬼向井諸將以兵艦泊傳法口兵總五十萬人環

城四面不遺尺地前將軍度城中必悔使人議和不肯已而住吉邏騎夜捕一卒曰欲適藤堂陣誤至此也檢其懷得秀賴書書曰二魁深入我地子計中矣宜速令東國歸款諸將斷其歸路事成則加封如約前將軍覽書哂曰彼欲離間我謀何淺也召高虎賜書及卒高虎訊得其實乃斷其手足指黥額曰秀賴縱歸之城兵又誘池田利隆曰事成封以備前播磨美作利隆縛使者獻之兩將軍終議進取阿部正之安藤直次永井直勝小栗忠正等數十人爲巡使大須賀氏部下久世廣宣坂部廣勝獲罪出亡以老兵事被收錄是役皆爲巡使傳令諸軍進退操縱莫不如意蜂須賀至鎭攻取穢多崎九鬼守隆向井忠勝以水軍奪敵候船數十艘上杉景勝攻鴫野佐竹義宣攻今福皆破其柵城兵分道出拒船載銃手出其中間力戰交綏已而城兵以柵難守棄之而退將軍令片桐且元代入屯備前島以其最近城屬之以礮手諸將攻博勞淵二寨北寨下有洲生蘆葦皆以銃卒守之我軍欲先取蘆洲洲不容多兵兵寡者又不可守石川忠總實大久保忠鄰子也欲以功贖父乃請以手兵往得舟二隻以槍爲棹而濟敵守洲者皆走上寨發銃忠總仰攻連晝夜九鬼氏給舟數十助之拔北寨又得蜂須賀氏援兵遂拔南寨進取土佐港阿波坐港還效首虜前將軍曰不愧忠世之孫矣於是諸將爭進池田忠繼臨蜆川而陣部將花房職之望野田福島二寨曰旗植而無煙是已逃也使人伺之不見一人乃濟中島諸將欲繼濟城昌茂止之曰太公命我護軍戒其持重公等違我言乃違太公言也諸將乃止已而中軍傳令責諸將逗留諸將答以昌茂前將軍召昌茂使林信盛讀孫武傳令至將在軍君命有所不受乃顧昌茂曰汝拘我命見機不進

何也因逐之令諸將進入福島淺野氏以船兵至海口爲其聲援阿部正之白曰西北諸砦相踵陷没川場天滿二寨脆薄背水必遁其夜果焚寨而退城將大野治房守道頓港亦驚走入城蜂須賀氏兵追獲其旗幕十二月忠總忠繼與淺野鍋島九鬼諸將進入川場利隆等進入天滿東南諸將亦進逼城伊達政宗至川場井伊直孝藤堂高虎至生玉臨空壕而陣城兵燒外城諸橋獨存淡路本街高麗三橋石川忠總與城兵戰於高麗橋欲使敵不得燒諸巡使請救之前將軍叱曰止矣我軍欲登城何恃橋哉彼自斷出路耳令忠總退舍遂令諸將曰設垣列牌竢令而進勿妄鬭以損一卒又以天寒增糧食本多正純受命以金工光次爲介遺書城中使織田長益大野治長議和將軍聞之使來請曰圍合矣請令諸軍四面齊登以天下兵攻一城何難拔之有和議若成不可及已前將軍曰未也將軍弗懌本多正信曰太公必有神算願少竢之藤堂高虎私射書城上誘南條光明使爲內應光明約期事覺被殺藤堂氏兵不知而進井伊氏兵繼之加賀越前子弟亦進逼玉造貳城故秀康庶子直正先登建幰濠上而城將眞田幸村善拒我兵死傷頗多前將軍望煙怒曰奴輩敢破我令顧安藤直次往收之將軍請罰破令者前將軍曰破令者亦不可得也兩公屢巡視諸營前將軍未嘗衷甲被葵號戰袍上馬從十餘騎至生玉口城兵望覩識之叢銃雨注衆爭請避之前將軍不顧按轡徐行横田尹松後至排衆而進曰此公豈當矢石矢石之來莫甚於川場請往焉乃扣馬而西使去城遠他日將軍巡至天滿登有馬氏堙樓城兵狙發大熕從者請去不肯水野勝成曰元帥巡師與斥兵異不當專視一處乃肯去城將後藤基次曰兩帥皆天授

豈可僥倖扼衆勿妄發銃六日前將軍徙陣茶臼山將軍徙陣岡山築連珠砦相接塹河之功既竣隍水多涸城兵大驚我軍以土豚塡隍列竹牌排鐵楯起距堙鑿地道而發銃鼓譟者每夜三次使城兵不得休止前將軍令諸將射書曰降者有賞城中人人相疑城將軍復請浚城齊登前將軍曰吾聞良將不戰而勝且損兵而得城吾無取焉復使金工光次入城議和城中衆議不決多願和和者大野治長等建議曰德川翁旦夕人也明歲西吉東凶且約和以爲後圖乃勸秀賴請和前將軍曰右府誠自艾則吾莫復介意城內客兵皆釋不問因約三事曰塡周池曰徙大和曰以淀君爲質必居一焉數日荅聽塡周池而請爲客兵加食邑前將軍怒曰釋之已多矣奚勝養之乎議乃輟乃命工益造攻具或詰井伊直孝議事直孝方睡起揩目而出或曰子何懈也曰我慮敵出襲之夜不交睫惟晝間得睡耳城將大野治房愧道頓港之敗欲有報乃時阿波兵陣本街橋西治房夜出襲之阿波兵亂死傷頗多人服直孝也先是天皇使大納言藤原兼勝大納言藤原實條以來勞於是復來傳詔旨曰卿以耄老冒風雪於戎間宜委事諸將以還息於京師即欲和議將詔秀賴成之前將軍稽首曰臣少慣軍旅且職分所存不可獨逸勿勞聖慮至於和議臣自修之不足以辱天詔使秀賴奉詔則可若不奉詔適增其罪臣則不得不誅夷之是以敢辭乃令女監阿茶如京師迎常光氏常光氏京極忠高母而淀君妹也使之入城勸和徑工場而往工人千百成羣造諸攻具飛橋轒轀皆以千數常光入城具說淀君淀君初與秀賴俱巡視城內見守兵頗壯銳也大喜遂上天主閣以望東軍則極目皆兵旗旗際天淀君色動已而備前島軍發大熕中閣第二層二女

震死淀君始大驚勸秀頼成和而會常光至則喜懼交集常光傳命曰右府必欲居大坂則於其舊封一無所闕特逐諸客兵使東軍毀外城塡周池以著和親之實秀頼母子召諸將議議未決多正純使人言治長長益曰公上之議已成矣子等遲疑罪將至矣二人大懼急因後藤光次獻質治長欲遣其幼子光次斥之曰稺弱者何用乃率其家子而還十九日和成約塡周池逐客兵二十日板倉重昌入監秀頼誓書秀頼問曰兩公何可呈重昌私對曰呈太公持書而歸前將軍日逆而問曰嚮遣汝不命其所呈如何重昌告狀前將軍喜曰非汝不能辨也城將度我特和而懈也欲來襲茶日岡山夜使人候覘其嚴備乃止初西藩獨島津氏未來會二豐二筑將帥受密命亦不發於是以兵艦三千餘艘至兵庫則和成已四日矣前將軍使人勞而罷之遂令諸軍撤圍特留勳舊七將塡塹以本多正純安藤直次成瀨正成掌之諸侯爭助役伊達政宗藤堂高虎等請曰秀頼聽命終不可保也恐遺後患不若及今除之前將軍曰吾與豐臣氏以義合者也長湫捷後聽和入京師始助征伐終受委託關原之役乘勢壓大坂事固非難今彼乃以怨報恩吾苟欲除之豈竢卿等言哉吾特念太閤舊好以保全之耳彼復負我敢行不義則自取亡也卿等且勿言大坂諸將欲要擊前將軍二十四日前將軍與數十騎夜發行營比曉入京師衆以爲神初前將軍之出京師命林信勝等索御府及公卿家典籍命五山徒開局校寫在大坂軍中遙督其役使者往來不絶至是畢功爲三本獻納其一置二於駿府江戶二十八日入朝上皇天皇慰勞懇至命議正朝廷爵位與諸節會時京師流言池田利隆懷覬望逗畱中島故其尼崎戍將不救且元前將軍怒

欲奪其封以與其弟忠繼利隆之老番氏明來陣謝之不聽而入氏明牽裾號哭以死爭之初氏明父大膳爲圍人長湫之役池田輝政見父兄沒欲戰死大膳扣馬遏之輝政怒以鐙蹋其項血被面而不縱遂存其祀前將軍記之嘉其世忠節也乃釋利隆次年忠繼母子皆卒命利隆攝備前國事伊達政宗長子秀宗幼質於大坂關原之役始得放還政宗避嫌立少子忠宗爲嗣於是秀宗從軍前將軍愍之封以富田氏舊邑宇和島食十萬石筒井定次遺臣多應大坂募以故賜定次死於配所將軍在岡山亦論賞諸將士功是役井伊直孝以兄直勝廢疾不勝事代攝某軍有功將軍遂命領其國直孝辭曰直勝雖羸有先臣養士在每有君事臣攝焉而從可矣今以庶孽先嫡長臣所不安也又因安藤直次力請將軍嘉賞而不許乃賜彥根十五萬石別賜邑於直勝初直孝有故育於民間比十一歲有强盜數十入其家輒拔刀斫一人父直政竒召見以常所執軍麾授之而卒及長召用爲書院番頭稍進大番頭於是旣拜命次日入謝徐進坐執政本多正信之上坐者洒然變色旣罷謂正信曰今日之狀類不恭也然已承故侍從之後不能不然正信曰公唯能然所以有是命吾竊慶郎君知人也當是時諸工卒已塡外隍遂及內隍城中詰之曰初約塡周池謂西南外壕也今及於此何也成瀨正成對曰謂之周者周內外也且和親已成何用隍爲今欲存內隍其意如何城中不能爭遂晨夜督役超一歲而畢獨餘牙城一隍

【日本國志】以禁教故囚高山友祥等二百餘人於獄旋放之瓜哇及澳門又毀教堂十一宇諭教徒歸浮圖無悛

者乃令以草積束縛父子相伍絶飲食再令吏誘之曰改敎則生皆曰甯死往天堂口唱達摩斯不止達摩斯謂上帝也

乙卯四十三　元和元年〔四裔編年表〕改元〔和漢年契〕五月家康再起兵拔大阪城秀頼自盡豐臣氏亡〔日本外史十一武田氏上杉氏〕元和元年五月再攻大阪景勝以特命留守京師鎮八幡凡兩役所用軍監選練兵事者傳命諸營多甲斐舊臣而眞田昌幸子幸村在城中戰守最可觀世以爲出武田氏遺法也○〔日本外史十四織田氏下〕元和元年兵再起長益與少子尚長出奔京師遂赴關東遇德川公於尾張悉告城中虛實其長子長正稱雲生寺猶在大坂請爲元帥衆不許之長正曰吾信長從子而秀頼從父也乃爲元帥何爲不可今如此復何望哉亦出奔京師及事平德川氏分長益地賜芝村於長正柳本於尚長無幾何長益卒賜信雄以大和宇多郡五萬石卒於寛永七年第五子信友嗣第四子信良及兄秀雄國除召至關東賜上野小幡食二萬石信友之後有故削二萬石徙於丹波柏原信良之後有故削一萬石徙於出羽高畠此四家並立以至於今位不過從四位下然豐臣氏既亡而織田氏之祀永與德川氏俱存識者以爲其流澤遠出重盛之忠孝近由信長之功德也○外史氏曰往時平安故老有及覩元龜間事言其時宮闕驟廢羣兒入頹垣中摶土爲戲及織田公來始有可觀云夫應仁以還海內分裂輦轂之下每爲兵馬馳逐之場非右府誰能闢除草萊以再造王室

一五二四

哉及朝廷疇其功擬以征夷之拜則辭不受益將家與王室俱極衰頹名重實輕不循所謂大將軍告身僅直一醉者耶右府志在混同海宇不欲遽冒虛名爾覦之彼假關東管領以誇鄰國者其器量固有間焉抑朝廷名器不足輕重天下豪傑至於如此挾焉以令天下天下未必聳動也而右府爲之扶植經紀懃懃不置是其高義雖謂凌齊桓而駕晉文可也當是之時羣雄之割據方隅者環視傍觀而莫能出於此其日夜所務以代眠食者曰戰而已矣而其所謂戰徒較勝負於銖兩之間拏攫搏噬以爭尋常如武田上杉北條毛利槪無不然獨右府以超世之才籠蓋而取之其視武田上杉猶我藩籬使其相持不決日費其財賦月敝其甲兵適足以隔閡我東面而我得以專力經略畿甸畿甸已定西面以臨毛利氏如拉枯摧朽耳於是我疆土益大兵力益强以强大之我加費敝之敵上杉武田固不能支我而北條氏孤立矣則東國皆可圖也是其成算夙定於胸中奚必較區區勝敗哉猶夫奕碁也天下羣雄方守角倚傍而右府獨以全局制其勝可不謂之超世之才歟然定數百年分裂之世如治盤根錯節必以鋤壓斬斷見功其間必有大矯拂人心者而取之甚難者持之必太急待將帥御臣民不能無猜忍刻厲之病所以中道遭禍亦勢之必至不足深咎也昔周世宗以英明之資而掩混一之志不牽衆言厲精進取雖半途而沒而能開趙宋之業右府之迹蓋似之矣而豐臣氏以右府將校繼其成緒能就其志而至於尊王之義經營四方之略無一不師右府者即德川氏之興亦不能不因此以致王室將家並見今日之盛佐成大業藩屏四方者槪係右府所置焉則謂之右府之業亦何不可譬之築室治其蕪穢鏟其高卑而又爲

之鳩其材木使後人加之繩墨斧斤成而居之嗚呼其勞盜可沒也○日本外史十七豐臣氏下元和元年正月兩將軍皆東歸諸國兵罷之國淀君游嬉恬安而荒殘之餘將士莫所仰給物議囂然三月遣青木一重及大藏正永請賑於關東關東不報客兵交勸秀賴母子再舉曰去歲舉天下攻我而不能取是世所共知也今而再舉必有歸者乃召募遠近得十二萬人上下大喜於是大議戰備數日未決眞田幸村進曰今日之事兩言決耳可戰也不可守也獨有急襲京師挾天子以令天下而已治長兄弟不聽七隊長乃說曰城壕隳廢誠不可比前役此地三面迫水而南接平野敵每至自南請以我兩軍迎彼兩帥直衝突麾下其勝敗天也議終決乃急繕守備柵於外城舊趾穿壍二尺四月東軍先鋒已至京師兩將軍兼程西上飛檄諸侯復急赴大坂留一重等不遣使常光氏來言曰弭兵徙大和七年則吾修大坂如故還予之不荅於是分軍爲三大野治長領一軍七隊長及後藤基次隷之大野治房領一軍長曾我部盛親森盛永仙石宗也隷之水村重成領一軍眞田幸村渡部尙明石守重隷之秀賴具旗鼓親按視南郊上茶臼岡山指揮三軍所嚮士氣頗奮然治長矜持太甚以淀君命抑沮諸將軍議屢變長益父子出奔京師治長益專治長一夜過櫻門前有人刺之不中走治長卒追殺之旦日檢尸治房部卒也城中莫不相猜防前將軍潛使人招重成重成不應其女兄夫猪飼某應城中召募創病歸鄉重成遺書及物訣之曰城中近狀無復足觀諸謀議皆決於母氏我輩所陳一切不聽天下永爲家康之有可知也已家康與僕有舊使板倉伊賀數招僕僕受先君命以屬嗣君而懷藏二心心所不安故雖無所聊賴且因循在

此特願速戰死復何言哉此刀僕所常佩服經數十戰未嘗蹉跌者今以贈公幸愛護之諸將皆以治長之故鞅鞅不樂皆如重戚意兩將軍既至京師大坂奸細狙擊之皆不成乃遣大野道見縱火界浦奪東軍據資遣大野治房以萬人入大和攻郡山走其守將筒井定慶聞淺野氏舉紀伊軍至因誘其國民乘虛起兵紀伊軍乃還救治房尾之先鋒塙直次戰於樫井戰死治房赴援不及既而東軍來自大和河內水野勝成藤堂高虎井伊直孝伊達政宗爲先鋒諸隊長執前議欲迎之南郊基次不可曰野戰勝敗以衆寡決今以寡擊衆不若邀之險阻臣請以萬人扼國府嶺擊挫其先鋒先鋒既挫後軍必退頓南都郡山不能輒進吾因其變以制其勝至受大軍於曠原臣所不知也從之授基次兵一萬四千陣平野又遣薄田兼相渡部尚繼之兩將軍使人誘基次曰苟敵東兵則封以播磨基次拜謝曰今東西決戰使西強東弱則歸東矣今東強西弱去弱就強臣之所恥也雖然東旨之辱亦不可不報報以速死臣速死城亦速陷所以報也五月五日基次勒兵夜發失道出古市軍士恟懼基次曰此地據林臨水戰守皆便宜飲馬以待旦旦日治長出助基次幸村陣道明寺重成陣若江盛親陣矢尾基次不知敵有後繼不告衆而進至片山與水野勝成遇擊破之尚兼相來援連戰未決陸奧美濃伊勢諸軍夾擊基次基次盡亡其兵以十一騎在山腹使使訣兼相曰子勉之吾將死也乃復進中銃殪還至柏原死兼相恥前役之敗亦奮擊而死治長來援大敗大谷吉胤戰沒幸村聞急馳至尚使人迎而告之曰吾衆創殘子請承之幸村諾而進橫擊陸奧軍陸奧軍長騎戰勁騎八百馬上發銃乘煙馳突無不摧破伊達氏每以此得志於東國

幸村諳知之乃引兵上譽田東皐皐中有凹處就布陣焉命其兵皆脫冑委槍坐以俟指麾陸奧軍稍近幸村令曰冑及相去數十步令曰執槍敵發銃且馳至遇槍而沮又令曰皆起敵兵大潰而走幸村轉陣南皐收兵與尙更殿而退盛親上矢尾隄望藤堂氏旗乃退伏隄下敵先鋒二將以爲走也徑田上隄則盛親大呼起擊走之重成游兵亦來援遂斬其二將重成與井伊直孝相拒若江隄擊破其前隊重成揮槍挺進所向皆靡斬敵將山口信重等三十餘人而其兵死傷略盡乃據隴而息敵以生兵乘之飯島某扼重成曰盍還城重成掉頭而進遂死之直孝部兵取其頭獻之前將軍前將軍檢之冑纓無餘而頭髮有香前將軍歎惜曰是預決死也重成伯父宗明戰於山田村敗退井伊氏藤堂氏合勢逼盛親盛親亦敗退增田盛次止戰盛次長盛子也嘗仕尾張前役從東軍東軍勝則憂敗則喜是役入城屬盛親以父猶在不名而死盛親與幸村等自平野退縱火聚落而入城三處之軍皆敗將帥多死城中失色諸將議曰今日期會皆失各自爲戰所以不得志明日諸軍合力一戰可以決雌雄也秀賴諾之幸村幸村曰臣請陣於茶臼山以誘敵明石掃部自川場出今宮之南舉火敵背夾擊其中軍而主公建旗鼓繼之事或克矣從之且日幸村與渡部尙大谷吉之等出陣茶臼山森勝永竹田永應陣天王寺南郡良列執榊號牙旗在其後治長與七隊長陣昆沙門池南治房與御宿政友陣岡山津山左近執金瓢馬表在其後東軍彌漫山野左右並進前將軍統左將軍統右少將忠直前田利光本多忠朝小笠原秀政等爲先鋒前將軍召候騎問敵狀對曰其陣甚堅又待秀賴親出頗有鬪志乃命質子大野治德作書贈其父治長治

長時巡視至茶臼山幸村曰天下之事決於今日公宜促主公出主公出則軍氣自倍川場軍亦當赴期治長諾而反城則秀賴已在櫻門擐緋甲穿錦袍千槍十旄左右成列鞍於馬而竢如秀吉東征之儀將士踴躍俄而治德書至曰聞城中有約內應者欲竢右府出舉事謹勿出治長危懼止秀賴而又往欲與幸村議東軍左先鋒已來逼勝永等以銃手相挑幸村止之登高而望曰中軍何不來也因召其子大助曰吾族在東治長常猜我我當死於此汝往侍右府以明吾無貳心大助時年十六請止俱死幸村叱曰汝而死誰明我志盍殉右府乎大助攬涕而去敵兵益逼而中軍及川場兵皆不至幸村謂大谷吉之曰事皆睽矣是我死日已麾兵而進縱橫血戰敵衆交至幸村終死之年四十六吉之等皆死御宿政友初仕越前後歸大坂於是遺書忠直曰臣無善馬君猶記舊情則願賜一匹以戰死忠直予之以馬政友騎焉自岡山至幸村營則戰已酣矣曰此亦不可以死乎躍馬冒陣而死勝永與忠朝戰擊大破之斬忠朝遂助永應與秀政戰又斬之明石守重以驍騎三百自川場赴約與東將水野勝成遇交綏而南聞茶臼山敗則轉出生玉與阿部氏高木氏戰不利而走東軍右先鋒逼岡山治房擊破其先隊轉逼將軍麾下勝永永應亦犯前將軍麾下井伊氏藤堂氏橫擊勝永勝永退治長軍代進要以銃手不能過七隊長邀戰走之時日已過午前將軍使人入城議和曰徙封大和弭兵淀君乃使秀賴召還治長及速水守久二人旋旗入城諸軍望見相驚擾曰城中有變也東軍乃齊進城兵大潰秀賴在櫻門據胡牀迎見治長守久大助亦至敘幸村遺命語未畢潰兵大至秀賴曰我將出戰決死守久止之曰潰兵塡路不可出戰徒

死徒隸手盜嬰壁固守力窮而死爲未晚也秀頼從之返坐於千席館東軍鼓譟逼城城中有應之者焚大野治長第京口門先破我庖人大隅某謀反縱火於庖廷及殿宇城兵大擾諸門皆破郡良列津川左近擎馬表牙旗至千席館騈跪稽首而言曰臣等嘗死於城外顧所掌表幟先君所以傳於主公五畿七道四海之外苟有目者無不覩而識之委之敵人傳觀播弄將貽羞萬世矣故謹奉還耳良列將自殺顧謂守久曰去歲之役吾獻策欲襲敵前軍縱火牙營而公等弗聽是終天之憾事已至此言之無益因卸甲脫其母衣置之牀上曰是先君之賜今而致之吾事畢矣遂割腹死其子兵藏又死眞野宗信中島氏種相繼自殺野野村吉安將入內城火熾不可前乃自殺於二城橋上堀田正高纔得歸第手刃妻子而出遇加賀兵至入於廳乃健鬬而死秀頼奉淀君將自殺於天主閣守久止之曰勝敗常也請暫待之乃自觀月樓上於東櫓煙燄隨至治長從之園莊倉中與守久勝永共護之治長猶恃和議致書兩將軍曰羣臣願自殺以全右府母子之命因使人奉夫人德川氏送致東軍東軍既取夫人使四將來監護倉外命片桐且元錄倉中人名欲出秀頼母子四將發銃於倉中以示絕倉中皆哭秀頼悽然謂守久勝永曰吾爲太閤嫡子而至於此天也乃自刃而薨年二十三勝永剄之淀君抱秀頼首悲號使氏家道喜殺己於是道喜治長守久父子勝永兄弟津川左近竹田永應及堀伊藤成田森島加藤高橋土肥寺尾片岡垣原小室淺井中高等二十餘人皆殉之治長重成渡邊尚並有母與北畠氏湯川氏等婦女十人皆死秀頼之未死眞田大助隨其所之衆諭之曰舊臣且有逃者子客將之子不必殉之盍出走對曰我父命

我必與右府偕死終就倉外藉藁而坐不食者一晝夜㡳秀賴死
乃自殺東軍諸將爭赴牙營賀戰捷小出三尹秀正子也時侍前
將軍側前將軍指城中火謂之曰如何三尹瞥然俛首曰臣不忍
視諸將或有愧色秀賴有一男一女皆庶出未知所在東軍懸金
大索之男名國松甫八歲與其保田中某匿伏見農人橋畔或睹
其美質也捕而獻之斬於六條磧田中持之號慟竟殉之京極氏
捕獻其女蜂須賀氏捕長曾我部盛親子男山受命縛之二條城
西門數日斬於磧徇而梟之大坂市尹水原石見匿二條城側藤
堂高虎捕之石見殺三人而死渡邊尙與治長約爲後圖走至近
江聞秀賴薨乃自殺治長任子後皆賜死治長弟治氏初與兄不
協往仕前將軍至是自殺使人以暴疾聞治氏弟道見磔於界浦
治氏兄治房與明石守重仙石宗也逃去伊東長次靑水一重竝
被赦眞田幸村妻在紀伊爲所捕獻亦被赦削髮爲尼其餘大坂
遺臣七十二人卒六百人諸出質及通款城中者皆被誅夷增田
長盛以子故賜死配所兩將軍收城內燼餘得金二萬八千枚銀
二十四萬兩以金馬各二賜井伊直孝藤堂高虎以賞其功爲片
桐且元置邸駿府徙居焉且元愧懣成疾未至而卒是役也加藤
嘉明黑田長政皆請而從木下利房立功自贖得復其邑松下重
綱亦以功得益其邑重綱祖父之綱郎秀吉微時所仕者也之綱
死子吉綱嗣關原之役屬德川氏其子爲重綱至是再益邑至二
萬石凡前後之役豐臣氏舊臣從攻城者甚衆獨福島正則不從
二年前將軍薨五年正則褫封放於信濃時正則在江戶邸將軍
在京師使使者來就第傳命正則默然久之曰使前將軍在則吾

將一言焉今復何言乃起入內內中騷擾久之挈其兩女子出流

涕謂使者曰吾欲與足下決死也將先殺女兒終不忍加刃當甘心受命因赴配所將軍又使使牽山陽南海諸侯收其封安藝備後其老臣留守廣島城不肯奉命族正則書至乃致城而去其弟正賴爲大和宇多城主先四年褫封寬永八年故加藤清正子忠廣亦奪其封肥後放於出羽十四年故小西行長遺臣起兵肥前伏誅豐臣氏既亡有令毀豐國廟獨存東山方廣寺及高臺寺高臺者北廳所建以祈秀吉冥福也加藤福島氏以其親屬助役爲秀吉立一小祠秀吉在時雖有所嬖皆置之別宮獨與北廳同居北廳佐秀吉定天下多所裨益常戒之曰願良人勿忘藁席瓦缸時也及秀吉薨則削髮視秀賴猶其自出使親屬諸將輔翼之未嘗與關東開釁北廳與諸將前後皆沒而秀賴孤立以至於亡矣高臺之祠至今猶有秀吉夫妻像云○外史氏曰余遊東山謁太閤像於高臺之祠祠門蓋以征韓艦材造之云嘗讀韓人所紀曰明遣使者窺太閤相貌矮而黑無他異惟見其目光炯炯射人不可仰視余觀其像如信然者蓋其爲人酷肖秦皇漢武而雄才大略遠出其右夫漢武乘豐富馭區宇不論可也秦皇挾六世之積威歷衰殘之六國孰與太閤之徒手奮起制服羣雄然其過用民力以取絕嗣之禍者則與秦等彼藉累葉之烈猶且不免況以匹夫暴起者乎然以匹夫得天下非如承祖業而重失之者土地非其固有故不惜分其利也人民非其固畜故不愛用其力也夫其不愛民力固足以招危亡而不惜地利又不可以計久安此二者其勢相持而其禍相因也然其初之所以速得天下者無所愛惜也譬如閭巷之人博而獲大勝使其不勝一寠人耳苟勝矣乃大揮霍之招其朋類醉飽喧呼務取快一時唯然故暴富而人不怨

太閤起人奴而主大國固已踰其所望乃遭遇變故投機赴會動得如意皆初念之所不至而四顧當時將帥皆其儕輩或其所不敢比肩一旦立其上而常恐其不服己也以爲吾由微賤而得司利權苟自封殖而不分於人人將吾爭而吾志不可速成也故割膏腴頒金帛動舉數州之地以賞戰功視之不啻如糞土彼其鼓舞奔走一世之豪俊以驟獲志於天下者用此術也然吾糞土授之彼彼亦糞土受之未嘗德我而以爲當然彼之所求無窮而我之所有有盡以有盡供無窮其勢不得不取之於海外以塞之於其是七道之民裹其未愈之瘡痍以趨不可知之地連年無所成而其力竭矣而柩肉未冷羣雄各有自立之心蓋無足怪者故太閤之不愛民力由其不惜地利而其禍遂至於此皆其自取爾雖然以太閤之雄才大略八歲定六十餘國則以其餘力逞之海外固其宜也豈惟太閤爲然當時勇將謀夫雄傑之士布滿天下天下已集而其桀驁巧狙喜事好功之心猶未已也譬之鷙鷹俊狗其噬齧搏擊之力用而有餘則必至逼人故朝鮮之役是令天下羣雄肆其噬齧搏擊以殺其力者也然徒殺其力而使其無所獲則彼將不復我之馴服而反施其噬齧搏擊於我嗚呼養之而不得其術安往而可也能飽之而不能節之能發縱指示之而不能收而畜之故太閤之於羣雄苟制服之一時耳豈長久之計哉其所以速得天下乃其所以速失之也梁武帝有言自吾得之自吾失之無所復恨則太閤其亦無所恨耶○〔日本外史二十二德川氏五〕

元和元年正月三日前將軍發京師九日將軍入京師盡罷諸侯就國使安藤直次追及岡崎告功竣且告大坂有再舉之計居五日入朝又五日東二月會前將軍於中泉密議而往十四日前將

軍歸駿府將軍歸江戶江戶之士有小幡景憲者有罪出亡仕前
田氏玉造之戰先衆奮鬭城將大野治房識之及和成潛誘以厚
利景憲佯應夜入見治房治房大喜遂告再舉之計因約期遣歸
景憲歸因板倉勝重松平定勝啟之將軍將軍與前將軍議爲不
知者以候其動息大坂益召募客兵以間使招景憲勝重定勝謂
之曰兩公再來諸軍復集不出五十日其間城兵或侵京師挾至
尊以東鄉則恐費力也汝勸沮之景憲諾而往城中諸將有議出
師者治房兄弟固執不聽信景憲之說也或說治房曰景憲諜賊
也請驗問之治房驚發甲圍其舍景憲笑語自如治房召之郎從
一奴入治房曰人言果不可聽也乃置之界浦使時來見兩將軍
已熟知敵情而秀賴未知之三月使青木一重及二女使來請曰
兵荒後食祿不給請賑貸之時參議義直將娶故淺野左京大夫
女前將軍謂二女使曰右兵衛督成婚在近吾亦將往焉東國女
子不媚禮節女等幸往相之婚畢則吾自適京師以計賑給之事
乃遣之尾張已而京師報至曰募兵聚大坂者十四五萬兵勢什
倍前役前將軍笑曰多多益可敗不必禁之終下令諸侯皆如前
役先命井伊直孝藤堂高虎率兵往護京師京師方訛言大坂兵
來負擔四走或入闕門及公卿宅板倉氏僚屬請爲兵備勝重曰
置諸乃便服巡行不異平日上下倚安焉而諸將至直孝陣東寺
高虎陣淀去歲之役山口重政欲以功自償至箱根不得出於是
間行屬井伊氏藤堂氏將渡邊了縱敵於住吉高虎自恐被疑甚
諭了舊臣亦忿了新進傲人也了請去不許四月九日前將軍至
尾張召大坂使者曰吾聞右府復募兵兵多則食乏固其當已吾
將往驗其虛實也因留使者不遺遣常光氏再諭弭兵居三日滅

義直婚又三日發尾張十八日至京師常光氏來報秀賴不聽命
又使後藤光次往亦不荅乃徇畿內應大坂募者收其妻子降者
宥之將軍以前將軍至尾張之日發江戶少將忠輝與黑田長政
加藤嘉明皆自請而從二十一日至伏見明日來謁二條城前將
軍欲以二十八日出師將軍以兵未全集請少竢之前將軍曰此
役當決於野戰野戰不用多乃公以見兵先往汝合大衆繼之將
軍曰兒在此使大人先世謂之何前將軍曰吾老矣不復可遣事
必先衆一樂戰本多正信侍側曰臣聞軍之先後在地之遠近太
公在京郎君在伏見其次已定矣太公甚無道理前將軍乃止召
藤堂高虎諮攻城方略高虎對曰利於遠不利於近輕兵挑戰竢
其遠出擊之則敗衄之餘無復守志前將軍撫掌曰子言如出我
口也遂定諸軍所鄉石川忠總守高槻池田利隆池田忠雄守尼
崎其餘山陽山陰將士自神崎進淺野蜂須賀以下南海將士自
和泉進而太和伊勢美濃諸部自太和口先進少將忠輝伊達政
宗爲其帥水野勝成爲其先鋒前將軍召勝成曰我太和口先鋒
非汝無可者汝統太和將士有一不奉命者先斬而後聞與直孝高
虎相爲策應期其全勝愼勿作一條槍故態勝成感謝而出井伊
直孝藤堂高虎以近江伊勢兵爲中軍先鋒榊原康勝松平康重
與小笠原仙石諏訪保科丹羽諸將繼之自河內口進先是城兵
侵大和大和法隆寺有工人中井正次前役爲東軍造攻具城兵
怨之圖法隆寺焚之二十六日大野治房亦寇郡山守將筒井定
慶棄守遁水野勝成進至長池聞之謂部下曰敵若焚南都我恥
也疾馳赴之治房至不敢逼遂退走勝成追躡至法隆寺會淺野
但馬守以兵五千北赴和泉至佐野治房等誘紀伊土寇使起其

後而以兵二萬逆之紀伊將龜田高綱曰平地之戰寡者必敗宜
退至櫪井蔽林塞蹊而陣但馬守從之明日黎明治房先鋒塙直
次岡部則綱谷輪重政等爭先而進高綱以銃手要擊傷則綱紀
伊將上田重安與直次接槍傷而交退多胡某射斃直攻遂獲則
綱重政治房在貝冢聞敗走而紀伊土寇亦平但馬守復進勝成
分其部下爲二隊以堀直寄松倉重正爲左右隊將重正不告而
進直寄怒召居民問捷路對曰龜背嶺最捷然昔物部守屋由此
路取敗武人相傳以爲凶也直寄曰吾既從軍凶其分也且守屋
以敗安知吾不以勝乎遂踰嶺先重正至國分嶺已而勝成引諸
軍踵至少將忠輝猶陣南都兩將軍以四方兵漸集遂議親出會
大坂細作入京師欲焚禁內及二條板倉勝重捕下獄前將軍以
故停行五月五日乃發令諸軍持三日糧食以米鹽酒醬一櫃自
從駕肩輿而行將軍發伏見上杉景勝留守京師陣於男山前田
利光少將忠直以下皆從卽日前將軍舍星田將軍舍角南城中
聞我大軍至乃議戰後藤基次薄田兼相渡部向出陣平野大野
治長眞田幸村木村重成長曾我部盛親相繼而出兵各萬餘人
計邀擊我前鋒基次乘夜潛甲而南勝成在嶺頭謂諸將曰炬火
北來者至道明寺而滅是敵欲出我不意也乃嚴備以竢而馳使
告之中軍直孝高虎亦赴中軍取節度前將軍曰事如我意六日
昧爽與將軍俱發至平岡勝成遣直寄重正等赴道明寺遇基次
於片山重正不利直寄進擊其橫重正反之兼相尚來救基次勝
成擊尚破之本多忠政松平忠明與伊達氏將片倉景綱擊基次
兼相亦破之大野治長眞田幸村等自道明寺以二萬餘騎援至
景綱與幸村戰不利陸奧銃隊承之幸村卻於是勝成與諸將齊

進合擊伊達氏銃手荻又市射基次斃之水野氏騎士河村新八鎗兼相亦斃之本多松平丹羽氏縱左右翼大破治長治長尙皆走幸村幸村退保南阜勝成馳使促伊達政宗曰公自進中軍以備幸村横擊則吾追其北不使隻騎返也本多忠政亦促之政宗以兵疲丸盡辭一柳直盛在越後部下請進援前軍忠輝不肯幸村與尙遂更殿而退藤堂高虎自千家南赴道明寺其二族將高刑良勝先進渡部了自爲斥候還報曰道明寺嚚聲漸西漸微是敵已敗也乃擧鞭左指曰矢尾若江有敵高虎使人遏先部轉旆而左了曰茲地沮洳請由別路乃馳傳令高刑良勝不顧而進至矢尾隄遇敵將盛親伏隄下二人死之盛親愈進了等力戰收兵據高阜馳促高虎高虎怒其不救二將不肯井伊直孝赴道明寺亦轉而左與木村重成戰於若江隄其將長坂某曰先得隄者勝督銃隊奪隄據之槍隊欲進老臣庵原某曰勿亟用槍亟用槍則敵近而勢竭衆冒進不利敵爭疊之菴原乃麾而進山口重政與次子弘隆奮戰被創長子重信深入斬二騎進與重成鬬而死直孝麾下繼進菴原刺殪重成安藤某取其首敵兵皆潰井伊氏兵追北里餘其遊兵見盛親殲橫迫之渡部了亦見赤隊來也乃奮擊走盛親進扼平野橋復使人促高虎欲邀道明寺敗兵高虎曰斯奴不死於死處今何嘵嘵乃爾歸師勿遏宜速收兵會有一監使至了迎而言曰陪臣敢有請盛親雖遁幸村等將至要擊鏖之則大坂之陷不出今夜使之入城則明日之戰又將費力焉臣策之至熟如和泉守勿聽何監使然之往說高虎高虎不荅以日已暮益促了收兵了遂縱火而退後直孝赴高虎營賀戰捷高虎曰我有怯夫多喪我良是爲憾耳直孝曰僕自若江赴矢尾見貴部一將

樹席幟追敵指揮甚可觀斯人亦死否高虎默然了免胄進曰所謂席幟郎臣也因呼其屬兵曰埽部君有褒詞我輩不徒勞矣然了終以傲謾見黜是日榊原康勝等至營江擊敵將木村宗明康勝患瘍膿流至鐙氣不爲撓奮戰破之與小笠原秀政等進赴若江監軍藤田信吉扼之而止少將忠直與其老本多成重等陣四條啜在井伊氏後皆不逮事兩將軍聞先鋒戰酣欲以中軍繼之而捷報屢至效首虜於馬前日已暮前將軍次千冢將軍次道明寺下令曰詰朝攻城先鋒戰疲當以他軍易之忠輝忠直皆以逗畱失旨本多成重以忠直命來稟曰明日之戰越前兵何陣前將軍罵曰惰夫晏起不逮事尚何言哉成重等惴恐還報且曰君努力忠直乃徇其士曰明日我不先登則先死怖死者自此去小笠原秀政亦恨爲監軍所誤出雲守本多忠朝其戚屬也秀政夜往見之曰明日吾有尺前無寸卻忠朝曰子得我心初忠朝父忠勝臨死屬長子忠政分遺財於忠朝忠朝曰宗家多費用吾已辱分地不敢受忠政固予之忠朝曰且眞之兄氏以族我需及役忠政問焉荅曰既辨之矣及在大坂病其營處多沮澤請易之前將軍曰乃父爲戰未嘗問險易若何不肖焉忠朝慙憾以故終與秀政約死既而前將軍部署諸將前田利光爲右先鋒本多康俊本多康紀與遠藤片桐石川蒔田等在其右本多正信上井利勝酒井忠世本多大隅黑田長政加藤嘉明繼之少將忠直爲左先鋒本多忠朝小笠原秀政與秋田六鄉淺野丹羽仙石等在其右榊原康勝松平康長酒井家次稻垣重種繼之大將軍親將右軍水野忠淸靑山忠俊松平定綱以書院番頭高水正成阿部正次內藤淸次以大番頭並在其前安藤重信在其後前將軍親將左軍本

多正純槌村家次板倉重昌本多信勝內藤埽部等銜之參議義直參議賴宣在其後井伊直孝藤堂高虎與細川忠興在右軍之左木野勝成與松平忠明本多忠政伊達政宗少將忠輝在左軍之左處分既定遣偵騎候戰地而城中未之知也以大敗後衆心恟懼會議決計曰東軍來逼不出二三日欲誘之於南郊而自西横擊之天未明使人出爲斥候候者東南望見聚落如常所無者或以爲曉霧及日出覘之則皆軍隊也乃大駭馳還告急乃傳令諸將眞田幸村陣茶臼山以當我左大野治房陣岡山以當我右森勝永竹田永應大野治長及七隊長陣其間明石守重等以別軍出於今宮而秀賴親將繼之鎧仗旌旗皆極嚴整城兵悉銳而出其將帥人人欲必當兩將軍將軍候騎來白於左軍曰大兵出矣請速進旆前將軍叱曰敵空城而出不過七萬何謂大兵乎及任吉乃舍輿穿韈左右進鎧斥之曰誅奴輩何以鎧爲紵衣黃袿而上馬其騎與前軍輜重相亂不可禁顧命横田尹松尹松進呼曰騎左重右道鬭而行使人返馳告義直賴宣曰速來戰將作也已而右軍傳呼將軍至矣長政嘉明出謁道傍將軍甲而不冑單騎從二十餘卒巡師見二人立馬揖之二人進執其銜曰嚋昔敵遠出恨其逃入也而今又大出齊授其首幕下之事無不如意也將軍首肯曰今且翦滅之本多正信笥輿從焉栜帶衣持團扇拂蝿而過長政歎曰何不類平日威嚴也嘉明曰重於常而輕於變德川氏之癖長政曰可謂佳癖矣將軍行至前部布令而歸兩軍既近左先鋒隊將本多成重上阜候戰忠朝秀政與勝永永應以銃手挑戰戰少不利幸村乘之成重顧麾我軍軍乃進忠直曰吾自此直入閻羅廳也因呼飧立而食之一人捧飧一人持冑食畢

而肯謂左右曰我既食矣必不墮餓鬼道騎而直前軍興而從之
忠直弟忠昌手斬二人成重與吉田修理萩田主馬左右縱擊卻幸
村軍終敗走追至安井西尾久作與幸村鬬斬之忠朝見其軍卻
乘愛馬百里馳且呼曰出雲守在此盍回戰敵聞之四集忠朝執
槍殪二人一人以銃迫之射洞其腹忠朝跳而下馬拔刀斬銃者
其圍進鐵檛乃左奮檛右揮刀殪八人身亦被二十餘創踰溝而
僵敵爭其首從騎大屋某伏尸上扞敵而死秀政亦躬自力戰終
死之其長子忠修死於攢槍下少子忠眞被創欲死其臣灦多見
某安積某扶而還右先鋒隊將伴八彌安見右近等進衝治房軍
書院番三隊繼進迭有勝敗本多遠藤諸將橫擊之治房敗走返
戰於稻荷又敗纔脫入城右軍已前左軍稍卻直孝高虎顧助左
軍酒井榊原諸將方承敗進而戰未決直孝高虎橫斷森兗車後
破之與七隊長遇不利安藤直次以前將軍令至督衆返擊卒之
勝成率所部奉命赴住吉望左軍戰作轉向天王寺行破敵兵而
趨川場與明石守重遇交綏而北大番三隊以將軍令邀擊守重
於勝曼走之時兩軍酣戰埃塵大起彼此紛拏不可辨阿部正次
以爲東兵冒暑遠來面目皆黑城兵則否乃令曰面白者敵兵也
因物色斬數十級諸隊相傳傚之斬獲無算秀賴欲親出鬬城中
有反者不果又以前將軍數遣人議和召還大野治長等治長等
走還敵軍皆顧後我軍乃乘之遂大敗之斬首一萬五千級前將
軍進上茶臼山將軍進上岡山少將忠直進至川塲縱火市舍城
中有爲內應者忠直兵乃自高麗橋破京口門而入植幟城上是
爲先登第一吉田修理轉自天滿濟溺死水野勝成繼忠直而入
忠直分兵焚諸樓櫓終及天主閣煙燄衝天諸軍齊呼皆破門而

入秀賴避火於觀月樓淀君及夫人德川氏以下皆從之池田利隆發尼崎路望其煙乃馳濟神崎要擊敗兵多得首級石川忠總與京極忠高高知發高槻與敵將仙石某戰於備前島敗之毛利秀元及加藤明成以水軍至傳法港口松平乘壽自森口金森可重自岸和田至皆獲首級淺野氏蜂須賀氏最後至其佗遠地侯伯皆不及也前將軍據胡牀望見火起左右有更關原之事者乃顧謂之曰吾復捷矣已而將軍來賀前將軍曰汝之功也使歸陣本營忠直來見乃執其手曰可謂乃公孫也忠輝見不顧義直賴宣自後軍馳見諸軍輜重屬途爭進賴宣曰是軍既捷將舍也已而天主閣煙舉賴宣咄嗟而進義直從之至茶臼山則諸將賀者大聚賴宣攬涕曰大人置兒後軍使不及事松平正綱曰君十四歲矣前途修遠不患不建功賴宣變色曰吾復有十四歲乎前將軍曰女此言足以當首功也時秀賴猶在樓上大野治長欲免夫人以成和也使諸姬侍擁而出蒙葵章衣窘步亂兵中城將堀內氏久觀之進當其前辟人而出呼我將坂崎成正護送之治長遣木村某追及因本多正信言其意正信來啟前將軍前將軍喜曰吾且遂免其夫與姑也正信又啟將軍將軍叱曰盍與乃夫俱死秀賴遂入糒倉中益發使乞命而日已暮將軍遣井伊直孝及安藤重信石川正次等守糒倉以俟命八日前將軍遣本多正純及加加爪某往驗之且言曰事已至此無復可言太閤舊好吾竟不能忘苟母子皆出乎置秀賴於高野給淀君以萬石治長入告出荅曰謹拜命之辱當往謝之獨萬兵所注目顧得二輿而往直孝疑其詐乃使荅曰軍中惟一輿右府請騎往復不決直孝謂重信曰大旨雖仁恕貽禍之道也是在我輩耳乃發銃倉中者二秀賴

以下知絶皆縱火自殺前將軍方進至櫻門以待秀賴出直孝等來告狀請罪前將軍頷之卽日午時遽命駕獨從板倉重昌北歸京師曰驅之大戰後當雨從者不信已而雨大至上下沾濕及淀取雨衣夜二鼓入二條城而大坂諸軍一無知之者將軍令阿部靑山水野高木四將守天王寺玉造靑屋京橋四門又令安藤重信畱西面四道卒以修理城墟收尸於岡山以祭軍神九日凱旋伏見諸侯爭捕殘黨來獻十五日徇長曾我部盛親於京師斬於六條磧後二旬礫大野道見於界浦大坂將伊東長實奔在高野請得監使自裁前將軍曰治長等誤國盛親等煽亂皆所不宥也其他豐臣氏舊臣盡忠所事者我皆假之長實及靑水一重君佐正壽等改圖而仕者數十人古田重然通大坂事覺伏誅緇川忠興庶子獲罪於父奔歸大坂及敗被捕幕旨宥之忠興賜之死冬役忠興以備薩摩不來會及夏役興前將軍謂近臣曰忠興必先衆至駕次星田忠興果至七日之戰與有功焉於是西南諸侯後至者相繼謁兩公兩公收大坂金賜井伊藤堂氏金馬直大鈑千枚者各二六月賜大坂於松平忠明食十萬石忠明修荒廢經田里期年而殷富如故十五日前將軍入朝告成事獻白金千兩二十八日將軍來二條議賞罰加封直孝高虎各五萬石後並至三十萬石水野勝成違敎旨輕自接刃故不賞後封郡山遂徙備後福山食十萬石本多忠朝死事無子以兄忠政子政朝襲封小笠原忠眞襲父秀政封榊原康勝殤劇而卒大須賀忠次實康勝兄子也命復本姓襲其封以大須賀氏衆屬於賴宣責藤田信吉失軍機收其邑令池田忠雄襲兄忠繼封以其舊封賜蜂須賀至鎭少將忠直遷從三位進參議前田伊達淺野氏皆進官爵前將軍

季女寡於蒲生氏者再嫁淺野氏至次年成婚閏月十一日將軍
率諸侯入朝獻白金萬兩二十七日兩公偕觀樂於二條城奏振
鉾還城樂延喜樂太平樂諸曲天下大亂伶官耗散者數百年前
將軍招撫有年終復舊職朝廷之樂自是興矣先是前將軍參考
貞永建武式目與林信勝等議定新式十三條七月七日會諸侯
於伏見頒之曰文武之道勿不修佚遊羣飲勿不禁犯法者勿舍
謀反若殺人者勿不告諸國民勿移其所勿私築城郭立異結黨
者勿不告勿私結婚姻侯伯會同勿衛從過節衣服之差勿奢無
爵位者勿乘輿諸將士勿獻儉約國主任人勿不擇其器又與關
白藤原昭實等議定朝廷式十七條其略曰天子宜因寬平遺誡
專學古道而傍習和歌見任三公宜班諸王上武家官位宜在公
家員外廷臣繼嗣不宜取異姓諸服章不宜踰等才藝異等若累
功勞者其超遷不宜拘門地諸僭官不宜濫授諸朝士違關白及
有司者諸淬屠妄冀宦達者皆宜處流竄是月封織田氏於太和
上野諸邑本多正信請毀豐臣氏祖廟前將軍不敢私斷綏與諸
王公議請焉有詔廢祀典任其頽廢十九日將軍發伏見八月四
日至江戶是日前將軍發二條二十三日至駿府初少將忠輝受
封信濃寢驕縱變善擊鼓者花井某遂委之政事有三將驟諫不
聽乃訴之駿府忠輝驄至誣三將有罪賜死及徙越後益驕及大
坂夏役行至森山從兵與將軍牙騎闘殺三人長坂信政之嗣在
焉已而向大和口聽花井言逗撓不進前將軍東歸過森山驗實
大怒遂使人往詰其罪有二士自誣以解之前將軍不信遣吏按
之且詰其逗撓花井歸咎於山田將監逐之次年前將軍召忠輝
母茶阿曰少將驍健吾期其成立不圖荒惰乃爾又擅殺長坂血

槍之弟在吾在時如此將軍時可知吾不得不絕之茶阿懼報之越後忠輝懼來謝不許見遺命將軍放之伊勢後遷飛彈遂遷信濃卒十月前將軍遊獵關東遂如江戶最上義光先大阪役而卒其子家親嗣庶兄義成陰應大阪事覺命家親討夷之十二月前將軍歸駿府途經伊豆泉頭以爲退老之地期以明年營焉是冬以天下盡平令五畿七道毁諸壘砦發公使巡察諸國三年一巡又以武門服章不備因明春正會政之。(日本外史十二毛利氏十九年冬德川公攻大阪畱二壻於江戶秀元因水野忠元請曰既辱姻婭猶何見疑願爲先鋒效力許之兵解歸國元和元年夏兵再起秀元先西道諸將至大阪斬首三百級有賞秀元就取海道阻風後至無罰

丙辰四十四

元和二年(和漢年契)**家康爲太政大臣夏四月家康薨葬於野州日光山謚東照權現**(日本外史二十二德川氏五)三年正月朔侯伯將帥隨爵位具衣冠賀正兩府二十一日前將軍獵於田中得疾畱四日乃歸將軍得報大驚戒行二月朔至駿府日夜看護衣不解帶諸侯伯相踵來候前將軍自知不起卻醫藥不用三月天皇使廷臣二人就拜前將軍爲太政大臣二十七日前將軍力疾衣冠拜命尋使將軍饗天使四月前將軍疾篤乃麾婦女不許入侍十四日召諸侯伯諭曰吾老病旦夕將入地吾既平定天下將軍執大政有日吾不復以後事爲憂雖然吾死而將軍或失政則侯伯當其器者宜代執天下之柄天下非一人之天下吾何恨哉乃分賜遺物令罷就國以俟

後命初諸侯各度有如不諱當拘留屢年於是皆出意外既而召
將軍曰吾諭諸侯曰將軍失政善者取之汝愼其政治勿毫有私
曲而天下若有方命者雖親戚勳舊宜速加誅伐將軍歔欷而退
召義直賴宣賴房誡以善事將軍召其傅成瀨正成安藤直次中
山信吉勸以輔導十七日疾革乃顧將軍曰吾將死汝謂天下何
將軍荅曰將大亂矣前將軍曰善吾可以死也召嫡孫家光曰汝
他日治天下者也治天下之道在於慈乃薨壽七十有五葬於久
能山天皇賜卹典甚厚賴宣就建廟焉初榊原康政兄淸政輔
世子信康及世子敗弃官出亡晚依康政前將軍召賜祿守久能故
尋卒子長子淸定留仕宗家乃令少子照久襲父職祿親近之臨終
杭其膝以絕將軍因使照久掌祀事僧天海請號廟大權現三年
將軍以遺命改葬於下野日光山就建一新廟四月入日畢事既望
移主正殿天皇遣廷臣三輩宣命贈正一位賜號曰東照是日天將
軍自江戶來次日祀焉梶井親王尊純掌禮後三世益修祠宇十年
下侯伯至諸外夷皆獻器材而親王更來護廟以爲常後三十年求
詔改大權現曰宮東照公爲人沈毅有大略用兵如神而好學
治愛人善容處事必規百世之後其事朝廷恭順殊至以鎭護王
國爲己任自執儉約不敢驕侈最重稼穡之事雖至微細無不詣
知屢託游畋以問疾苦其爲政務養士氣開言路防巧佞浮華之
習公幼質於尾張有獻百舌者卻不受左右問故公曰吾聞主將
不取小慧者其在岡崎有犯禁者二人其一弋於園其一網於濠
皆被拘繫牙兵鈴木某欲諫之未有路乃故自矯令取池籞之鯉
煮而食之他日公觀於池問守者守者告故公大怒欲手斬鈴木
鈴木入張目罵曰噫暗主以禽魚易人惡乎得爲天下公大悟拋

刀而入遂釋前二人召鈴木褒之後語人曰直言之功愈一番槍犯敵者賞可侔犯君者罰不可測也公在濱松召三士人命事其一人畱請曰臣承聞敢有白出一疏於懷獻焉公使其讀而聽之每條輒稱善讀畢謂之曰爾後有所見勿憚於言其人頓首出本多正信侍坐啟曰彼何輕率也且其所言無一可取君何褒之公曰否吾褒其志也且褒無可取者則可取者至矣公嘗欲官一士問之於土井利勝利勝曰彼不常來臣家臣未知其如何公弗懌曰汝宰我家務在訪人材材者豈可附權勢哉如汝其所言則知恥好善者將日趨柔媚知恥好善國家之元氣也元氣消亡國家衰弱其能久乎昔酒井正親以神谷某不禮己也謂我曰彼眞可用者因請倍其俸正親爲公忘私獎勵士風汝輩何不類焉又嘗諭將軍近臣大意謂天下安危在將軍之心宜畱思焉獎節義擯國之輕薄愛士民信賞罰賜賚勿濫濫則士怠用人勿偏偏則國危國之有臣猶木之有枝也枝偏天則蹷具根猶鷙鳥之有爪翼也變其爪翼所以期搏擊臣之用舍可不重哉足利尊氏之任高師直釁臣秀吉之用石田三成皆以取人怨矣我亦誤用大賀殆附危禍可不懲毖乎凡天下之亂起於主將縱欲而宰臣專權也朘民膏血盈之府庫目曰能臣是爲君蓄怨耳且恃才能者必以舊法爲迂拙動欲更改之武田上杉今川大內氏所以衰亡皆由於此也凡政在用其舊我嘗赴陸奧見源賴朝榜牌其辭曰國事皆因泰衡之舊吾信賴朝之能定東陲也夫介胄之習如鐵衣纓之習如金金可以爲虛飾鐵可以爲實用國家將衰必有喜衣纓之習者建立新法務其華飾是大蠹也我家法度皆祖考與耆舊議深謀遠慮期其無弊勿有所變更譬之刀鍛鍊一成傳之子孫子孫各

異好尙數附冶工則刀終不可用矣凡所貴於故家者以其存舊製養舊臣焉爾侯伯將士皆與我同苦勞者子孫亦宜與同富貴勿無故滅絶之所以酬其祖先之忠也凡所謂忠者豈獨忠於德川氏哉乃忠於天也我亦忠於天者故天授之以大柄然自有其柄驕奢怠惰以虐生民則天將奪之矣故吾主岡崎慮鄰國攻守主關東慮三道治亂定天下慮四境安危未嘗一日懈怠夫折衝禦侮以守王國武臣之職爲然武臣而遺武是竊其職也可不懼乎公少與武田氏連兵後講武備多取其法或說曰武田之箭必甘其鋌使中人而難拔也請倣之公顰顣曰忍哉孰非天下之民因令曰德川之箭必固其鋌使中人而易拔也公幼爲今川氏所育今川義元之墓在於桶峽公每過必下拜其仁且義蓋天性也將軍襲職一奉其訓誡以綏撫天下〔四裔編年表〕

英人來通商再禁耶穌教置下田尹〔日本國志〕是年始置下田奉行於江戶港口

丁巳四十五 元和三年〔和漢年契〕後陽成帝崩〔四裔編年表〕疏神田川定軍賦二年〔日本國志〕三年呂宋船至荷蘭人至平戶告界商常陳攜呂宋教徒至長崎奉行馳如平戶入船撿貨搜獲教徒密書闔船無少長皆斬之幕府由是益親荷蘭初羅馬教士利瑪竇入中國用漢字著書譸張西教海船或齎至傳播民間至元和八年令長崎奉行嚴檢漢書語涉泰西者一概塗抹名曰禁書其後長崎奉行捕禁益嚴敎民多露宿乞食然卒不能絶

戊午四十六 元和四年〔四裔編年表〕營鹿島宮

己四十未七 元和五年〔和漢年契〕流福島正則〔日本外史二十二德川氏五〕五年夏將軍入朝收福島正則封正則關原之役負功驕橫嘗殺公人伊奈今成大阪之役陰通謀城中又擅增築城郭酷嗜殺戮國民不聊生於是將軍與井伊直孝決策使鳥居忠政就正則於江戶第傳命放之津輕以其大僻改放信濃給七萬石邑舉其舊封賜於淺野氏徙封參議賴宣於紀伊所食如故自是尾張紀伊水戶稱爲三家諸侯無敢抗禮義直慈仁賴宣雄豪賴房謙遜賴房特不之國冠諸第將帥以護幕府是歲復立花宗茂舊封徙松平忠明於郡山以大阪爲鎭府遣舊勳一將守之稱爲城代〔四裔編年表〕通使於羅馬敎王

庚光宗泰申昌元 元和六年〔日本外史二十二德川氏五〕六年置京橋玉造兩戍遣大番頭率部衆更戍與二條城同於是毀伏見城獨置奉行比於界浦奈良長崎佐渡

辛熹宗天酉啓元 元和七年〔日本外史二十二德川氏五〕七年將軍納女禁內備女御後進中宮稱東福門院是歲田中氏無嗣國除〔四裔編年表〕英吉利辭通商〔日本國志〕明浙直總兵遣人齎書請禁海寇將軍卻之

壬二戌 元和八年〔和漢年契〕流本多正純〔日本外史二十二德川氏五〕八年秋最上家親後嗣

義俊以不能統族屬國除冬本多正純有罪放於出羽初正純父正信爲中老東照公嘗欲增其封辭曰臣叨恩眷而無矢石之勞加之封土誠不自安願以其賜臣者益養材武以鎭平天下而臣得送老於其間何靦若之遂以二萬石終後東照公者五旬而沒正純嘗於關原之役請斬父以解將軍之過頗有得色安藤直次語人曰傷倫以要名必不令終也及爲駿府執事興國寺城工卒誤殺公邑民邑宰求償於城主天野康景康景不肯乃因正純訴之東照公公素知康景忠良不輒決正純誣康景令速斬卒償之康景不忍殺不辜乃棄封出亡東照公欲復之會其病卒而止世冤之有馬晴信之誅阿媽港人正純僚吏岡本大八揣晴信之希賞也誑取其貨事覺抵罪在獄中告晴信陰事晴信以故敗大久保忠鄰之冤世亦以爲正純父子所爲也正純時食小山三萬石及將軍時食宇都宮十五萬石安藤直次曰正純將及於禍是歲奉使赴山形以其增壘擅殺部屬收封被放其子弟前後皆死獨叔父正重之後存焉〔四裔編年表〕詣日光廟

癸亥三 元和九年〔日本外史十一武田氏上杉氏〕九年三月景勝病卒年六十九子定勝孫綱勝相繼襲官秩綱勝夭以外甥吉良義英子綱憲爲嗣削十五萬石上杉義春本畠山氏爲謙信子養後以爲上條城主承故上杉定實後佐景勝擊景虎最有功德川公命復畠山氏削髮號入庵老於京市大阪冬役召之二條城問上杉氏行軍法諸侯伯皆倚焉義春爲人短小而善辨陳己嘗從謙信所聞見音辭如流公稱善諸將皆織田豐臣以來老兵豪傑而毋敢出聲者後病眼盲使人讀近代史乘聽之至

武田上杉氏事往往指其謬僞云宇佐美定行之孤定與數潛從軍欲立功自贖景勝以其父故不許也流寓諸國及關原事作赴難會津及從封終隱越後終身其子勝興仕紀伊亦於越後事跡有所綜覈初武田上杉二家並務耕戰以名法治國政貴嚴刻而上杉氏作事狀信義是其所以獨存至今也然世言兵法並稱二家云○臣彝英曰世傳二家兵書有出後人假託者不可盡信特言兵於君[illegible][illegible]平二公者不可不知其由也夫勇悍趫捷重恥輕死我國俗所自有我先王又養之以恩結之以信所以撫摩鍊治之經數百千年闔國之民親其上死其長如手足之扞頭目以能震懾四鄰雖魏唐之強大不能加焉者特此俗也及至通唐氏乃舍此學彼斲樸爲文鍥強爲弱平時奔競有急遁逃幾乎舉朝皆婦人矣而先王遺民勇而輕死者皆爲將門所收以此奪王權營私利無所爲而不成承久建武之事輒皆爲然故先王所以自衛後王所以自累均此兵也顧用捨何如耳降至戰國此兵各爲羣雄所分領日淬月厲逾用逾勁而其撫摩鍊治教之而後戰者莫武田上杉過焉故我邦兵之精極於此時而二家又精之精者矣且源平以還其兵皆散而自戰將勇卒銳者勝非必有束伍結陣坐作進退之法有之始於二家二家兵法傳爲我邦極則者由此焉爾然源氏足利氏每自東國起其兵習騎戰而足利氏居京畿不恤馬政織田豐臣德川並起候甸少騎多步卽如二家雖較多騎亦以其國險不便騎騎卒徒取致遠至戰概舍馬步鬬故騎戰遂廢又用火器與長槍以爲軍鋒而弓矢之用稍衰是又我邦兵體變遷不可不知也此時兵農雖別往往收漁獵者爲弓銃手收盜賊爲間諜以補隊伍充斥候二家皆是二家之陣大約弓銃

手居前長槍步卒次之騎士次之牙旗鼓螺居中左右拒夾之輜重居後游兵居外每戰交發弓銃長槍從之士下馬以進或自卒傍出或自中跳盪而出戰酣或以麾下乘之雖變化無準槪以此爲常一時並同此法而羣雄環視獨畏二家幸其噬搏弗解不敢觸犯云夫孫武吳起不同世而生饒使同世生借人之兵以施己之法不能大展其力確鬬決勝敗也今二公挾孫吳之能擅趙魏之甲而比肩接踵於一時可謂希世之遇矣後之言兵者觀二公相與之跡識其形勢機權之大然後參之其書辨別眞僞其法可得而詳論余是以合敍二家焉昔者吾父嘗行過甲斐甲斐民飮食必稱館君館君信玄也以信玄之悖逆而能抗强敵數十年而不相下豈非以其敎民有素哉謙信之事多世所不傳余并考昌山氏宇佐美氏說又與米澤人士交游爲余言如此〔四裔〕

編年表德川家光爲征夷大將軍〔日本外史二十二德川氏五〕九年七月世子家光覲京師將軍因上書致事世子時爲正三位大納言八月入朝進正二位遷內大臣任征夷大將軍先是參議忠直負功觖望數不奉法又縱酒色殺無辜幕府數以密旨勖之不悛是歲放之豐後荻原削髮號一柏

甲子 四

寬永元年〔四裔編年表〕改元〔日本外史二十二德川氏五〕寬永元年徙封其子光長於越後三世以不能馭其下徙之美作食五萬石其弟忠昌直正皆有功於大阪之役忠昌封於川中尋徙高田於是封之越前食三十萬石直正初受封於大野後封出雲十八萬石一柏之敗本多成重復歸幕府列爲諸侯○〔日本外史十二毛利氏〕寬永元年秀元

在江戸輝元使使告之曰我以二國新封養十州舊臣上下共困不得給公役念受封無益欲返致二國女善計之使我家不至二滅亡秀元大驚因土井利勝白之台德公公令秀元計之秀元撿二國田得七十八萬石輝元聞之大喜二年輝元卒次年秀就爲左近衛少將八年秀元還政於秀就大猷公曰秀元成童爲外征元帥門望皆隆八眞我老友也數延與語子孫仍居長府食五萬石就隆居周防德山亦食五萬石秀元次子元知居長門淸末食一萬石豐臣氏質森高政以森與秀元子元近遂冒毛利氏居豐後佐伯食六萬石關原之役在大阪削四萬石此四家與宗家皆存至今宗家世任侍從遷少將而從四位下大膳大夫爲其常衛襲廣元元就故事也吉川氏以存宗家之功世食岩國六萬石秀秋以内應之功食備前美作松野主馬羞食其祿去匿京師無何秀秋卒無嗣國除小早川氏遂不祀元春臨終遺書戒輝元曰往日吾兄弟並爲先鋒推予爲元帥今天下已有主矣予愼勿自視如往日隆景之將沒也亦戒之曰天下將亂子第退守勿進取使我家有雄資如先君者則可否而爭權於天下是自速禍也輝元忘二叔言毛利氏以故削黜云○外史氏曰余安藝人也俯仰其都邑城池輒懷毛利氏盛時每觀嚴島亦未嘗不想見元就之鏖賊也夫室町之時天下紛紛日事兵爭如羣兒鬬牆中喧呶毆擊一賊仆一起誰知其曲直孟子所謂無義戰者是已惟元就之於陶賊與北條早雲之於蠣越羽柴秀吉之於明智其事皆可稱道故其功效皆致如此而元就最其難者也夫亂臣賊子人得討之然戰國之俗唯見利而不聞義如陶賊之事四鄰牧伯熟視莫敢齟齬甚至相率歸之以爲倚賴獨元就以微力圖誅討而又請之天子

名正言順義旗所指無堅不破如揭炬暗室衆目駭觀足以伸大義於天下使天下響應歸之而何十三州之足圖也哉大凡英雄成事皆以爲其智略所致而其事之合義有能服人心者而不自知也後之追論者亦徒覩其成敗謂盡成於其智慮而不知天下之事有出智慮所不及況當夫危疑之際機會之來間不容髮苟以區區計算要之萬全吾見其終身而不及事耳故彼治世之論不可以揣亂世英雄也吾論元就不言其智略而言其果斷不言其果斷而言其事之合義至於請之天子又義之大者矣且觀其效貢賦助舉朝儀則存心王室非一日也昔者孫堅以英傑之姿志嚮漢室奮討强賊出身不顧又有策權之子遂能據有江東以魏武之勢而不能取焉毛利氏之以關西抗織田氏庶幾類之矣元春之善戰也類策而隆景之善謀也類權皆絶人之才而戮力協心臣事輝元使之不失舊業是其義最爲不可及焉輝元雖無孫皓之虐而不量力度德而爭衡於中原宜乎其削弱也然其封土屹然猶雄西陲者豈非由元就父子之高義哉〔和漢年契〕行幸中和門院朝鮮遣使來〔日本國志〕是年始於伊豆之三崎相模之走水置奉行新西班牙船至上書將軍家光下諸宰執議皆曰此不過藉通好以廣敎耳遂卻之

乙丑 五 寬永二年〔四裔編年表〕詣日光廟〔日本國志〕是年告海外諸國專以長崎通商禁進別港未幾又停呂宋澳門互市又將軍復令末次正直貽書於福建總督求通商亦不得報

丙寅六　寬永三年〔和漢年契〕行幸二條城〔四裔編年表〕台德公爲太政大臣〔日本外史二十二德川氏五〕三年八月前將軍將軍共入覲九月六日天皇幸二條城兩將軍率諸侯伯饗之前將軍遷太政大臣將軍遷右大臣於是義直賴宣忠長並累遷大納言賴房及前田利光伊達政宗島津家久並累遷權中納言忠長將軍弟也是歲前將軍夫人從二位淺井氏薨

丁卯七　寬永四年〔日本外史二十二德川氏五〕四年蒲生忠鄉卒無嗣國除後數歲弟忠知卒亦無嗣國除以白川十萬石封丹羽長重〔四裔編年表〕建寬永寺

戊辰毅宗崇禎元　寬永五年〔和漢年契〕建加茂祠〔四裔編年表〕詣日光廟

己巳二　寬永六年〔日本國志〕禪位於皇女興子內親王秀忠女也

明正天皇

〔和漢年契〕明正天皇諱興子後水尾之皇女

庚午三　寬永七年〔四裔編年表〕明正天皇元年〔日本外史二十二德川氏五〕七年九月天皇讓位於皇女諱興子德川氏出也是爲明正天皇將軍遣酒井忠勝松平信綱賀之詔以忠勝爲少將信綱爲侍從皆不敢拜告

幕府而後受

辛未 四 寛永八年〔日本外史二十二德川氏五〕八年始置少老職副老中掌諸雜事

壬申 五 寛永九年〔和漢年契〕台德君薨

癸酉 六 寛永十年〔和漢年契〕建大成殿於上野忠長自盡〔日本外史二十二德川氏五〕九年正月二十四日前將軍薨壽五十四葬於增上寺前將軍位至從一位官至太政大臣贈正一位大相國謚台德台德公爲人勤謹和厚朝廷以外舅故禮秩異等而公益小心嘗在禁內獨休於便室或闚之公衣冠肅然莫有惰容其事東照公盡心承懽至微細事無不咨稟關原之役公不及事而兄秀吉弟忠吉皆有功其歲東照公召諸大臣問曰吾欲定繼嗣誰可者井伊直政右忠吉本多正信右秀康大久保忠鄰曰家子資望已定不宜動搖且自今以往撥亂之才不若守成之器也東照公頷之公聞其之不銜直政正信而忠吉亦體忠鄰益與之厚每來江戶輒館其第公以同母故最愛忠吉忠吉疾病公親往其館候視使者旦夕往來寢食隨報加損又以庶兄故最重秀康凡西諸侯會同者不得齋火器秀康嘗赴江戶具銃隊入碓氷關關吏呵禁秀康曰汝不知越前宰相乎公聞而驚命吏勿問自迎謝之及其卒悼惜殊至東照公嘗以義直賴宣賴房屬於公曰我百歲後善視之公常念其言故特愛重三家凡公每聞宗族功臣之喪雖燕樂之時必變容損涕其出行既戒駕而止則親面徒御罷之嘗戒行漏刻報

期公方食舍箸而出曰信不可失也居常無所耽嗜特崇儒術好書及歌諸武技皆究其精而不以傲臣下以故諸宿將豪傑皆馴服焉嘗謂其下曰織田豐臣二子喜爲人所事家君則喜使人矣所以異也以故諸政治皆傚東照公而最愼於選人將軍之幼以雅樂頭酒井忠世大炊頭土井利勝伯耆守青山忠俊爲傅忠世以嚴利勝以和忠俊以直共盡心輔導利勝常侍燕樂乘閒說曰願聽伯耆言不則雅樂謂之何將軍輒悟利勝酒井忠勝自扈從爲側用人公又以爲傅亦大稱職焉公既薨諸臣欲秘之忠勝以爲不可卽夜發喪於是將軍下敎盡召諸侯伯親出面之曰前將軍薨矣諸君或冀望天下則惟其所欲然家光旣係軍職當以弓箭授受之諸侯愕然未荅伊達政宗進而言曰孰不被德川氏恩澤今日有敢挾異心者政宗請先往蹂躪之衆同聲對曰誠如中納言所陳乃退是歲始置大目附專掌監察六月徙封池田光政於備前初光政父利隆封播磨叔父忠雄封備前皆卒於元和中光政嗣徙於因幡伯耆至是與忠雄子光仲易封先是台德公女適大阪政爲本多忠政之婦生女於是以其女妻光政是月加藤忠廣有異圖發覺國除放於出羽徙封細川忠興於肥後割忠興舊封賜小倉於小笠原忠眞中津於其兄子長次追賞大阪之功也後幕府索加藤福島二氏遺胤召而祿之以存其祀十月收大納言忠長封忠長與將軍同母幼字國松爲母氏所鍾愛將軍爲世子時內外流言幕府有易嫡之意世子乳母春日局者往駿府告之居數月東照公使人言將軍曰久不見幼孫盍使來見兩公子乃來見公迎世子於上座忠長欲踵升公曰叱叱汝敢欲升斯座乎坐定供糕公取其一命左右曰進於竹千代取其一

投與忠長曰阿國喫之衆望於是定矣世子爲大納言在西城城壕多鳧忠長手發銃獲一鳧焉以示夫人夫人悅甚命宰之竢台德公入饗焉曰阿國所獲也公悅喫之且問曰何處得之具對以實公吐哺怒曰何得此大怪事謂西城誰所居乎乃罪其從者忠長既長元和中封甲斐寬永中增封駿河遠江既而驕恣失驩於台德公公擯之就國及公有疾畋獵自如公疾病將軍爲請召見之不許及公薨忠長無戚容嗜殺喜怒無常於是將軍既除服乃收其封置之高崎附城主安藤重長忠長不悛次年重長受命諷使自殺自是駿河甲斐直隸征夷府府兵是時有大番及書院扈從兩番更戍駿府十年堀尾氏無嗣國除次年徙封京極氏焉後三年亦無嗣收封召其肖子賜播磨地六萬石〔四裔編年表〕置少老

甲戌 七　寬永十一年〔和漢年契〕家光公入朝〔四裔編年表〕西城災〔日本外史二十二德川氏五十一年將軍入朝進從一位遷左大臣始置京師町奉行斷市人訟獄

乙亥 八　寬永十二年〔四裔編年表〕置僧祝司建評定所〔日本國志〕禁國民遠航律以極刑並禁造巨船初足利氏之末海賈奸匪汎海私出船幟題八幡字往往爲盜文祿初豐臣氏始給信牌許遠航逮德川氏定爲二十家船時人謂之硃印船及教禁嚴凡入海者

必奉牒書又謂之奉書船然安南暹羅皆嘗遣使請禁國商橫暴自文祿以來四十三年至是停之適有久往廣南歸者五人皆處斬旋又定船舶之制禁帆用三桅漕船外不得過五百石著爲定制防遠航也

丙子九 寬永十三年和漢年契朝鮮使來鑄寬永錢日本國志命於長崎築[illegible]建館以居洋商不許雜居募富民塡港內築別島既成乃驅洋人盡住別島又放洋種男女二百八十七人於海外令大村純信以兵扼諸口以備竄逸

丁丑十 寬永十四年和漢年契島原賊作亂

戊寅十一 寬永十五年和漢年契島原賊亡日本外史二十二德川氏五十四年十月故小西氏餘黨以耶穌教煽民據肥前島原作亂將軍下敎西海諸侯遣板倉重昌監其軍討之尋遣松平信綱命水野勝成贊謀焉未至十五年正月朔重昌戰死信綱至城陷誅賊渠率十餘人斬首四萬申耶穌禁於海內○日本國志初有馬城僞教徒窟屢捕不絶幕

府乃命松倉重政治之諭以力鋤凶種重政大索封內每歲刱義數十人後遂毀原城徙治島原其子重次嗣封政尚苛酷謗聲載道是年八月耶穌教徒遂作亂故小西氏大友氏遺臣之奉教者匿於天草糾黨宣言曰島原益田時貞神人也昔西教師有遺言廿六年後天降善男子枯樹森華絳雲四塞乃上帝再來之證今少年時貞即其人羣哉等遂自天草入島原所在響應犯高久城掠倉穀三萬二千包及火藥甲兵等築原城而據之事聞幕府命鎮西諸將討之以板倉重昌督師重昌合諸侯兵十二萬五千攻之不克重昌謀久困之幕府又命松平信綱戶田氏鐵提督軍務重昌聞二將至愧師無功奮勇力戰中箭墜而斃信綱等至命諸將合圍然後進攻至明年二月二十八日城破縱火焚毀壘焰漲天賊將時貞等十餘人皆自殺斬首四萬無一降者諸軍亦死者千餘傷者七千餘是役也重圍凡百有旬日官軍前後死傷至一萬三四千余孜天草之亂以不致之民執耜耰之兵聚數十萬勁旅於小城之下而每戰必勝僵強不屈此何以故萬眾一心也萬眾一心者蓋使之然也吾聞耶穌基督之教推人物本原一歸之上帝主宰又以耶穌舍生救人爲上帝子聖教主一心崇奉推其弊至於寧負國法不負教法寧負君父不負教祖苟或詈教則戟手而爭刃鋸之所加矢石之所攢蹈躍奔赴視死如皈以是爲答教祖之恩階昇天之福夫既以徇教爲報恩以赴死爲昇天遂不讎執戈於君父之前悍然而不少悔是役也城破之日兒童幼女咸引頸受刃無一遄逃者嗚呼何其敬信之至此也歐洲十字軍之起十載九敗卒能奮興新舊教之爭至於父子仇隙伏尸百萬嗚呼耶穌憂人道滅裂教以相生相養之道而其徒競爲危激蹈

湯赴火以張其教吾不知其救人行善之謂何也日本荻原裕曰自三韓內附而浮屠至焉西南洋艫聚而祆教入焉祆教毒之尤酷者也一誤吾民愚民蹈而罹辜者大約二十八萬而官軍鏖戰死於鋒鏑下者不與焉寬永以後遺匪餘孽或殺或流或自裁喪國破家者亦不少大抵前後隳生於祆教之禍蓋幾幾三十萬人吁此三十萬人者皆我赤子也教徒一饒舌而我三十萬赤子含笑瞑目可不懼哉

己卯十二寬永十六年〔和漢年契〕停耶穌商船建知恩院〔日本外史二十二德川氏五〕十六年始置大老職以土井利勝爲之免老中連署而猶參大議。〔日本國志〕十六年遣使長崎召鎮西諸藩重臣申教令天草亂後於十五年懸賞曰告教士者賞銀二百錠告教徒者賞百錠及是再遣大田資宗於長崎召各國諭絕來航令諸藩曰國家嚴禁天主教外國非不知而潛遣教士屢來犯禁自今來船輒火其船誅其人

庚辰十三寬永十七年〔四裔編年表〕詔日光廟〔日本外史二十二德川氏五〕十七年生駒氏無嗣國除。〔日本國志〕十七年澳門葡商復來強請互市幕府遣民部少輔加加瓜忠澄告之曰汝屢犯大禁是蔑我國也捕斬六十餘人餘附華船還

辛巳十四寬永十八年〔和漢年契〕竹千代君生〔日本外史二十二德川氏五〕十八年將軍生長

子家綱是歲始置勘定奉行數員掌錢穀以松平正綱告老也正
綱實郡吏大河內秀綱者子冒松平氏長於理財歷事三世常爲
度支嗣子信綱秀綱庶孫而養於正綱○〔日本國志〕十八年荷蘭
船長來謁將軍家光諭曰耶穌教有潛至者必告毋匿否則並絶
爾國爾後荷蘭船至船主每獻方物至江戶謁將軍沿爲常例時
命北條正房問蘭人以西洋攻戰大礮火箭之法後錄爲一書上
之

壬午十五 寬永十九年〔和漢年契〕天下大饑〔四裔編年表〕詣日光廟

癸未十六 寬永二十年〔和漢年契〕朝鮮遣使來諸家系圖成〔日本國志〕

帝在位十四年禪位皇太弟

後光明天皇

〔和漢年契〕後光明天皇諱紹仁〔日本國志〕後水尾第一皇子母壬
生院藤原氏年十一卽位敕賜宮號於日光廟每歲納幣以宗澄
親王爲東叡山座主後皆爲例

甲申十七 大清順治元 正保元年〔和漢年契〕二條康道攝政東都長松君

生後名綱重（日本外史二十二德川氏五二十年九月天皇讓位於皇兄紹仁是爲後光明天皇天皇正保元年將軍生次子綱重後爲參議封於甲斐）（四裔編年表）國郡圖成

乙酉 二 正保二年（和漢年契）愛宕祠火修祇園社東都德松君生後名綱儀（日本外史二十二德川氏五二年生三子綱吉後爲中將封於館林）家綱公任正位大納言

丙戌 三 正保三年（和漢年契）祇園祠火五條石橋成（日本國志）八月鄭芝龍奉明唐王聿鍵意贈書暨方物乞援兵（芝龍福建南安人先爲商寓長戶娶婦田川氏生二子長曰森即鄭成功也既而芝龍去爲海盜擁衆數萬崇禎時就明招撫有戰功封平虜侯嘗圖其軍容贈日本求還兒與之故素與日本通往來）書聞將軍德川家光召宰執酒井忠勝等議之又下議德川三親藩賴宣建議曰援而有功無益於國儻若無功匪翅辱國結怨强鄰實貽後患勿援爲便議遂寢命曰根野吉明如長崎告之會聞 大淸兵下福建芝龍就撫遂罷使卻信物令西北諸大藩陰戒不虞冬十二月崔芝復遣使致書乞兵（按芝福淸人初爲海

盜既而受撫乙酉秋唐王加水師都督駐舟山黄宗義行朝錄作崔芝是也各書多誤作周崔芝）書若曰芝忝任水師都督有志無力有力無兵貴國人皆義勇兵皆精悍慣於刀槍熟於舟楫芝思竭君辱臣死之忱難忘泣血枕戈之舉敢效七日之哭借三千之兵壯我同澤同袍之氣永締如帶如礪之盟又致一書乞給日本甲二百副皆不納

丁亥 四 正保四年（和漢年契）南蠻人來擊卻之（日本國志是年葡萄牙兵艦至長崎命嚴防戍舊制外船進口例收礮柁及是葡人曰兵艦非商船不受命事聞幕府命九國諸藩出戍兵以小舟圍繞組筏扼海梗塞去路衆至八萬又特遣大總督如長崎詰問察其無他然猶停泊五旬餘而後去）

戊子 五 慶安元年（四裔編年表）改元（和漢年契）夏六月東都地大震兩月人多死（日本國志）鄭彩致書乞兵器鄭成功亦貽書長崎有司書略曰大明龍興三百餘年治平日久人皆忘亂以至今日成功誓心報國徘徊濔閩頗有感憤樂從者然孤軍懸絶四面無援

成功生於貴國值此艱難儻惠假數萬甲兵慼豈有極亦不報戊戌成功又遣使贈書暨方物致惓戀之意亦不答成功後據臺灣時與長崎通商至鄭氏降乃絕

己丑六 慶安二年（和漢年契）近衛應山薨琉球入貢夏六月天雨毛長四五寸秋諸國洪水（日本國志）魯西亞人始至樺太卽庫頁島魯西亞一作魯西亞一作鄂羅斯一作俄羅斯（又）馮京第黃宗羲以明魯王以海命來長崎乞師不答朱之瑜亦來乞師不答之瑜字舜水明餘姚貢生亦魯王遺臣嘗至安南又三至長崎圖藉外援終不遂其志至歲己亥遂留長崎不歸筑後人安東守約分廩祿之半師事之德川光國欽其德義請之幕府延爲賓師水戶文教之興與有力焉是時有僧陳元贇明進士辟難削髮來居西京有福建僧隱元德川家綱遣人迎之命於宇治刱萬福寺名曰黃蘗傳衣鉢者多漢人其後有畫工沈詮號南蘋幕府聘之來長崎亦留不歸均爲日本所重附識於此暨明唐魯二王亡遂絕音問

庚寅七 慶安三年（和漢年契）德川家綱爲征夷將軍

辛卯八 慶安四年（和漢年契）朝覲行幸德川家光薨（日本外史二十二德川氏五慶

安四年四月二十日將軍薨年四十八葬於日光山贈宮位如前代諡大猷大猷公幼英偉東照公器之戒台德公曰易嫡亂之本也且竹千代後必有明將宜速定儲貳焉戒其保傅曰父必求其子類己是不協之原也宜因其器成就之吾於三郎有終身之憾汝輩勿使將軍再憾也及長聰明勇決恩威並行東照台德之世諸巨藩各自偃蹇其會同者將軍或郊迎之禮分未定及大猷公時嘗盡召天下侯伯於大城自諭之曰我祖考因卿等力定天下且以其嘗比肩同等故加禮待不敢比譜第將士至於家光則禰已主天下自有與祖考異者今已居統率之任而不一事權非所宜也自今待卿等當同於譜第若不厭心其各之國給假三歲熟思以決去就諸侯皆逡巡曰敢不聽命公乃起入坐內廳以次延諸侯賜佩刀公便服盤坐腰無所佩諸侯受刀拜公曰撿刃諸侯悚息抽刀寸許輒退自是德川氏權勢益定然而其事皇室恭順如故其再入朝朝廷欲以爲太政大臣公固辭曰先臣嘗叨此職幸得全首領以沒臣敢復哉公甚敬祖先諸老臣侍燕間言及東照公事公輒曰少俟之乃改衣帶盥漱然後聽之善摘察臣下是非而不輕發之口遇有黜陟之議輒曰某貌如此性如此其所知過於諸老久世廣宣三子廣之爲側眾有權寵公一日卒問之曰汝今朝得諸侯贈遺乎廣之拜而對曰然問贈者姓名及其物件廣之條對公曰未盡也廣之取簿記於懷撿之果然因惶汗而退更相告警堀田正盛大田資宗等以春日局緣故皆見寵任皆不至橫邪時承平既久麾下風習漸趨奢侈往往不能自給台德公之薨頒賜遺金又周加其俸婚嫁喪葬概皆得貸於官而猶告困乏世子生之明年有敎盡召麾下士人及諸吏眾皆謂當有慶

典也公此日患頭痛以手巾約額扶杖而出諭衆曰聞汝等困乏極矣即明日有緩急出次品川亦不可能也如是則汝等欲置吾於何地乎因太息泣下衆莫能仰視酒井忠勝在側颺言曰諸君恃仁狃恩忘奉上之道從今以往不容假貸各自量度勿勞公上之念衆心服而罷已而下令諸士子弟年長堪用者舉充番士因給俸又置新番以大番子弟充之又遣使諸道問民疾苦數舉賑卹之典台德公時青山忠俊獲罪放於遠江及公親政未及復之而死配所乃召用其子宗俊晚歲賜邑於信濃面諭曰自吾之幼汝父盡忠輸誠吾駁不爲意使之死配所今悔無及也猶將報之於汝焉庶幾慰其冤魂自今汝事我子猶汝父事我也君臣皆嗚咽又賜大久保忠季肥前地八萬石及其子忠任終復舊封再鎮小田原以白父祖之冤天下悅服當公之時名臣盈朝肥後守松平正之埽部頭井伊直孝大炊頭土井利勝讚岐守酒井忠勝周防守板倉重宗伊豆守松平信綱豐後守阿部忠秋等爲其最焉自公爲世子時信綱忠秋爲侍臣公嘗見屋上乳雀命近臣往捕之屋係將軍燕室衆莫敢往乃推信綱曰汝年幼體輕宜往信綱勉强應命夜潛緣屋索之失足墮庭中諜然有聲將軍提刀夫人執燭而出見信綱問其來由對曰臣覩雀兒愛之竊來捕也將軍曰否是必有主使者窮詰再四而不告將軍怒內信綱於巨囊中而緘其口懸之柱曰汝不肯實不許出信綱自囊中爭之徹旦旦日將軍出視朝夫人憫信綱之志而慮其飢私呿囊口以餕啗之復緘其口如初日中將軍入復詰之終不改辭夫人固請而縱之將軍目送焉謂夫人曰孺子能如是後必羽翼我兒果如其言信綱警敏絕人而能下於人公嘗欲急改造一城樓信綱督工一晝

而成以白紙糊壁如新壁者利勝讓之曰不成則已是使人主責難於下也信綱謝曰僕請終身以爲戒信綱嘗如京師朝旨有所徵求疏十餘條信綱盡辨其不可而還衆稱其敏忠勝讓之曰列世恭順之旨子豈不知乎何必盡拒之爲信綱驚悔無措公之始親政也下敎曰大小之事盡如東照公約伊達政宗上狀曰東照公留約封我百萬石願如約幕議病之利勝曰埽部頭能辨之乃命直孝直孝退朝直詣伊達氏面見政宗曰聞公舉前代約請封信乎曰信曰所謂約有印信乎曰有曰蓋僞也政宗曰何得謂僞乎吾且示之卽出示之直孝受而熟視曰是故紙耳乃扯裂投鑪火中政宗色然而駭直孝笑曰此約蓋出一時權宜且事既往矣今乃持以要利何計之淺也政宗曰老夫誤矣因笑而止福島氏之收封也羣議不決板倉勝重薦直孝曰埽部頭不踐人足跡者乃召直孝議遂得決焉勝重爲京尹年久元和中以老辭職台德公優勞使舉人自代勝重曰莫若臣長兒乃命重宗重宗愼密廉平世以爲不愧其父公嘗有疾困劇遠近疑懼既而愈馳使京師報之重宗荅書至曰臣游獵數日而歸以致奉荅稽緩公覽之曰京師驚擾可知也明日忠勝入覽其書曰京師驚擾可知也侍者無解其意竢忠勝退問之對曰周防守務示暇豫非鎭衆情乎侍者乃服其上下一心概如此忠勝直孝相踵爲大老信綱忠秋自少老進老中而正之特位於諸老之上正之爲台德公孽子公侍婢有孕而出生男於其鄕邦俗端午節有男兒者樹章幟於門婢家幟用葵章吏詰得其故有證左遂以聞保科正光以無子請得爲嗣命名正之大猷公立而未達也公嘗放鷹於驪鄕羣騎散而自息公與近臣數人微行入邑中佛寺寺僧誰何公曰吾番衆也

願少息此僧與坐而談公視其壁畫頗雅謂之曰貴寺在僻何以得若是豈有大檀越邪曰無有也唯有保科氏亦貧乏不足有爲吾聞保科君將軍親弟也小民猶知恤兄弟貴人何情薄如此公色少變目從者辭謝而出頃之羣騎至索將軍問之僧僧曰嚮有數少年來息騎曰是將軍已僧大驚懼誅居無何有敎增封正之於山形二十萬石賜松平氏給驪鄉寺香火邑後正之徙鎭會津累遷四位中將性敦實好學公特親重之公臨終召諸老而屬世子家綱世子襲職甫十一天資仁恕時利勝已卒正之以下受遺命輔佐幼主不敢爲慶讓以族其長大納言義直先公而卒賴宣賴房猶健國多流言

江戶凶賊伏誅

壬辰 九 承應元年〔四裔編年表〕改元

癸巳 十 承應二年〔和漢年契〕皇宮火琉球入貢〔四裔編年表〕玉川水道成置侍中〔日本國志〕將軍家綱築七礮臺於長崎防外患

甲午 十一 承應三年〔和漢年契〕建黃蘗山帝崩於仙洞〔日本國志〕帝性好學命儒臣講程朱新義及崩詔廢火葬在位十一年

後西天皇

〔和漢年契〕後西天皇諱良仁後水尾第四子〔日本國志〕母逢春門

院藤原氏

十二乙未明麻元年〔和漢年契〕改元朝鮮遣使來

十三丙申明麻二年〔和漢年契〕東都大風

十四丁酉明麻三年〔和漢年契〕春正月東都火城邸民屋悉燒〔日本外史二十二德川氏五〕明麻三年江戶災踰歲不滅城郭第舍延燒略盡物情恟恟然信綱忠秋指麾內外事皆立辦忠勝等協議盡罷諸侯就國各撫其民經理土木盡復舊觀天下不復動搖　道春卒

十五戊戌萬治元年〔四裔編年表〕改元〔和漢年契〕明鄭成功請援不應

東都大火

十六己亥萬治二年〔和漢年契〕春二月京師火良純歸京夏東都城成

〔四裔編年表〕架兩國橋

十七庚子萬治三年〔和漢年契〕大阪城火米價昂貴〔四裔編年表〕開拓

本所深川地

辛丑十八 寬文元年〔四裔編年表〕改元〔和漢年契〕皇宮火春正月東都火〔日本國志〕命諸藩嚴索敎徒立五戶互訐法

壬寅聖祖康熙元 寬文二年〔和漢年契〕毀京師大佛夏五月地大震〔四裔編年表〕置驛傳尹改量制〔日本國志〕帝在位八年以災異頻仍爲失德所致遂避位於凝花洞皇太弟立

靈元天皇

〔和漢年契〕靈元天皇諱識仁後水尾第十二子〔日本國志〕母新廣義門院藤原氏年十歲卽位時宋學大興有箸論攻駁者禁錮之

癸卯二 寬文三年〔和漢年契〕二條光平攝政禁殉死

甲辰三 寬文四年〔和漢年契〕造洛東大佛去年詣日光廟夏鷹司房輔任攝政冬十月客星見南

乙巳四 寬文五年〔和漢年契〕大阪城雷火定布帛丈尺二丈六尺爲

一端冬十二月越後地大震

丙午 五 寬文六年和漢年契夏四月流不受不施僧徒禁不受不施宗

丁未 六 寬文七年和漢年契南都二月堂火再修多田院四裔編年表禁新建寺院

戊申 七 寬文八年和漢年契東都大火諸國大旱房輔任關白日本國志於長崎府廳設耶穌像聽民踐蹂寬永以來禁敎益嚴每歲覈各道戶口不奉佛敎者無所容身松浦隆信鑄十字架耶穌像於鐵板俾士民踐之以驗宗敎是歲納之長崎府廳幕府遂著爲令後又設於海岸外船來者必踐踏乃許登岸

己酉 八 寬文九年

庚戌 九 寬文十年和漢年契本朝通鑑成伐蝦夷平之攝州大風雨土大阪海消溺人

辛亥十 寛文十一年〔和漢年契〕琉球入貢

壬子十一 寛文十二年

癸丑十二 延寶元年〔四裔編年表〕改元英人乞通商不許〔日本國志〕英船入長崎奉書求互市不允自後長崎商船惟華商及荷蘭船而已他國無復至者行之二百餘年〔和漢年契〕京都火〔日本國志〕日本籍稱康熙十二年七月平南王尚可喜及劉進忠致書於長崎奉行贈銷金馬鞍以通商船書有山麗水秀人物清華之語考尚可喜於十二年三月告老以兵事屬其子之信進忠時官潮州鎮總兵十三年叛旋結鄭錦掠潮惠葢鄭氏素與日本往來進忠知之將萌叛志預圖外援故有此舉可喜時爲之信所制不得出一令未必知也

甲寅十三 延寶二年〔和漢年契〕五畿洪水京都大雨雹

乙卯十四 延寶三年〔和漢年契〕皇子生天下大饑餓莩滿巷

丙辰十五 延寶四年〔和漢年契〕諸國洪水

丁巳十六 延寶五年

戊午十七 延寶六年〔和漢年契〕東福門院薨石清水放生會再行

己未十八 延寶七年〔和漢年契〕營賀茂兩祠〔四裔編年表〕修加茂社

庚申十九 延寶八年〔和漢年契〕夏五月將軍家綱薨謚嚴有君贈正一位太政大臣〔日本外史〕二十二德川氏五既而親藩老臣前後皆卒而將軍親政還諸侯質在城中者於各第禁殉死在職三十一年薨葬於寬永寺謚嚴有自是之後寬永增上二寺爲德川氏塋域初東照公事祖先甚謹後陽成帝嘗欲賜公以菊桐章辭曰此已賜足利氏非新田氏之榮也臣自有葵章焉天恩苟欲酬微勞伏願錄臣祖先乃詔贈上祖義重從四位下鎮守府將軍父廣忠正二位大納言其歲與台德公偕獵於上野使土井利勝等如新田世良田德川諸邑問其父老得義重義貞故址建一寺曰大光以奉詔書與參河大樹寺皆准勅願寺台德大猷二公益敬祖先以故後嗣以親拜兩塋爲常務如上野參河則遣使修祀而在職之中必一詣日光廟以爲重典　十九日法皇崩謚後水尾院日光山法王薨自秋九月不雨至冬十二月〔四裔編年表〕水府上扶桑拾葉集

辛酉二十 天和元年〔四裔編年表〕改元〔和漢年契〕德川綱吉爲征夷將軍冬東都火

壬戌二十一 天和二年〔和漢年契〕春三月立皇太子〔日本國志〕自後龜山傳小松之後不立東宮者十三世矣 立藤原房子爲皇后朝鮮遣使琉球入貢

癸亥二十二 天和三年〔和漢年契〕冬經攝政越後獲狒狒〔四裔編年表〕尋得無人之島

甲子二十三 貞享元年〔四裔編年表〕改元〔和漢年契〕頒定新麻〔日本國志〕始用元授時麻名貞享麻自用宣明麻以來迄今亦殆千年

乙丑二十四 貞享二年〔和漢年契〕夏皇母薨謚逢春門院

丙寅二十五 貞享三年〔和漢年契〕帝崩在位二十四年〔日本國志〕澳門港使送漂民十二還長崎上書曰我國以尊日本故特送漂人非乞互市幕府使吏荅之曰國禁通信自今而後縱有漂人願勿送

還乃給糧食薪水遣歸以後葡船遂絶迹

東山天皇

〔和漢年契〕東山天皇諱朝仁後西第五子〔日本國志〕母敬法門院藤原氏年十三歲即位〔又〕綱吉營孔子廟用儒臣源光國編大日本史立將軍傳家臣傳隱示尊王統斥武門之意

丁卯二十六 貞享四年〔和漢年契〕夏四月二十八日即位一條冬經攝政〔四裔編年表〕行大嘗禮

戊辰二十七 元祿元年〔四裔編年表〕改元

己巳二十八 元祿二年

庚午二十九 元祿三年〔和漢年契〕春正月近衛基熙任關白秋八月修愛宕山寺京都暴雨崩山冬修五條橋建聖堂〔四裔編年表〕移聖廟於湯島

辛未三十元祿四年（和漢年契）高野山火禁悲田派

壬申三十一元祿五年（和漢年契）始置防火局秋七月伊賀雨五穀

癸酉三十二元祿六年（和漢年契）朝覲行幸秋九月石清水祠修造（四裔編年表）架大橋

甲戌三十三元祿七年（和漢年契）江都火夏四月加茂葵祭再行秋伏見貞致親王薨

乙亥三十四元祿八年（和漢年契）春河內三日市猫生角夏鑄元字金銀

丙子三十五元祿九年（和漢年契）明正上皇崩江都地震（四裔編年表）地圖成

丁丑三十六元祿十年（和漢年契）春二月立有栖川王女爲皇后始征造酒始鑄二銖金

戊寅三十七元祿十一年〔和漢年契〕江都大火〔四裔編年表〕建永代橋

己卯三十八元祿十二年〔和漢年契〕理聚樂宮址溝夏六月修役行者一千年忌追福〔日本國志〕始限蘭船進口每歲四艘或五艘

庚辰三十九元祿十三年〔和漢年契〕伯耆雨豆麥〔四裔編年表〕營香取宮

辛巳四十元祿十四年〔和漢年契〕桼名城火〔四裔編年表〕赤穗遺臣報仇

壬午四十一元祿十五年〔四裔編年表〕藩翰譜成

癸未四十二元祿十六年〔和漢年契〕關東地大震新敕撰類題和歌集刻成鷹司兼熙任關白〔四裔編年表〕艮雄等賜死

甲申四十三寶永元年〔四裔編年表〕改元疏新大河川建濱御殿〔和漢年契〕夏諸民多賽於伊勢太廟聖堂再建鑄寶字銀

乙酉四十四寶永二年

丙戌四十五寶永三年〔和漢年契〕鑄寶永錢〔四裔編年表〕鑄當十錢

丁亥四十六寶永四年〔和漢年契〕富士山燒停諸國銀會

戊子四十七寶永五年〔和漢年契〕京師火〔四裔編年表〕王宮火

己丑四十八寶永六年〔和漢年契〕將軍綱吉薨德川家宣爲征夷將軍〔日本外史二十二德川氏五〕嚴有公薨而無嗣弟中將諱綱吉自館林入紹職二十九年薨謚常憲從子中納言諱家宣自甲斐入紹職〔日本國志〕帝在位二十三年以災變自恨菲德遂禪位皇太子尋崩

中御門天皇

〔和漢年契〕中御門天皇諱慶仁東山第六子〔日本國志〕母新崇賢院藤原氏年十歲

庚寅四十九寶永七年〔和漢年契〕近衛家熙攝政春正月葬先帝於泉

涌寺謚東山院二十三日葬皇母賀子於廬山寺謚新崇賢門院三月源通茂薨〔四裔編年表〕諸史餘論成

五十辛卯正德元年〔四裔編年表〕改元停鑄寶銀〔和漢年契〕春三月家熙任太政大臣朝鮮遣使來〔日本國志〕朝鮮聘使至家宣從儒臣議荅書稱德川氏日本國王

五十一壬辰正德二年〔和漢年契〕夏四月中宮崩謚新上西門院秋七月九條輔實任攝政冬十月將軍家宣薨謚文昭君贈正一位大相國〔日本外史二十二德川氏五〕四年薨謚文昭世子諱家繼襲職〔四裔編年表〕水府上禮儀類典書

五十二癸巳正德三年〔和漢年契〕秋八月仙洞院祝髮號法皇冬十二月東都火德川家繼爲征夷將軍年四歲

五十三甲午正德四年〔和漢年契〕琉球入貢〔四裔編年表〕更改中國通

商信牌鑄新銀

乙未五十四　正德五年（和漢年契）修神君一百年靈忌於日光山（四裔編年表）大日本史成減荷蘭市舶數（日本國志將軍家宣命限二艘輸出物值銀三千貫銅一百五十萬斤遣使長崎正貿易法更給船牌）

丙申五十五　享保元年（和漢年契）改元夏四月將軍家繼薨謚有章君贈正一位大相國紀伊中納言德川吉宗爲征夷大將軍（日本外史二十二德川氏五）四年薨謚有章無嗣賴宣孫中納言諱吉宗自紀伊入紹職大修留祖之政厲精爲治多所釐革天下號爲德川氏中興之主

丁酉五十六　享保二年（和漢年契）春正月興福寺火東都大火

戊戌五十七　享保三年（四裔編年表）琉球入貢

己亥五十八　享保四年（和漢年契）朝鮮遣使來（四裔編年表）重修輿地圖

庚子五十九　享保五年〔和漢年契〕以昭仁王爲太子〔四裔編年表〕關東

大水水府上大日本史

辛丑六十　享保六年〔四裔編年表〕聽民訴檢戶口〔日本國志〕將軍吉宗

始開泰西禁書之禁廢伊豆下田奉行始置相模浦賀奉行

壬寅六十一　享保七年〔和漢年契〕上皇幸賴實第

癸卯世宗雍正元　享保八年〔四裔編年表〕停鑄寶銀

甲辰二　享保九年〔和漢年契〕大阪火

乙巳三　享保十年〔四裔編年表〕鑄金

丙午四　享保十一年〔和漢年契〕將軍狩於小金原〔四裔編年表〕鑄錢

丁未五　享保十二年〔日本國志〕小笠原貞任請檢小笠原島聽之貞任曾祖貞賴嘗奉敎檢南海得一島命以其氏每歲航收其利寬永中停之故貞任有此請其後小笠原島英國欲爭爲己有日本卒不聽

戊申六 享保十三年【和漢年契】物茂卿死諡日光廟【四裔編年表】八
經考文成
己酉七 享保十四年【和漢年契】交趾人貢象
庚戌八 享保十五年
辛亥九 享保十六年【和漢年契】甘露降【四裔編年表】江都大火【日本
國志】減蘭舶輸出爲一千五百貫銅一百萬斤
壬子十 享保十七年【和漢年契】靈元上皇崩
癸丑十一 享保十八年【和漢年契】營皇宮【四裔編年表】西國大饑米騰
貴
甲寅十二 享保十九年
乙卯十三 享保二十年【和漢年契】帝傳位皇太子在位二十六年【四裔
編年表】建養生所

櫻町天皇

〔和漢年契〕櫻町天皇諱昭仁中御門皇子享保二十年受禪冬十一月即位〔日本國志〕母新中和門院藤原氏〔又〕時文學甚盛萩生茂卿伊藤維楨各習古學新井君美青木敦書首唱荷蘭學

丙辰 高宗乾隆元 元文元年〔和漢年契〕改元近衛家熙攝政冬十一月立皇后十二月東都大雷鑄革文字金

丁巳 二 元文二年〔和漢年契〕中御門上皇崩竹千代君生夏五月葬上皇〔四裔編年表〕鑄錢

戊午 三 元文三年〔四裔編年表〕行大嘗禮

己未 四 元文四年〔和漢年契〕大阪大雷人死〔四裔編年表〕鑄鐵錢

庚申 五 元文五年〔和漢年契〕行新嘗會

辛酉 六 寬保元年〔和漢年契〕改元皇子降誕〔四裔編年表〕武德編年

集成成

壬戌 七 寬保二年（和漢年契）冬十一月行大嘗會十二月大雪（日本國志）命青木敦書索遺書敦書始習蘭學敦書稱文藏官書物奉行新井君美始闢荷蘭學而世未之知敦書乃如長崎從象胥習洋字質蘭籍至輓近蘭學浸開始有種痘法亦賴其首倡著有和蘭話譯等

癸亥 八 寬保三年（日本國志）又減荷蘭輸出爲五百五十貫銅五十萬斤

甲子 九 延享元年（四裔編年表）改元（和漢年契）夏六月天下疾疫敕奉幣七廟

乙丑 十 延享二年（和漢年契）一條兼香任太政大臣德川家重爲征夷將軍（四裔編年表）江都火（日本外史二十二德川氏五）三十年辭職後六年薨謚有德世子諱家重襲職（日本國志）吉宗作律九十章頒行性好學務勤儉愼庶獄舉賢良稱良主丹波人竹內式部以武技出入公卿家不喜幕政漸露復古之志家重逐之公卿坐是奪官爵者十七人

丙寅十一 延享三年〔和漢年契〕夏五月帝禪位皇太子在位十一年

桃園天皇

〔和漢年契〕桃園天皇諱遐仁櫻町第一子〔日本國志〕母開明門院藤原氏年七歲卽位

丁卯十二 延享四年〔四裔編年表〕桃園天皇元年

戊辰十三 寬延元年〔四裔編年表〕攺元〔和漢年契〕朝鮮遣使來琉球入貢冬十月行大嘗會

己巳十四 寬延二年〔和漢年契〕春三月雨赤雪讚岐洋得大魚長九丈三寸浮龜之類也

庚午十五 寬延三年〔和漢年契〕櫻町帝崩

辛未十六 寶曆元年〔四裔編年表〕攺元〔和漢年契〕夏六月將軍吉宗薨謚有德院贈正一位大相國秋八月一條兼香薨

壬申十七寶曆二年〔和漢年契〕冬琉球入貢

癸酉十八寶曆三年〔四裔編年表〕頒曆法

甲戌十九寶曆四年

乙亥二十寶曆五年〔和漢年契〕冬十一月藤原富子入内〔四裔編年表〕米貴

丙子二十一寶曆六年〔和漢年契〕東都火長崎火〔四裔編年表〕建濟壽館

丁丑二十二寶曆七年〔和漢年契〕内前任關白夏東海洪水

戊寅二十三寶曆八年〔和漢年契〕皇子降誕秋九月大阪雷鳴雹降連日

己卯二十四寶曆九年〔和漢年契〕加州金沢火冬十一月五畿大雷風雨

庚辰二十五　寶曆十年(和漢年契)春二月加州大聖寺及濃州大垣火

辛巳二十六　寶曆十一年(和漢年契)夏六月將軍家重薨謚惇信院贈正一位大相國

壬午二十七　寶曆十二年(和漢年契)秋七月天皇崩謚桃園院在位十六年德川家治爲征夷將軍(日本外史二十二德川氏五)十七年薨謚惇信世子諱家治襲職二十五年薨謚浚明

後櫻町天皇

(和漢年契)後櫻町天皇諱智子櫻町第一女(日本國志)母皇太后青綺門院藤原氏吉忠女(又)處士山縣昌貞藤井右門著論斥幕府處梟刑

癸未二十八　寶曆十三年(和漢年契)近衛內前攝政(四裔編年表)禁攜銀出洋

甲申二十九　明和元年（四裔編年表）改元製火浣布（和漢年契）冬十一月行大嘗會朝鮮遣使來琉球入貢

乙酉三十　明和二年（和漢年契）夏四月修神君一百五十年靈忌祭典於日光山（四裔編年表）鑄五戔錢

丙戌三十一　明和三年（和漢年契）春水戶火

丁亥三十二　明和四年（和漢年契）秋七月尾州參州海嘯溺人鑄當四錢冬十一月朔旦冬至行赦

戊子三十三　明和五年（四裔編年表）俄羅斯人來至阿波

己丑三十四　明和六年

庚寅三十五　明和七年（和漢年契）諸國大旱自五月至八月七月名古屋熊本火赤氣見北方（日本國志）立皇姪英仁親王爲皇太子遂禪位在位八年

後桃園天皇

日本國志後桃園天皇諱英仁桃園第一子又母恭禮門院藤原氏和漢年契明和七年冬十一月受禪

辛卯三十六 明和八年和漢年契夏四月卽位近衞內前攝政自春至秋諸民羣賽於伊勢大廣冬十一月行大嘗會日本國志有俄人由甘查甲測驗東海致書長崎

壬辰三十七 安永元年和漢年契改元春東都火夏諸國疾疫秋七月諸國大風洪水冬藤原維子入內四裔編年表鑄二銖錢日本國志俄人六十餘至烏兒圖普島築室營漁利土人不能制遂與互鬬

癸巳三十八 安永二年和漢年契夏諸國大水鑄南鐐

甲午三十九 安永三年和漢年契夏六月大風四裔編年表架大川橋

乙未四十安永四年和漢年契五條橋成

丙申四十一安永五年和漢年契麻疹流行謁日光廟

丁酉四十二安永六年和漢年契秋奧羽洪水冬大阪火

戊戌四十三安永七年和漢年契大阪震二十四所肥後海溢日本國志俄人至蝦夷嚮導至納加麻乞市易

己亥四十四安永八年和漢年契薩州鹿兒島山海變動關八州洪水日本國志松前氏以將軍家治命還書辭市易給米煙酒遣之俄人鞅鞅去又帝崩無子在位八年

光裕天皇

日本國志光裕天皇諱兼仁東山帝曾孫典仁親王第六子母盛化門院藤原氏年九歲

庚子四十五安永九年和漢年契冬十二月卽位九條尚實攝政將軍

任左大臣先帝皇女欣子任內親王尚實任大政大臣

辛丑四十六 天明元年〔四裔編年表〕改元〔和漢年契〕元日帝加元服冬十大阪火以豐千代君爲猶子

壬寅四十七 天明二年〔和漢年契〕世子敘從二位〔四裔編年表〕羣書類聚成

癸卯四十八 天明三年〔和漢年契〕春三月秋田火淺間嶽噴火秋諸國大風雨冬十月皇太后繼子薨謚盛化門院自夏至冬米價昂貴

甲辰四十九 天明四年〔和漢年契〕春正月彗星見三月兵庫火冬東都火〔四裔編年表〕大饑

乙巳五十 天明五年〔和漢年契〕夏諸國大旱〔四裔編年表〕細川重賢卒〔日本國志〕俄人來松前熊石家治特遣使巡視蝦夷諸島又命巡樺太

丙午五十一 天明六年〔和漢年契〕春東都火秋東都洪水冬閏十月將軍家治薨謚浚明君贈正一位大相國十一月朔日冬至行赦〔四裔編年表〕疏通印幡沼大饑江東大水

丁未五十二 天明七年〔和漢年契〕天下大饑米價大貴德川家齊爲征夷將軍〔日本外史二十二德川氏五浚明公以上至嚴有公敘任官位概有常例爲世子時敘正三位任大納言及襲大將軍進正二位累遷內大臣右大臣兼右近衛大將及薨贈正一位大相國賜謚其軍職所帶皆同大納言以前敘任如源氏足利氏故事而天使就拜布告天下自大納言始初有德公爲後世深慮就世祿中立官俸增減法及祿其二子不復建封土給廩粟十萬石賜第於田安一橋信信公又沿例祿其一子第於淸水皆爲省卿及浚明公無嗣令公自一橋入爲世子名家齊實有德公曾孫及襲職復修其政任賢使能百廢悉舉在職最久累遷左大臣終拜太政大臣固辭不得命又以世子家慶進從一位內大臣於是使埽部頭井伊直亮越中守松平定永入朝謝恩源氏以來在軍職兼太政官者獨公而已益武門平治天下至是極其盛云○外史氏曰吾嘗遊江戶觀其城闕之壯侯伯邸第之夥既而歷東海彷徨尾濃之間北望信越諸山綿亘重疊而來迤赴京畿而其南沃野洪闊與參遠接眞天下之衢路想其千軍萬馬之馳驟今之布邸列第者其初皆決衢背於此也蓋源平以還治少亂

多羣雄碁峙分裂梗塞不知其閲幾百歲而今吾緩帶垂橐不齎糧而行焉則誰之力邪世論者或病大阪之事爲累東照公之德是不知時勢之論也吾曰公之取天下不在大阪而在於關原不在關原而在於小牧夫公織田氏屬國也而太閤其將校也太閤以織田氏將校起身乃欺其君之遺孤欲加之以兵諸同列畏其力私其惠逡巡而莫敢爭而公獨毅然扶弱抗強野次一戰獲其二驍將固足以破奸雄之膽而服天下之心當是之時太閤所據不過近畿諸州瓦合烏集人懷覲望而公以參遠膠漆之民加以甲信之精銳勳舊忠義如雲如雨使和親不成兩姓搆兵天下之事未可知也昔者曹操謂劉玄德天下英雄惟君與我袁本初輩不足論今以太閤覩柴田勝家等猶操之於本初而其憚公也不帝玄德宜其卑辭厚禮百方講和是太閤至計所以速取天下而天下之權已在於德川氏矣何者我戰勝而彼求和求者在彼許者在我我欲和則和欲戰則戰安危禍福一取決於我我不已有天下之權也耶惟夫權在於我是以班爵之崇封土之隆不得不置之天下侯伯之右太閤未路兵連於外士亂於內而莫之能定能定之者公而已矣太閤一暝制馭天下者非公而誰是其勢不待智者而後知特未有釁耳關原之事是羣雄相聚推天下而貽德川氏者也何則彼自開釁而使我乘之我有辭於天下天下誰能禁之於是朝廷授之上將之任以統天下侯伯會同朝聘莫不於東則大阪之徒一侯國之坐食者耳公已不忍織田氏之孤寧復忍於豐臣氏之孤乎蓋思有以善處之而彼不察焉專挾猜疑再自開釁而速其覆滅於公何累焉公之雄武老練雖太閤非其所畏況於當時羣雄直兒童覼之而何有於驕婦騃孺哉而謂公蓄

謀積慮而斃之皆不知時情者也公自少小轉質鄰國已極艱虞及其主國又接境勁敵百戰爭鋒寸攘尺取纔定五州而織田豐臣氏以其間奄有近畿暴至强大葢無不以公爲遲鈍而不知天之所以成公乃在於是二氏之於天下惟速得之故速失之公未嘗急於取天下也而天下之釁每足以開公嗚呼是其所以長有天下以基今日之盛業也歟

戊申五十三 天明八年〔和漢年契〕春正月晦京師大火自天明初年羣書類從刻成一千二百七十三部六百三十五冊東都塙檢校保己一輯自來著書之廣大貞主秘府略一千卷後無及此舉者

己酉五十四 寛政元年〔四裔編年表〕改元減荷蘭使入覲儀〔和漢年契〕命設預備倉

庚戌五十五 寛政二年〔和漢年契〕營皇宮琉球入貢

辛亥五十六 寛政三年〔和漢年契〕八月大風〔四裔編年表〕濟壽館改爲醫學館〔日本國志將軍家齊〕減外船歲額限荷蘭一艘命荷蘭船主五歲一至江戶有仙臺處士林子平以倡議海防將軍命錮之

子平少倜儻有大志嘗敝衣菲食躡高屐冒寒暑凌危險跋涉千里諸國山川要害莫不諳知最留意海防再游長崎接海外人詳其情狀其意謂自江戶日本橋抵於歐羅巴列國一水相通彼駕駛巨艦航大洋如平地視異域如比鄰而我國不知備可謂危矣瀕海要衝之地必嚴築礮臺設戍兵以日本全國爲一大城一旦緩急以逸待勞庶免外侮又謂南北諸島委之不顧外國有竊據者爲患不細歸著海國兵談及三國通覽二書幕府以爲搖動人心命毀其梓錮諸其藩

壬子 五十七 寬政四年（四裔編年表）肥前溫嶽噴火建和學所

癸丑 五十八 寬政五年（和漢年契）德川家慶生（日本國志）俄羅斯女帝蘇非遣使阿陀牟等至蝦夷根室乞通信互市送還漂民二人家齊臨吹上廳見之（二人伊勢白子舟子漂至俄居十二歲乃還）遣目付（官名）石川忠房村上義禮等至松前諭阿陀牟曰此地不關外事宜西至長崎苟求互市有國禁在俄使乃歸時英船亦數出沒蝦夷海

甲寅 五十九 寬政六年（和漢年契）立皇后

乙卯 六十 寬政七年（和漢年契）獵小金原

丙辰仁宗嘉慶元 寬政八年（和漢年契）琉球入貢

丁巳二 寬政九年（和漢年契）集古十種板成白川侯輯博集本邦古器金石銘類好古者寶之（日本國志）命松前氏修備更命南部某津輕某交戍蝦夷明年復遣使按驗

戊午三 寬政十年（和漢年契）七月二日京師大佛火（四裔編年表）頒寬政厤

己未四 寬政十一年

庚申五 寬政十二年（和漢年契）愛宕山火修大猷君百五十靈忌（四裔編年表）孝義錄成

辛酉六 享和元年（四裔編年表）改元（和漢年契）天王寺火修聖堂

壬戌七 享和二年（和漢年契）秋七月城江攝河洪水住吉祠火（日本國志）始置蝦夷奉行收東蝦夷爲官地

癸亥 八 享和三年〔和漢年契〕敕奉幣於住吉祠麻疹流行攝州獻白雉〔日本國志〕褫松前氏封收松前及西蝦爲官地

甲子 九 文化元年〔四裔編年表〕改元檢戶口〔和漢年契〕羽州象潟山崩地陷春三月敕奉幣於宇佐祠及七廟〔日本國志〕俄羅斯帝亞歷山大遣使禮薩納等至長崎再送歸漂民四人四人仙臺水手與十六人共漂至一島曰蘊提戻都蛤又乘島船西南至屋和都蛤港皆俄人所管復往伊留歌都蛤居八歲俄帝徵之乘驛晝夜西北馳五十日至都館大臣宅帝召見十人問欲還否四人求還餘乞留四人在都四旬縱觀禮拜堂博覽會及異花奇禽等蓋俄人欲再請互市故厚待之於是發船送歸由南亞墨利加之巴西抵極南海折而西北過東洋泊加摸豬都蛤而達長崎水陸距俄都七萬餘里獻書及方物乞通信互市將軍弗納

乙丑 十 文化二年〔四裔編年表〕續藩翰譜成〔日本國志〕春二月遣目付遠山景晉於長崎與奉行肥田賴常傳命仍賜米鹽綿各若干給薪水遣俄使歸初阿陀牟之至根室也及還與一牌曰若再來

以是爲信俄人誤謂許互市故禮薩納固請終不許禮薩納在船中得疾請上陸療養且修船衆吏守法不聽賴常曰有疾不許療船壞不許修是失信義也遂從其請禮薩納感謝而去賴常上狀請犯禁罪執政反賞之

丙寅十一文化三年和漢年契東都大火琉球入貢日本國志秋俄羅斯兵艦寇蝦夷樺太焚柟溪廨舍掠粟執戍卒四人而去

丁卯十二文化四年和漢年契彗星見永代橋落日本國志夏四月俄羅斯兵艦二艘寇越土呂府火名藺穗柵執戍卒三人進犯舍那寨戍兵僅數十人力拒之夜俄兵潛登寨後茶世鹵山發大熕戍兵不敵退保蔓米羅山俄人焚寨掠器而去箱館奉行乞援於仙臺南部津輕幕府亦飛檄奧羽諸藩嚴爲之備命仙臺秋田守松前五月俄人侵理井尻島焚抄船數隻又至樺太送還俘口上書曰敢乞互市不許當再以戰艦蹂躪目付遠山景晉等巡視其地

漕軍糧一萬五千石於箱館改置松前奉行以河尻某村垣某爲之冬十二月命松平容衆伊達周宗發兵屯蝦夷諸要害遣幕吏督之以備北寇初禮薩納之還也至加摸豬都蛤誘無賴曰汝等往擾蝦夷地日本疲於奔命必許互市以故數來焚掠時昇平日久一旦變作舉國騷然

戊辰十三文化五年和漢年契等持院火仙臺鑄錢日本國志夏四月起礮臺於相模伊豆安房上總各要命浦賀奉行岩本正倫等掌其事秋八月英吉利船一艘至長崎夜潛乘輕舸入港掠民家畜物上廳乞牲牢薪水奉行松平康英飛檄肥筑將燒夷之英船夜去康英恨失機上表自刎屠腹以謝罪舊制使福岡佐賀二藩間歲戍長崎至是松平齊直坐戍卒失誤英船命之屏居時將吏調戍蝦夷者各至戍分守松前箱館樺太越士呂府然卒不見一寇而歸會津仙臺兵旋亦撤守尋命南部利敬總督

西蝦津輕寍新總督

東蝦各進爵增封

己巳十四 文化六年和漢年契春三月立皇太子

庚午十五 文化七年和漢年契高野山火

辛未十六 文化八年和漢年契朝鮮遣使來

壬申十七 文化九年和漢年契關東地大震四裔編年表寬政譜系成日本國志夏五月俄羅斯將伊利古畱船至理井尻遣八人上陸詣泊崎言語不通戍卒虜之發銃指船秋八月伊利古畱再至復遣國民三名請歸俘不予見柵中兵執火器回舳入洋掠商船而去

癸酉十八 文化十年和漢年契後櫻町帝崩石清水臨時祭再興日本國志夏五月伊利古畱復來使所掠船商詣泊崎言曰往年犯樺太越土呂府皆我屬國加摸赭都蛤之無賴所爲國家實不知已

罪其魁禁勿擾邊鄙某等特來謝不圖待之如盜請察此誠賜以八俘六月松前奉行遣屬吏於理井尻報之曰歸所掠物上謝罪書則還若俘伊利古畱諾而歸秋九月復詣箱館獻謝書歸器械遂還以八虜並給糧及薪水自俄人擾北邊至是八歲始平

甲戌 十一 文化十一年（和漢年契）春三月鞍馬山火加茂臨時祭再興

乙亥 十二 文化十二年（和漢年契）夏六月和勢紀濃城洪水（四裔編年表）海邊測量圖成

丙子 二十一 文化十三年（日本國志）帝禪位皇太子在位三十七年

仁孝天皇

（和漢年契）仁孝天皇諱惠仁光裕皇子（日本國志）母贈准后東京極院藤原氏

丁丑 二十二 文化十四年（和漢年契）春三月受禪京師雨大雹秋九月

卽位冬十二月立皇后

戊寅二十三 文政元年〔和漢年契〕夏四月改元行大嘗會始鑄二步金〔四裔編年表〕英吉利船來鑄二分錢

己卯二十四 文政二年〔和漢年契〕畿內近國地震鑄革金銀

庚辰二十五 文政三年

辛巳宣宗道光元 文政四年〔日本國志〕復松前氏封於松前仍鎭東西蝦夷

壬午二 文政五年〔和漢年契〕春正月家齊爲左大臣子家慶爲內大臣

癸未三 文政六年〔和漢年契〕東本願寺火

甲申四 文政七年〔和漢年契〕春麻疹流行秋九月二十一日上皇幸東山修學寺行宮始鑄一銖金

乙酉五 文政八年日本國志蕃船一艘入寇薩摩寶島島津齊興發兵討之殺一人將軍令曰蕃船至沿海地則發礮急擊敢私給蕃船用物者嚴戮無赦

丙戌六 文政九年

丁亥七 文政十年和漢年契春三月家齊爲太政大臣家慶敘從一位五畿雨豆麥

戊子八 文政十一年和漢年契秋七月東海西海洪水

己丑九 文政十二年和漢年契春三月東都火鑄一銖銀

庚寅十 天保元年四裔編年表改元和漢年契閏三月東都大雨雹如胡桃子秋七月京師地大震至明年動未全已

辛卯十一 天保二年和漢年契春三月大浚大阪諸川築山安治川口號目標山日本國志有蕃船寇東蝦夷松前兵礮殺數人船乃遁

又西洋船擾寶島家齊令沿海民曰番船至則發礮有貿易者嚴
絶之又錮處士渡邊華山等亦以譯述西書被罪也
十二壬辰天保三年和漢年契鑄二銖金琉球入貢四裔編年表濬淀
河口
十三癸巳天保四年四裔編年表秋八月大風
十四甲午天保五年和漢年契自四年至五年米穀價貴官出穀賑窮
民四裔編年表鑄二分金江都火
十五乙未天保六年和漢年契鑄當百錢日本國志華商來日本者有
船百八十四艘雜居長崎街市和同貿易不經官司至德川綱吉
始設官董理限七十艘旋增十艘德川家宣又限五十艘德川吉
宗又限四十艘爾後遞減至二十艘德川家重又限十五艘旋許
例額外加二十艘德川家治又限十三艘至德川家齊定十艘終

德川氏之世無復增減初限輸出貨物歲值銀八千貫繼減至二千七百四十貫國朝以來商船日增初無定額綱吉始限七十艘行之十一年改八十艘限輸出物歲銀值八千貫行之十七年家宣限五十艘輸出值三千貫又銅一百五十萬斤行之三年吉宗改限四十艘輸出值八千貫行之二年更限四千貫行之十四年限二十九艘行之三年限二十五艘行之四年限二十艘行之九年家重又限十五艘輸出值四千貫行之十年許例額外加二十艘行之六年家治又限十三艘輸出值三千五百一十貫行之二十六年家齊定限十艘輸出值二千七百四十貫始設長崎奉行三員二員駐長崎一員駐江戶後又增一員駐江戶建哨台於長崎小瀨戶浦及橫瀨浦以譏察來船巡禁私商又築華商館於長崎來去出入均有法制家宣時特遣使長崎更正貿易法始給信牌船有信牌者乃得至岸世以大村氏監護長崎至家齊時大村純昌築邏所於商館門外嚴檢出入華商憤遂與哨兵鬭毀邏所旋復築之後又因捕兵株連毀館滋事長崎奉行久世廣正捕華商漏稅者七十六人交大村純昌監禁遣監察議治其罪華商羣起毀館門筑前戍卒縛二百餘人戮黨首沈揚等餘皆釋之日本天保六年事也華商輸入之貨綿糖將軍

家重時長崎人某始學蔗糖之法於華商幕府命長崎平戶人造
之不成既而尾張長門造糖成遣吏驗之頗精良然未得精白品
之德川綱吉時禁呢絨布帛玩好珍異入口除藥物外一切
方紬緞動植物悉禁入口行九年開呢絨布帛動植物之禁又六
年開玩好書籍詩文集及類書爲多乾嘉之間考據之學盛行日
珍異之禁本爭購其書於是又有考據之學惟日本以禁耶
穌教故凡船來書籍有譯西文者概塗抹之至德川惟
吉宗時解禁日本因是得窺西人星算測量之學文具爲多禁
廣東人蕿進口曾焚四百輸出之貨銅最爲大宗考日本各籍稱
五十斤蕿於商館門外自慶安戊子至
寶永戊子六十一年間華商與荷蘭商共輸出金三百三十九萬
七千六百兩銀三十七萬四千二百九貫銅則寬文癸卯至寶永
戊子輸出一億一萬一千四百四十九萬八千七百斤中間一五十
七年不詳自明和丙戌迄天保壬寅七十七年中共輸出銅一億
四千二百八十萬八千一百四十斤反輸入銀一萬零九百七十
七貫我與荷蘭分購銅數不詳大約華商每歲購銅約一百五十
萬斤而金銀出入前後迥異者蓋因日本素無蔗糖後於乾隆中
學得其法競相栽種不復如前之仰給於外故省費至多貨物出
入相抵外仍有餘則昆布即海
輸入之銀也帶
鰒魚及銅漆雜器而日本商人絕
無至中國者考乾隆四十六年戶部頒發江海關則例刊載東洋
商船進出口貨稅並有洋商入市之條似日本亦有
商人至上海者惟日本是時嚴禁國人出海通商先是有長崎代
官末次平藏父子竊造商船載軍器貿易臺灣諸處事覺處流或

嘗時有一二商人潛附我商船而來抑或荷蘭運銅之船轉販於中國故稱洋船均未可知止有漂風難船資給送還而已

十六丙申天保七年和漢年契夏麻疹流行四裔編年表國中大饑

十七丁酉天保八年和漢年契米穀價益貴官復救窮民日本國志將軍家齊辭職德川家慶爲征夷將軍四裔編年表鹽賊作亂鑄五兩銀及一分銀

十八戊戌天保九年和漢年契去年二月大阪大火四裔編年表西城災

十九己亥天保十年

二十庚子天保十一年和漢年契光裕帝崩日本國志始復謚法自宇多帝至此停謚六十世帝令復之四裔編年表旱日本國志處士高野長英渡邊華山等以譯西書及議開無人島有罪禁錮初長英華山與小關三英共譯西書論兵制究

地誌時英艦護送漂民直至浦賀欲請貿易蘭人告之長崎事聞閣老水野忠邦日宜準文化中逐俄使例評定所亦議日英人猖獗陽以貿易爲名陰欲廣其祆教宜遠之如淫聲美色今託言送漂民至都城咫尺之地其意難測欲濟小蟲則殺大蟲毋以一二漂民弛禁當一舉埽除之以張國威耳長英等就幕吏竊其稿私謂國初英蘭皆入江戸後英以無利辭今彼冒萬里風濤送我漂民實出厚意若以怨報德恐結怨外國華山乃作鴃舌小記蕃論私記愼機論長英亦著夢物語皆駁攘夷非計既而蕃學之徒又議開無人島以供國用將請之幕府或告以通信外國蹤跡詭秘遂下令按捕嚴錮之

辛丑二十一 天保十二年和漢年契前將軍德川家齊薨

壬寅二十二 天保十三年和漢年契琉球入貢四裔編年表頒天保麻建習學所日本國志將軍家慶廢外船徼擊之令德川齊昭建議日民俗愚戇不知大義漁父鮭丁尤甚曩布攘夷令猶恐或昵夷人於洋中今廢其令何以防偸漏之奸不報

癸卯二十三 天保十四年和漢年契謁日光廟四裔編年表行小朝拜重疏印播湖

甲辰二十四 弘化元年四裔編年表改元大城災和漢年契高野山火

日本國志荷蘭兵艦來長崎告曰西洋諸國將率兵來劫盟

乙巳二十五　弘化二年和漢年契東都火京誓願寺火四裔編年表美利堅船來浦賀

丙午二十六　弘化三年四裔編年表美國人乞通商江都火關東水日本國志閏五月北亞美利加將必氏帥軍艦二兵一千航入浦賀貽書奉行曰我國已結好華人冀貴國亦互市願守國法幕府令大久保忠豐傳命曰我祖宗以來鎖港久矣外事當問長崎不關此港命松平齊典松平忠固嚴修海防六月美艦還去是月有美人七名漂泊越土呂府明年幕府命荷蘭送還之又帝崩在位二十九年後水尾至此凡十三世二百三十四年自德川氏威力日盛列侯慴服人文蔚起而帝室垂拱仰成而已先是處士高山正之蒲生秀實本居宣長等或著書游說或倡言國學皆潛有尊王意及是蒲生作山陵志賴襄作日本政記日本外史舉國益

知尊王之義

日本源流考卷十八終

日本源流考卷十九

長沙王先謙益吾撰

孝明天皇

日本國志孝明天皇諱統仁仁孝第四子母新侍門院藤原氏和漢年契天保二年六月十四日生十一年二月爲太子

丁未二十七弘化四年和漢年契春三月信州地大震山頹川塞秋九月卽位

戊申二十八嘉永元年四裔編年表改元和漢年契冬十一月大嘗會十二月立皇后日本國志是年番船往來北海者日眾

己酉二十九嘉永二年四裔編年表春獵小金原日本國志美利堅人十五名漂至蝦夷幕府命荷蘭送還三月美船入長崎受漂人去閏四月英吉利船入浦賀相模國奉行戶田氏榮奉命斥之歸途闌

入下田伊豆國測海而去於時番船來往北之南部津輕松前西之對馬或上陸游步或乞供闕乏日益頻數幕府乃令內外列藩益修海防選人材減諸侯騶從許其齎火器入江戶武藏國練兵於郭外又命西諸侯造巨船是年始傳英人種痘方

庚戌三十嘉永三年和漢年契東都火琉球入貢

辛亥文宗咸豐元嘉永四年四裔編年表西城火

壬子二嘉永五年四裔編年表京都大水日本國志秋八月蘭人上言明年美欲來請貿易茍不協將有戰事先是三年荷蘭亦上言印度人欲貿易日本請於英國政府見許命築礮臺於大森

癸丑三嘉永六年和漢年契將軍家慶薨謚慎德子德川家定嗣爲將軍日本國志夏六月三日美將陂理帥四艦突入浦賀曰奉國命求通好齎有國書當呈大君奉行戶田氏榮令往長崎陂理不

聽狀頗桀驁奉行飛報江戶幕府大驚命松平細川黑田毛利蜂須賀立花酒井大久保等諸藩戍近海及上下總安房伊豆相模沿海假館於栗濱爲接使所九日氏榮等率諸吏接使受書陂理以兵三百餘人旗鼓而進道路側目獻書函及方物且云直達大君其略曰北亞墨利加合衆國大統領水師提督陂理呈書日本國大君請修好互市二事我合衆國產黃金白銀鉛汞珠璣及天然珍異之產人工奇巧之物日本亦富物產相貿易必有大利試行之或五年或十年卽不利則罷市加理科尼亞我一大都會馳火輪船則十八晝夜而到日本或帆或輪航太平洋而至中華者及捕鯨船之近日本北部者時遭颶壞船願救恤之我火輪船頗費石炭薪水然不得多載願給其匱乏我當報以金銀前中納言德川齊昭細川齊護立花鑑寬請以部兵攘之幕議謂承平日久

宜先爲之備而後絕乃使氏榮等報之曰當奏之朝廷明歲令長崎荷蘭人傳報陂理曰明年若允許將假一島建商館乃入神奈川灣測量吏諭之陂理曰如不許互市更發兵艦吾爲之先鋒故豫量淺深耳幕府使脇坂安宅入奏帝大憂恐敕七廟七大寺祈四海靜謐秋七月俄使布銛廷帥兵艦四艘入長崎福岡佐賀諸藩發兵備之俄使就奉行水野忠篤呈書請三事一修鄰好二正樺太疆界三請開市及俄船往來有急需請給缺乏冬十月將軍家定遣大目付筒井政憲勘定奉行川路聖謨等於長崎答書於俄使曰我與貴國各國其國民其民無事相交苟欲正疆場須敕疆吏按圖籍檢覈憑據勿使有毫釐差乃可若貿易往來我世遵舊法前已固辭但方今貿易殆徧宇內誠不能取古例律今事頃者合衆國亦來乞市容彼拒此勢既不可並受萬國則鱗集麕聚

國力之給否未可知將何以爲繼矧我主新立百度草刱如此重事須奏之京師告之列侯勢不得不費歲月我於貴國壤界相接應加鄭重幸諒此意布銛廷受書而去初美艦之去下其書於列藩議之主戰主和羣議紛起士之上海防策者日踵於門里談巷說亦論其利害幕府乃報曰議論百端要之歸戰和二字顧邊防未完兵器未整烏可自我開釁明年之荅宜遷延以待後舉旋命會津熊本荻烏取岡山川越忍柳川諸藩戍武相房總沿海又徵土佐漂人萬次郎爲小普請萬次宇佐漁人於天保末漂流抵無人島爲捕鯨船所救攜往美國居十三年乃還獻其紀行日記世界計覽萬國輿地圖西洋奇貨至是擢之以其解美夷事也

甲四寅安政元年【四裔編年表】改元鑄一銖銀【日本國志】春正月十三日美將彼理再帥七兵艦入浦賀幕府遣大目付伊澤政義町奉行井戶覺宏儒員林煒等按問之美艦進泊本牧發空熕量海

底幕府命金澤藩等守京師水戶藩守江戶仙臺久留米米澤等亦與焉餘皆扼守近海浦賀奉行戶田氏榮及政義覺宏等使退浦賀港對曰遠方航海苦曠日請入江戶上書不許二十七日副將阿單須進入神奈川泊品海政義等舉國禁止之阿單須抗辨無退色時德川齊昭建白十議論美不可和細川請進討以張國威並不許二月十日令煒覺宏等假館橫濱接美使饗之陂理上書曰謹承兩國相親之命使臣與有榮矣然條約不定則邦交不固請以後泊船許取直給物許士卒上陸許上岸立標測量內海幕府賜之米百斛許其泊下田箱館二港居下田沙子島方七里居箱館方五里及撫漂民給薪糧等美艦乃赴下田港尋許泊長崎時聖謨政憲等至自長崎以爲許美人二港與前議荅俄相牴牾上書爭之不省幕府遂令諸藩撤武相總陣營自去年六月徵兵三十餘萬人至

是罷歸日本本以武立國然自德川氏秉政以來驩虞爲治於外國强弱茫乎未知一葡船來調兵至八萬人一俄艦來復徵四諸侯之兵漕十萬石之米此次美國劫盟乃至聚兵三十萬衆然彼國駕巨船履大洋東西南北何所不至我迹敵船之所至而置之戍戍兵未至敵艦早颺此與刻舟以求劍守株以待兔何異及乎兩軍對壘彼此相持主客衆寡非不據形勢而得便利然驅不教之民執無用之器驟對强敵譬猶羊羣見虎早已神索氣盡調兵雖多終不能戰嗟夫設險以守國教兵以備戰有國家者之急務平時漫不設防一旦有警則羽檄飛馳張皇失措事定而復遣散之非特勞民傷財而鼠技已窮形見勢絀適足貽旁觀之笑招外人之侮無怪乎劫盟之師接踵而至也前車之鑒可不戒哉

美艦臨去送致長門人吉田矩方等二人幕府錮之初長州士吉田矩方受兵學於松代儒臣佐久間象山象山博學洽聞兼通象譯善火技每日方今要務宜周航萬國審其情實庶不致觀人國於雲霧中會幕府託荷蘭購兵艦象山曰不如遣人往殊域學之邦人來往自能操舟不復仰給於外省購費而習技巧益莫大焉幕府不納矩方聞之感憤時俄艦入長崎欲從之航西至則已去乃歎然返江戶象山在浦賀警衞中矩方與其門人澀木松太郎謀之象山象山授以方略託小吏令二人夜竊入美船請附載陂理不聽護送遣歸幕府以其犯國禁也錮之其藩並幽象山嘗觀陂理紀行書謂矩方聰明識天下大勢日本罪斯人眞爲可惜然矩方後竟被刑維新以來長門藩士之以尊王樹勳者多其門人世謂其以名節鼓舞士氣至今稱道矩方又嘗草七生滅賊說引楠子語以

自況其英烈可想也（和漢年契）六月畿內地大震（日本國志）秋七月瓜哇都督贈書長崎奉行曰前奉命索戰艦會西洋亂未由得之聞日本待俄美愈於荷蘭然俄最叵測俄將蠶食差我廉以及日本泰西諸大國合縱拒之今英王以僕爲東方水軍將尾追俄軍僕郎帥兵艦先發請許其入長崎諸港併請給軍用延至八月荅之曰如以討俄故則敝邑密邇於俄近始行成或以應援見責如以窮乏請敢不如命長崎箱館隨宜繫泊幸勿至他港旣而以其固請許泊下田英女主域多利亞使船亦至長崎上書略曰近來俄國猖獗無狀有吞併全歐之志吾王哀全歐人民罹禍問罪於俄國命將出師海陸並進聞昨年俄國遣使於大國約永通和好貿易有無諸執事待以客禮許其請而遣之吾王聞之擗踴曰大國洵君子國而俄國所謂虎狼之秦也頃者俄國挾其祆教淩暴土國土

國孱餒不能支告急於英吾王傳檄於同盟發精甲數萬碎其艨艟十殺其組練數千零賊奔竄吾將草薙而獸獮殲其醜類聞俄將經大國海洋而歸其邊徼今某等艤軍艦於對馬島將迹俄國敗兵而鏖之以作京觀於東洋毫無關繫大國若以其有約不忍旁觀或英武不勝技癢有加一彈一箭以爲其後繼則某等部下將洩怒於大國改旗東指大國其何以應之言至此雖類不遜實出於誠俄流涎於差我廉者有年幷吞蝦夷千島自皮及於肉於骨終將吸精髓而後已吾曹竊爲大國寒心大國其熟慮深計焉今通款大國竭區區之意欲使大國爭此要著於世局也英敬天愛人力可取而義不取豈效俄併食弱肉以誇强大此英之所以横行寰宇而駕馭諸國也自今以往英船取道於大國管轄者不論何地何港揭徽而入下錨而泊繕哨船取薪水不必一一請謁

請下令沿海諸道知無他今兩國將立盟結義東西聲援則俄形露勢阻不得逞其凶虐吾王東望欲明衷曲於大國久矣軍旅之間不能盡拜趨之禮鎮臺其知悉而報諸殿下速賜報英使名約蔑私崙幾八月奉行忠篤目付永井岩丞等奉命延見英使許泊長崎箱館二港給欠乏之使船尋去九月俄艦用日本字樹幟曰於呂之也（卽魯西亞譯音）自南海入大坂洋幕府檄和歌山以下諸藩備之彥根藩井伊直弼發兵四千屯京師本能寺郡山淀膳所諸藩扼洛外各所鹿兒島熊本兵相率東上（家定尋使直弼守衛宮闕酒井忠義抑澤保得副焉）使青山忠良等分戍京師七口（又命和歌山築熕臺於嘉田德島築於由良岩屋明石築於明石命宮津田邊峯山各嚴海防互相應援）冬十月俄艦退泊紀伊之加田浦無幾來泊下田幕府使政憲聖謨政義及目付松平重古賀謹等接之和漢年契十一月地又大震海溢死者多關東關西四國九州地大震至明

年動未全已〔日本國志〕十二月政憲等會俄使布廷許泊下田長崎箱館三港購買欠乏之物俄船在下田遇海溢幾覆幕吏善遇之修其破漏俄人喜而去

乙卯五 安政二年〔日本國志〕春三月家定奉詔令五畿七道銷梵鐘以鑄大小礮惟餘古名鐘宗寺鐘報時鐘不毀既而僧徒訴之知恩輪王二法王事格不行又禁以銅鐵錫鉛鑄佛像佛具及諸器玩美船至下田請測量海底曰使往來華美諸船諳海路以避覆溺患幕府報以俟後命美量東北海而去是歲春幕府命松前崇廣上東西蝦夷爲官地東自木古內村以北西至乙部村以北直隸幕府夏命伊達慶邦戍東蝦白追以北愈不津根室越土呂府俱奈尻等佐竹義睦戍西蝦御神居以北眞霖添矢及北岸知牀等津輕承順守箱館壘戍江刺乙部及御神居以南松前崇廣戍箱館岬江刺岬七重濱木古內及東蝦惣邊津冬奏益開蝦夷命箱館奉行管之又遣淸水氏遺臣及士庶千餘人於蝦夷使墾荒經野牧畜種樹捕鯀採藥及掘石炭鑿鑛山以敎化夷民 夏六月荷蘭人至長崎獻蒸氣船及小銃幕府尋遣矢田堀景藏勝麟太郎等於長

崎就荷蘭人學操氣船術八月島津齊彬獻昌平船於幕府模西洋製所造也家定賜名刀賞之〔和漢年契〕冬十月東都地大震人物屋舍多摧壞發火三日不熄邸茅市鄽大半灰燼

丙辰六安政三年〔四裔編年表〕關東大風建講武所〔日本國志〕春二月幕府始置番書調所秋七月幕府築熕臺二於界浦命高松松江二藩築之於大坂兩川口鍋島齊正亦築礮臺於神乃伊王二島家定賜刀賞之美使巴爾理士來下田告曰奉國命爲總領事主通商請覲謁將軍呈書老中阿部正宏等密議謂既與和親許貸地泊船給物又繼以通商此禁一弛各國踵至親甲疏乙殆生亂階許之慮力不給不許則根本猶弱實國家安危之所繫乃令大小監察評定長崎浦賀箱舘下田諸奉行各上議諸吏上封事或曰既破國律接外使事機已誤今噬臍何及冬十月家定以堀田正篤爲外國事務總裁

七丁巳 安政四年（日本國志）春二月荷蘭船長上書曰交際外國當爭實利勿爭虛名今日時勢誠不能閉關絶人苟開釁於瑣事則城下之盟俯首求和所傷實多老中以爲荷蘭所言非於彼我分左右袒使諸藩積怨恐蹈亞細亞諸國覆轍業已許和變寬永以後之法則待之不得不遵寬永以前之規遂決議許美使入府而欲於下田受書既而下田奉行井上清直等言巴爾理士必欲見將軍呈書議久不決至夏五月乃許定期謁見而奏之京師於是齊昭等上疏切諫灊直諸藩（德川氏設大老老中二職大老時有廢置老中常執政權又選諸親藩輪直議政曰灊直）又連署諫曰許美使謁見待遇重於荷蘭一等是非幕下失其職掌耶今許見美夷諸番繼踵亦將一一見之操縱由人誠大辱國雖遂事不諫敢別疏利害請再商金澤鹿兒島僊臺熊本等二十一藩亦上書曰寬永以前諸藩來朝者卑遜恭謹今承教

依寬永以前例然美使尊己國蔑本朝執政阻之不可乃俯首下心聽其要挾某等誠痛憤羞與爲伍請於是日概免衙參比年物價騰貴諸藩疲於會同請自今限十年就國以勸農講武富國强兵而備萬一有水戶人二名夜潛入番書調所欲刺巴爾理士事覺處刑巴爾理士既來江戶詣堀田正篤邸告曰我合衆國以攘人土地爲大禁但輪船所至萬里交通孰敢以一丸泥封關者日本當從通商例許合衆國駐全權公使於京縱商船入港互市二者不翅本國講東西各國所望也日本之所患在英英與俄交惡恐日本爲俄所併亦欲得差我廉及蝦夷以橫絶俄軍開市結約得互相維持東印度爲英所併坐不與泰西結約故也約成則國不亡且戰艦火器均可應貴國需通商亦有利關稅所餘足贍國用惟鴉片產於東印度英挾其强力强人購買他國有受其毒者

爲之歲糜四千萬圓與英往來須禁此物合衆國於人民習敎聽從所好此亦世界之通義日本開市以我國公使督之諸國遣使約事則荅曰旣與合衆國約如此必莫有爭者嚮者僕會英將於香港告奉使日本率氣船五十艘往江戶要約若不許將自我動兵英與法聯盟法必與偕遲未至者有事於他國故也方今國是不如許互市吾飛告英法以約成則蒸氣艦之來亦一二而已信吾言則僕爲安全媒貴國之幸也冬十一月正篤令土岐賴旨川路聖謨等質問其言二十一日將軍家定延見巴爾理士於牙城受書賜以時服並饗之昌平黌十二月正篤見巴爾理士謝其忠告巴爾理士再上書申前請家定使林煒及目付津田半三郎西上奏事林煒等見傳奏菅原聰長藤原光成曰近世萬國盡事互市今美使請置公使開十港幕議欲許之使臣等上奏傳奏曰俟

他日再議鍋島齊正上書曰我邦自神武肇基二千餘年未受外辱今乃爲美夷所劫虧損國威曲徇其所求得寸進尺若王室何非我族類其心必異外託通好內則窺隙一旦變作諸臣之肉足食乎今一意主戰暫勞永逸與先安後危孰得孰失縱令入寇列藩當敵王所愾奮力卻之不必以煩麾下臣世辱鎭西重任聞美夷入見意如敵破後門請在國以十有八年爲期足食足兵緩急從事時諸藩亦多詣營言事是年夏幕府命講武所都肄海軍令高松松江二藩守攝海松山守神奈川冬齊昭造軍艦成名曰旭丸家定賜黄金百枚時衣三十領賞之

戊午 八 安政五年日本國志春正月家定命老中堀田正篤西上奏事請敕許川路聖謨岩賴愿等副焉二月正篤入朝獻黄金五十枚及金香鳳凰准后及關白太閤傳奏亦有獻遺帝召大臣以下參議以上三十餘名會議蜂須賀茂韶私上疏劾正篤因循誤事狀且曰臣見外夷近狀覘至神

京天步艱難危急日逼又呈書前關白政通曰神州安危在今日幕府不容衆議殿下盍聽之耶於是聽長光成傳旨曰前敕以不許泊畿內近海今能不開武庫港耶曰開數港建商館谿壑無厭必漸次乞求保毋反覆正篤對曰古者外船入界浦而市南蠻寺亦在京師故彼以固乞然今許開武庫仍禁其入京畿十里內猶勝於前夫條約以保無事我不背理彼安敢亂今如不和則變起眉睫何以因應故自今生聚敎訓圖內强以袪外患策無上於此者三月巴爾理士至江戶促條約押印曰聞日本政權在江戶不圖游移曠日至此若不得命吾直入京師幕府飛書於正篤促之帝初令擬旨有外事處置一依幕府之語權大納言忠能曰若如此則國體不正是舉朝無人也權大納言正房曰果下此敕當取白麻裂之雖得嚴譴亦所甘心衆同聲應之於是廷臣八十餘人

詣關白尚忠第草勅召正篤傳勅曰美夷之請神州安危之所係將軍變祖宗法失兆民心何以保萬世許開下田前事已誤今若如所奏則國威墜地幕府其使三家諸侯更議而奏之正篤等乃奉勅還夏四月幕府移勅書於列藩正篤召巴爾理士告以京師衆議曰固欲保兩國歡然背違羣議事終不濟巴爾理士曰兩國相約而以人心不合延期天下萬國之所無前史所不見也政府不能鈐印直詣京師決之請刻日以報是月幕府以井伊直弼爲大老五月家定荅美書略曰承二國相親之意感荷無已然宜草章程見示待我闔國會同之期而後定議巴爾理士奉以還下田六月俄艦入加奈川美艦復突入小柴巴爾理士來告曰英法二國乘得勝之威馬首欲東行有日矣我憂日本不耐誅求待其至而議已緩不及事苟聽我請署印於約我當告二國以同盟之國

居間圖無事幕府危懼大老直弼等謂事已危迫徒俟敕允必開戰端乃使清直愿等與巴爾理士計參酌舊約定互市則十四條鈐印授之將鈐印巴爾理士復曰此約中所載寓居日本商民歸我領事官管轄以我國法處斷實不同泰西通例本非我合眾國所樂爲然東方刑律重於泰西桁楊刀鋸非西人所堪均不願受治於貴國之法英法諸國所不願獨合眾國爲之亦恐貽旁觀之笑滋吾民之怨請自今發奮自强改從西律俟日本法度修明再改此條合眾國必爲諸國倡今日勢不得已幸諒恕之

秋七月外國長崎箱館諸奉行亦會俄英蘭法四使定約署印皆准美例五國從同其條曰永相和親曰自明年六月始互市至七月開神奈川以代下田曰自今後四十月而置市場於江戶五十月而開武庫置場於大坂荷新瀉不便則別開西州港居武庫神奈川箱館地各十里但武庫之十里內不許入京畿長崎限公有地曰禁糶米麥缺乏乃給曰貨幣互行國內曰銅錢不許出口曰嚴禁鴉片煙第一款英國君主日本國大君議定兩國及兩國屬

民永敦友誼世世勿替第二款英國君主可派欽差大員或秉權大員駐劄日本國京城並派領事官並署領事官駐劄日本國現今所定通商各口所有英國欽差領事等員可任意到日本國內地各處日本國大君亦可照派欽差大員駐劄英國京城並派領事官或署領事官駐劄英國各口所有日本國欽差領事亦可任意到英國內地各處第三款日本國箱館神奈川長崎三口議於一千八百五十九年七月初一日起准英屬通商新瀉一口議於一千八百六十年正月初一日起准英屬通商儻此口船澳不便即改換西洲海濱一口武庫一口議於一千八百六十三年正月初一日起准英屬通商以上各口英屬人民皆可永遠居住亦可租地買屋並起造棧房但不准設立礮臺以及一切武備凡英人起造房屋日本各官儘可常往查看所有各口英人住居之處以

及船澳章程應由各處地方官會同領事商議若有不合稟請英國欽差與日本國王家核辦凡有英人住居之處日本人不准在周圍築牆砌壁以阻英人出入英屬人民可任意在以下所定界內來往如在神奈川至六鄉川止周圍以十里爲界在箱館周圍以十里爲界武庫亦以十里爲界惟西京不在界內此城相去十里之處不准來往凡有英國水手船隻不准過豬名川此河在武庫大坂之間出口以上里數皆自各口官地量起每里以四千二百七十五英碼爲準在長崎英屬人民可任意在鄰近各處官地來往在新瀉或改換之處其界當由英國欽差會同日本國王家酌定江戶京城議於一千八百六十二年正月初一日起任英人居住大坂城議於一千八百六十三年正月初一日起任英人居住但爲通商而已二城之內英人租屋之處以及往來界限當由

英國欽差會同日本國王家酌定第四款凡有英屬人民在日本通商各口居住其身家悉歸英國王家管轄第五款凡日本國人民得罪英屬人民當由日本國王家拏獲照日本國律例嚴辦凡英屬人民得罪日本國人民或他國人民悉由英國領事官或其他秉權大臣照英國律例究辦兩國務須秉公了結毋得稍涉偏私第六款凡英屬人民欲控日本國人應先稟明英國領事領事應得從中勸息若日本人欲控英人英領事亦當聽其訴明從中勸息若必不能息訟須會同日本官秉公判斷第七款凡日本國人拖欠英人銀錢無力歸還以致逃避日本官務須盡力查拏追還欠項如英人欠日本人銀錢逃避者英官亦當盡力查拏追還欠項但兩造所欠之項官可代追卻與官不涉第八款凡英人雇日本人爲一切不犯法之事日本國王家不得阻止第九款凡英

屬人民任於日本者應聽行教並准於無礙之處起造教堂第十款外國各色銀錢皆可在日本通用以日本國分兩爲準凡英國屬民經商兩國銀錢皆可交易但外國銀錢用於日本國須俟多年方知貴賤故日本國每從新開通商一口日本國官先將銀錢照輕重與英人兑换外國銀錢不照銀色高低亦不得扣折以開口後一年爲限所有日本國金銀銀錢皆准出口惟銅錢不准第十一款凡英國兵船所用雜物准進神奈川箱館長崎等口起岸收入棧房歸英官掌管並准免税若在日本國發賣買主應照税則納税第十二款凡英國船隻在日本沿海地方碰壞擱淺船上人等逃至日本無論是否通商地方地方官查知立即設法妥爲照料護送交就近領事官查收第十三款凡英國商船欲進日本國通商各口可任意雇引水船帶入若船在口內已經完清税餉

亦可雇引水船帶其出口第十四款所有日本國通商各口皆任憑英人由本國裝運各色無例禁之貨進口銷售並可在日本各口買日本無例禁之貨完清稅餉裝運出口惟軍械等貨祇准買與日本王家及西洋人凡洋人與日本人交易各貨日本官不得與聞日本人與英人買賣貨物收棧皆聽自便第十五款凡英人在日本海關報貨儻以所報價值不合該貨可由海關照值定價貨主若不肯照海關所定之價售賣卽當照海關所定之價納稅若肯賣關上應卽買入立卽付價不得扣折第十六款凡英人運貨進日本國通商各口已照則完清稅餉任憑日本國人轉運日本內地各處銷售不得再加捐稅及內地等捐第十七款凡英船載貨進日本通商各口已經完清稅餉日本海關應給憑單註明某貨已經完稅字樣若原貨載往他口無須再行納稅第十八款

日本官應在通商各口設法查究漏稅走私之弊第十九款凡條約中所定一切罰款以及入官之貨應歸日本國王家任意辦理第二十款條約後所定通商章程兩國官民當與條約一律遵守儻章程未臻全備當由英國欽差會同日本國王家隨時酌議以便永行勿替第二十一款現在所定條約皆以英文日本文荷蘭文書寫彼此一意但以荷蘭文爲準嗣後凡有英國欽差領事官與日本官文件俱用英字書寫暫以荷蘭文或日本文配送五年後卽免配送第二十二款兩國大員議明將來若要修改條約須至一千八百七十二年七月初一日方可舉行並須於一年前知照第二十三款今後若日本大君與他國一切利益之事英國官民無不同獲其美第二十四款此條俟英國君主日本大君批准之後以一年爲期在江戶京城對換現下兩國大員先行畫押並

葢用關防以昭信守英國降生後一千八百五十八年八月二十六日日本國安政五年七月十八日訂於江戶京城水野筑後守永井玄蕃頭井上信濃守堀織部正岩瀨肥後守津田丰三郎英國公使葉酉燕押所附通商章程內載英船輸入鴉片如逾三斤之數卽取以充公若有設法密謀輸入者每一斤罰十五元輸入各貨如造船修船各器具漁鯨各物鹽漬各料鳥獸食物又鉛錫石炭及造屋之材料蒸氣之機器暨綿布毛織均值百取五一切酒類值百取三十五其他均值百取二十初水戶藩德川齊昭素主攘夷論嘗建美國十不可和之議不用初齊昭大修國政尤注意海防收封內梵鐘鑄巨礮造船築堡壁壘一變家茂賞以黃金寶刀天保癸卯幕府廢外船礮擊之令齊昭切諫後以其家老結城寅壽誣告幕府幽錮之及美船來起用獻大礮七十二門自美約鈐印慶恕慶篤慶喜然卒以主戰不與閣議令終廢黜慶永等初德川家康封其諸子於尾張於紀伊於水戶爲三親藩使輔翼宗家班列三百諸侯上仍稱德川氏秀忠又封其

兄子及其子於越前於會津別爲松平氏世以德川氏爲宗族松平氏爲支族慶恕後更名慶勝爲尾張後慶篤慶喜皆齊昭子水戶後慶永爲越前後建言請廢條約奉敕旨幕府乃黜齊昭慶篤慶喜命慶恕慶永退居時帝屢詔徵三親藩及大老將軍奏令老中間部詮勝西上奏曰慶恕齊昭慶篤並蒙譴餘則幼弱耳諸番踵至外事冗劇大老亦未得西今遣詮勝西上及其入朝請垂咨問八月家定薨無子同宗家茂自紀伊藩紀伊國和歌山城主入嗣爲征夷將軍大老井伊直弼益專擅帝降內旨於齊昭曰將軍與外國私締條約雖事不得已然未嘗奏取進止如此大事不以上聞非弁髦王章而何往日徵三親藩於輦下且敕使奏列侯意見將軍依違不奉敕乃使老中詮勝西來如此則患不在外國而在蕭墻間水尾越後皆有罪外患逼切而翦羽翼奈人心向背何朕欲合羣策羣力以謀國是汝宜竭股肱力糾合衆議以禦外夷侮齊昭既黜其京邸監鵜飼吉左及安島帶刀鮎澤伊太夫等欲假敕旨以遂其志與鷹司家臣小林良典近衞家婢村岡謀周旋諸公卿間左大臣忠煕

內大臣忠香前內大臣實萬權大納言齊敬忠房乃同奉敕草此詔齎歸江戶時直弼諜悉其狀又偵知諸藩臣遊士贊成朝論排議幕政乃大索執安島帶刀等二十七人冬十月詮勝入京與關白尚忠所司代酒井忠義謀責令關白政通前內大臣三條實萬削髮執王人紀正恆等三十五人捕鷹司家臣等五十七人江戶亦捕安島等數十人皆下獄尋入朝奏曰主上欲絕夷狄幕府敢不奉詔然王室霸府苟懷貳心事必無濟願姑緩之十二月幕府檻致京因於江戶命寺社奉行大目付鞫之直弼面責齊昭曰君憤言之不用乃私奏京師私請敕書夫君職在輔幕府而悖謬至此何也遂錮齊昭於水戶並幽其子慶篤慶喜是獄也株連甚眾內多慷慨愛國之士眾論冤之謂之戊午之獄齊昭旋於明年卒其遺臣二百餘人據長岡驛奉齊昭木主宣言攘外夷誅幕吏責豪農富商出軍需幕府嚴捕之齊昭擢用藩士藤田彪負重望其徒曰彪黨結城之黨曰寅黨彼此相傾至於擁眾奪地幕府屢討未平及王師東下寅黨尚抗拒官軍久而後平明治初年贈齊昭從一位詔褒其功而諸國處士益憤激不服倡尊王以攘夷之說紛紜競起初幕府修大阪城夷天保山以

置煩臺是春戍令彥根起寨於鞍馬口正篤之告東歸更敕曰須命大藩嚴太廟京師守及俄美入港幕府又令高松松山桑名三藩起寨踏挂八幡鷹峯命安濃津備京師非常岡山鳥取高知戍大阪荻戍武庫柳川戍界浦福井戍神奈川二木松戍富津〔四裔編年表〕痧疹流行

己未 九 安政六年〔日本國志〕春二月幽粟田宮尊融親王命宇和侯伊達宗城退居土佐侯山內豐信亦告老三月忠熙辭官削髮一條久我萬里小路皆黜皆以降攘夷詔於齊昭故也幕府斷水戶獄斬鵜飼吉左等八人餘禁錮流竄直弼議刑老中太田資始諫之曰此輩所為亦出憂國至誠宜從寬典板倉勝靜佐佐木顯發亦諫曰若處極刑為眾怨府必生亂階直弼不從遂獨斷行之人心益憤處士謀殺外人因刺朝臣之禍疊作矣是月水戶臣及鹿兒島臣刺殺大老井伊直弼於櫻田數以擅許條約諸罪水戶佐野光明齊藤監物等暨鹿島有村兼治等伺直弼入朝邀殺於道提首而去或鬭死或自裁有自首者八人連署上書曰直弼挾幼主恣威福擯斥親枝廢錮忠臣殺戮義士幽囚親王而反昵夷狄不待敕許擅訂條約臣等不能與此賊共戴天為天下誅之敢待斧鉞是春下令徙諸商於神奈川至夏開橫濱長崎箱館三港許人

民貿易頒五國條約於全國禁以律書兵書公鑑武鑑城郭地圖及銅屬賣於外船又令諸海船帆用白布艫上樹畫日白旗以別外船遂爲全國徽志初畫日船幖惟幕府輸漕用之及令列藩摸造洋艦許用此幖夏五月帝賜黃金於尚忠政通忠熙輔熙實萬及兩奏職事諸公卿以慰外事之勞因敕曰嚮侍從詮勝入奏朕傳旨幕府再三今且欲觀幕府措置天下物情卿等其注意幕府尋奏獻金五千兩充御用頒遺金二萬兩於公卿親王朝臣加關白尚忠職俸五百苞采邑一千石六月有人殺俄人三名於橫濱〔四裔編年表〕大城災

庚申 十 萬延元年〔四裔編年表〕改元鑄金幣〔日本國志〕春正月初英美遣使促日本使節赴二國家茂遂延見法使至是遣外國奉行村垣範正新見正興軍艦奉行木村某目付小栗某等二百餘人於美乘島津氏所獻太元船及美人蒸氣船而發至十月復命幕

府遣使節於海外是爲嚆矢明年遂遣使英法美蘭俄普六國秋七月英人入江戶議設館於殿山品川家茂延見美英二使尋見法使英人二十餘名上富嶽幕吏百餘人從之遂浴熱海溫泉自下田捲去普魯斯使至江戶請條約不聽八月前中納言齊昭卒年六十餘齊昭嘗請開蝦夷語其臣日往時大猷公戒長崎奉行日內地爭戰楚得齊失要不出區寰苟寸壤尺土沒入於外夷則我日本之國辱莫大焉夫蝦夷千島本我神州地而俄人傲然據之豈啻尺寸實千古悲憤故當講鎮撫之術畫開拓之策移內地民從事於開墾以固北門鎖鑰維新之後卒用其議又嘗上疏曰造三檣船數千百艘鑄大煩數百萬門往來外國互市今海內共有四十七萬一千八百四十寺毀諸寺鐘以鑄軍礮則兵足用足其論攘外謂當以組練之師分屯衝要使彼就陸地決戰乃可以逞吾志亦深合時勢齊昭紹光國遺志嘗欲尊王請修山陵復諡法攘夷之論實其首倡其己未發江戶詩曰白髮蒼顏萬死餘平生豪氣未全除寶刀難染洋夷血卻想南陽舊草廬有識爭誦之及卒浪士三十餘名夜詣薩州邸呈書日水戶既死海內除貴藩無可依賴者願屬貴藩爲攘夷先鋒問其姓名皆不荅薩藩啟之幕府幕府命置之其邸其後倡尊攘論者多其遺臣甚至奉齊昭木主以稱兵焉八月有人要殺美使書記官比由斯堅於三田幕府大索之不獲明年幕府與洋銀一萬元於其母冬

十一月箱館奉行堀利熙屢諫老中安藤信正不聽遂上書以死諫略曰美使日詣貴邸專論我政務閣下共被同釁尊之如師又結爲兄弟憒與之刑典數部彼贈衣帛球玉閣下酧以慶長金保金一萬鎰彼以爛醉挑侍婢閣下佯爲聾瞽而不問殿山築館卧榻鼾眠閣下亦剖其無他甚則渠論廢帝事閣下使國學者索舊典僕竊聞之血淚灑雨鐵腸若裂天下士皆欲食閣下肉彥根元老豈非前鑑是僕所以爲閣下肝腦塗地而不辭也臨絶之言幸鑒哀鳴死且不朽

辛酉十一 文久元年（四裔編年表）改元和宮嫁關東（日本國志）春二月水戶藩士子弟脫籍屯長岡驛嘯聚無賴至千八百人移檄曰紹故黃門遺志以舉義旗一將率水軍略橫濱燒館鏖夷一將率陸軍入江戶誅吏之許互市者江戶戒嚴命慶篤追捕又遣小普請講武所士三百餘人於橫濱守番館命諸侯備東禪濟海善福諸寺皆洋館也夏五月水戶亡命有賀重信榊鉞三郎等十四人襲東禪寺英館揮槍傷英卒三人幕吏及郡山西尾衛士驚起互鬪

殺傷衞士十餘人幕府賞衞士命水戶捕餘黨既而召諸藩議水戶獄重信闘死外斬大關某等五人英使責老中安藤信正曰政府萎薾不能制彼亡賴我自問其罪與法蘭兩使將以兵逼信正等力懇事裁平自是英置兵橫濱戎裝赤目曰赤隊明年與英死者親族洋銀三千元六月幕府命新莊桑名松山守神奈川番館尋命姬路松代守橫濱秋七月英人來請曰自神奈川至長崎箱館洋多暗礁願測量海底幕府許之令外國奉行屬吏入英船與俱告沿海諸藩縱英人上陸及圖成須於諸藩冬十一月令肥前侯鍋島齊正退隱以持異議故也

壬戌穆宗同治元文久二年（日本維新史）五國修好葡萄牙普魯士瑞西白耳義意大利丁抹相繼乞通商幕府並許之締條約如五國例遂至十一國（日本國志）春正月有人要擊老中安藤信正於阪下

門傷之亦斥其親昵夷狄等罪信正多攜家臣自衛傷肩僅免刺客七人格鬬皆死檢屍各懷書略曰安藤承井伊氏後奸謀詭計過之十百蔑侮朝廷親昵洋夷與京尹酒井謀幽公卿正言者廢君臣父子之大倫溺夷狄禽獸之汚俗又命國學者索廢帝古例將使大將軍蹈北條足利轍大逆無道臣等爲國家誅之當是時朝廷決計攘夷幕府逼於强敵不敢奉詔三月長門藩毛利慶親上書幕府謂王霸相和本也諸港開鎖末也國本立則開鎖之權在我請翼戴天子協和衆心以固國本又見老中久世廣周曰自黜鍋島氏大藩失望各自爲計萬一有挾天子以號令四方者何以應之廣周等愕然慶親曰爲今之計有春岳郎慶永爲大老刑部卿郎慶喜爲輔佐以洗弊政耳因薦其臣永井雅樂熟於京人幕府召雅樂厚遇之授密旨入京師夏四月雅樂上書於議奏大納言忠能陳時勢不可已請敕許條約不聽雅樂頗有學術所條陳洞悉時勢然當時朧藩士輻輳京畿出入縉紳門交咎雅樂遂不得要領而東歸長人在京者惡雅樂欲刺之雅樂謀知取道中山道來原良藏爲雅樂副及歸屠腹遺書曰調停王霸卒

以折格自許忠義今反爲不忠不義故以死謝明年雅樂亦以事自裁　時薩摩藩島津久光亦密奏入京上疏曰戊午以來幕吏恣許互市親如三家尊如上公持攘夷議者輒加屏黜志士亡命結黨或刺大老或戮醜虜遂欲起義兵幕吏肆其威棱苛猛如虎而士氣益激勢日益甚臣恐其釀亂陷夷術中與諸臣議將東建言於幕府途遇處士欲迎臣擧事臣諭令竢命敢請處分朝廷因留久光鎭京師初浮浪魁平野國臣轟武兵安積五郎有馬新七等三十餘人倡尊王攘夷之說於攝播同盟至數百人相謀曰烏合擧事孰與依賴大藩久光將赴關東過姬路國臣等投之曰近日幕府蔑朝命親外夷臣等憤激將戴我公以解諸公卿幽屏據大阪彥根二條三城下令七道奉皇駕於函嶺東問罪幕府並殲滅醜夷請公察微衷奏之朝廷久光諭留伏見自以士卒千餘人入京師既而薩之亡命在大阪者憤久光過愼重與諸浪士相率將逼京師久光乃遣藩士要之伏見遂激論鬬爭有馬新七以下死者八人藩士亦蒙創初所司代酒井忠義呈書傳奏曰仄聞西國亡命嘯聚於大阪兵庫唱暴戾之說苟公卿密通其謀必有不測變萬一有逼輦下規威劫者下官當竭力誅夷之及伏見變起上下騷擾忠義等倉皇遁由是所司代威令墜地處士橫行殺伐之風大起既慶親復上書幕府曰

近日列藩游士不經幕府而直奏天朝苟有奉詔要關東者當釀羣雄割據之勢將軍宜朝京師會列藩議國是大事奉詔以行使天下皆知公議所在將軍尊朝廷則天下皆尊幕府矣蜂須賀茂韶亦上書幕府略曰昨日之歷今日不可用許外人互市亦非失算而恨其不當欵何也先拒而後許彼既以要挾遂志則所求皆挾勢而來何怪彼之傲很不馴乎茂韶恐我清淨土陷爲腥羶域今游士嘯聚闕下人心向背亦已可見側聞敕使東下王室之親疏皇國之安危係矣轉禍爲福在今日生釁釀亂亦在今日事機一去間不容髮請選非常之人以處非常之事若松平春岳鍋島閑叟藤堂高猷伊達春山皆宜使之參朝議麾下之故源齊昭故島津齊彬前所建白多可參酌宜引三家三卿以陳意見優待大藩以備諮詢又曰海防大事請命海外各國造廿數艦使麾下士

人就學操舩或巡視北邊俄羅斯境或航朝鮮廣東香港呂宋瓜哇諸島以熟海路置造船鑄礮場於五畿七道每道三所使工人學習技巧如此庶可興內治而禦外侮又曰將軍宜入覲謝釐降之恩曰皇宮供御宜倍其額曰宜修歷朝山陵曰四方遊士憤受外侮遂犯幕法其情可恕其跡可憎請寬假之使各歸其藩其餘尚數條藤堂高猷亦請入朝以慰天下望權宜以寬游士罪攘夷以盡將軍職幕府皆納之時有詔召慶親西上留其子長廣於京與薩摩藩島津久光同鎮處士島津毛利氏既居京東西相周旋家茂乃先後釋慶恕慶喜慶永及土佐藩山內豐信伊達宗城罪尋奉詔解粟田宮鷹司近衛一條久我萬里小路等幽屏山內豐信入京帝遂詔薩長土三藩留鎮闕下自是列藩承風爭朝京師者八十餘國帝遣左衛門督大原重德奉詔東下島津久光及毛利家宰等從之五月十日詔至略曰今外夷益猖獗幕吏誤措置天下騷然萬民

將壑塗炭朕仰恥祖宗俯愧蒼生幕府奏曰近以人心不協故不能舉膺懲之師苟降嫁皇妹則齊心協力以攘夷朕特許所請幕吏乃連署奏曰限十年必奏攘夷功朕甚嘉之親禱諸神以待其成客臘和宮東下朕告國政仍舊委幕府惟外事實關國體故使奏聞而後定且命二三大藩參預其謀幕吏依違未奉行既而薩長列藩及西海南海各處士蜂起建議凡所密奏雖畢出於忠誠憂國而事甚激烈朕召老中久世廣周西上又遲遲未行幕吏因循偷安失撫馭術恐國家傾覆立至矣朕日夕憂懼朕欲使德川氏恢祖先功業張天下綱紀因命三事其一使將軍率諸大名謂諸侯日本通稱入朝議治國家攘戎夷上慰祖靈下順民心其二依豐臣秀吉故事令沿海大藩五國爲五大老以整武備其三使一橋刑部卿謂慶喜輔佐將軍越前前中將謂慶永任大老職行內外之政則

必不受左袒之辱將軍宜撰其三事以行其一家茂因理婁西上時朝議紛紜諸藩齟齬幕府不得已遣下野守竹內石見守松平能登守京極使英復議鎖港英不納惟許新瀉兵庫江戶大阪開港之期遲延五年而嚴禁日本人阻擾外交者仍減輕洋酒玻璃各器之輸入稅於五月（卽一千八百六十二年六月）定約於倫敦約曰日本大君因國內阻擾外交各黨一時未能鎭定甚難如期開港屢商之駐劄日本英使茲復遣使詳陳於英國政府英國念日本大君內治之難曲意承諾允將前訂約章第三款新瀉兵庫開港互市及江戶大阪許其居住所定期限均自西歷一千八百六十三年一月一日起算延期五年而長崎箱館神奈川三處業已開港應遵約妥辦嚴禁各節一稅關干預商民買賣者二禁止外商雇用工匠教習僕役者三官吏拒止各藩搬運貨物於通商口岸者四司

稅官役干涉商務從中漁利者五止過一切齊民貿易者六杜絕與外商往來親密者以上各弊如日本大君不爲革除無論何時英國得仍照前約促令開港日本使臣回國應請將對馬島通商並許減輕酒稅又玻璃各器照值百取五稅則又於長崎橫濱設立存貨棧房派關吏專管以便外商存貨其已賣者繳進口稅復出口者僅納棧租以表明日本拓充商務之意云云日本使臣竹內松平京極英國外部大臣伊爾路塞押是月英人上書幕府言小笠原島非日本有幕府先已遣水野某巡察乃引證據答之六月松本臣伊藤軍兵殺英人二名於東禪寺而自殺幕府罷松平光則警衛出軍兵屍以謝英尋以洋銀三千元與死者族軍兵居常慨光則警衛洋夷欲以事致仕會更戍之日英人無禮軍兵憤恚遂及難秋七月有人殺關白尚忠家臣數人榜其首曰行天誅八月敕使重德西歸島津久光護之先發

途過生麥英人馳馬衝久光前驅衛士誰何不聽怒馬直過衛士遂殺之長人桑原良藏入横濱欲斬外夷見捕自殺冬十一月又敕三條實美東下詔曰朕於攘夷議萬變弗渝然人心不一則事不策朕欲布攘夷詔於天下若策畧則將軍職掌其集思竭慮家茂對曰攘夷臣職也然須令列藩養鋭待賊臣明春入朝再奏方略時家茂以松平容保爲在京守護職帝亦令留鎮於是朝廷幕府之間稍和是冬有人焚殿山美使館

癸亥二文久三年日本國志春正月俄人至江戸告曰英法將舉兵來而諸浪士在京攝間者方以攘夷促慶喜慶喜曰待將軍入朝浪士扼腕而退遂殺千種家臣投首於慶喜館曰爲攘夷血祭又殺池內大學梟首於大阪難坡橋榜曰是通夷賊投其耳於大納言忠能大納言實愛家曰公等不罷職如大學耳矣又投一首於

山內豐館書曰是亦助惡者今攘夷詔下公之舉措安危係焉微者之首敢供轅門肥後人轟武兵長門人久坂元瑞寺島忠三郎土佐人武市半平大等詣關白邸逼之曰慶喜慶永已入京而屢延攘夷期朝廷亦置之不問臣等憤激之餘或不能顧尊貴欲血刃以祭軍神關白大驚報之各藩大納言實德中納言季知少將實麗大藏卿隨資等亦促關白以攘夷關白報之慶喜慶喜與容保慶永豐信答之曰待將軍入朝而後決於時倡尊王攘夷者處士也橫行擅殺者亦處士也公卿危懼志向漸變守護職松平容保等議處分處士或欲逮捕之或欲賞其志戒其行容保曰不如諭處士各歸其主無主者幕府食之乃命町奉行接索又置文武場爲處士容身之地既而又有人入等持院斬足利氏三世木偶梟之三條磧揭示曰當時王綱解紐不能正名誅賊今大政將復

古故先誅三賊以懲奸惡之過尊氏者容保等議曰託名正義輕蔑朝爵不可宥乃逮下獄將處重刑毛利定廣上書請釋其罪容保等堅持不可而朝旨亦欲寬之因得不死處士益猖狂不可制尋詔公卿及在京諸藩早奏攘夷功又用武兵等言詔洞開言路遴選參政特置關國事一官選當時公卿有名望者爲之二月英法軍艦相踵入橫濱十九日以書逼曰願獲嶋津三郎否則取償金六十萬圓於政府別取三萬圓於鹿兒島區區者不余畀則當以礮火鳴冤請自今限二十日賜荅江戶戒嚴命間部詮實守殿山津輕朝澄岩城某守越中嶋松平信庸久世某守濱苑安藤某守羽田山內豐福淺野某守大森事報京師詔在京大名曰英人至橫濱問生麥事有藩屏任者其各就國整兵乃令前田齊泰備京師軍糧毛利慶親備對馬援兵軍糧因罷其兵武庫戍松平慶倫龜井茲監中川久昭代之德川茂德戍二見浦與安濃津同護太廟池田慶德督攝海諸戍兼守隱岐是月十三日家茂發江戶三月四日至京帝幸

上下加茂廟親祈攘夷家茂率諸侯扈從初家茂未西豫詔在京限十日以攘夷期逼也既英事日急有燒品川高輪之說東人日勸家茂東歸德川慶恕上疏曰君臣和而夷可攘諺曰去者日遠臣恐釁開不如緩將軍東歸慶喜容保亦說輔熙實美請留家茂帝燕見家茂待之優渥曰業既委萬事當在此指揮大名家茂感喜島津茂久臣本多某獻十策於闕下曰築大阪外城引淀河爲湟渠其規模倍豐臣氏四面起熕臺諸門設大銃數十曰尼崎岸和田兩城爲大阪羽翼倣阪城制開周池築熕臺集攝之兵於尼崎泉之兵於岸和田曰和田岬築八棱城亦徵不沿海諸國之兵守焉曰自安治川木津川至山崎八幡峽連築熕臺曰令武庫界浦市人徙京師曰紀伊阿波淡路遣公卿各一人巡視其海防作圖奏之曰沿海各國建土著戰守之策勿勞奔命曰武庫界浦等處及其他要港置軍艦其十請大將軍留京指揮列藩至是島津久光奏曰臣獻鄙見以論時事而讒口間之媒孽者多臣言不行久居闕下慮有不虞且攘夷期近願賜數月假因留書明日就國以諸藩在京或有議島津氏執事者也夏四月詔家茂令十萬石以上三藩同戍京師代以百日家茂詣闕朝廷決以五月十日爲攘夷期家茂勉奉

詔布告諸藩而心知不可旣而帝行幸男山欲親授攘夷節刀於家茂關白輔熙左大臣忠香等皆扈從焉家茂臨期稱病因召慶喜欲授之慶喜窮蹙俄稱病下祠浪士等聞之怒曰咄惰夫不足與有爲遂請帝親征願爲先鋒朝廷暫慰藉之旣而慶永爲浪士所逼知攘夷難行上書辭總裁職遽歸就國山内豐信伊達宗城等皆就國時英國償金議久不决薩人上書幕府曰聞英人逼政府欲得吾族三郎而甘心苟授首以解難固所願也然英人失禮於我我故斬之曲在彼而反求償何舛也三郎欲授首於兵閒敢請命公卿亦主張不償之說旣有傳聞英法寇攝海者時德川茂德留守江戶驛騎絡繹促家茂東歸旣而慶喜長行等小笠原長行亦幕府老中奉詔東下定以五月十日爲攘夷期命家茂頒告列藩英法益逼幕府老中欲俟家茂歸五月老中多稱病無一人視事茂德乃親自西上慶恕又使人要之途茂德入名古屋

城亦稱病幕吏已再四延荅期欲再延則無辭老中松平信篤井上淸直等遂授償金劵於英人會長行至欲先鎖港而後償金老中不聽長行獨至横濱告各國公使曰我邦獨立久矣邦人皆不喜外交故京師命幕府鎖港止貿易公使等荅曰吾輩奉國命通商此非吾輩事當遣使本國議之然結約復破各國將問背盟罪日本何不達宇内形勢之甚幕府慮英法生變宣布市民市民爭逃避舟車搬運府下大騷慶喜在途聞償金議決飛騎止之既知勢不可挽乃入江戶出償銀四十萬圓於英事始平京師聞報公卿譁然秉燭會議徹旦不決先是毛利慶親奉朝命大修下關堡是月十日戍兵發庚申艦礮擊美船於田浦洋中美船亦發熕入夜大雨海面昏黑彈多不達戍兵又放一艦交戰數刻美人有死傷者遂遁家茂時巡坂攝海防及歸京攘夷過期東報未至詔讓幕府慶恕等對曰遣使促之尚

還延則命將軍東下慶喜亦自東上書曰臣未見攘夷勝算幕吏疏臣爲包藏禍心臣內外煎逼恐負聖恩請辭職朝廷不允六月三日家茂入朝詔乃許東歸初下關兵與蘭船戰互有死傷是月美艦來襲破庚申艦礟臺亦毀尋法艦突入毀赤馬關壇浦杉谷諸礟臺上陸放火前田村長人短兵橫衝其隊伍苦戰僅卻之幕府令中根一之丞等乘朝陽艦至長詰問長人不服並殺幕使當長人礟擊美艦小倉對岸不援美亦不侵長人責小倉曰鄰國之義緩急相援今閉戶不救是背攘夷詔也此後我礟擊夷艦對岸咫尺不保彈丸不及願勿責我小倉人曰將軍在職幕令乃敕命不敢爲輕躁之舉彈丸之及不得從命自是倉長有隙一之丞等過淡路岩屋洋德島藩長坂貞治誤認爲外舶發熕後貞治屠腹謝罪一之丞等將赴小倉過田浦長人礟擊之下小艇詰問長人荅曰幕艦模洋式故擊之不則誤認洋船以爲我艦可乎一之丞與鈴木八十五郎入詰長事長重臣荅曰奉朝命幕旨焉爾何敢擅乎拘留二使遂暗殺之幕府遂大惡長藩當是時朝廷已下攘夷詔幕府密主和議而長人已開兵端乃詔賞長人果斷特賜紅白御旗於毛利慶親賞之又命以少將

正親町公董爲監軍傳攘夷應援之詔於諸藩曰兵端已開苟袖手旁觀非皇國臣民諸藩其一心敵愾互相聲援以雪國耻遣公董於長防及鎮西水戶會津伊達細川池田山内有馬等親兵從之尋筑前肥前諸藩馳使至萩城曰貴國復有寇必致援軍淺野茂勳亦欲援之請就國又遣禁裏付小栗某下江戶責幕府速舉兵又詔讓幕府私盟曰鎖港限三十日苟七國不退則攘之老中信篤正直等謂事難施行且并絕荷蘭何也七國謂英法美俄蘭及葡萄牙普魯士二十七日英人帥七軍艦抵鹿兒島曰生麥之事已與政府平然主謀無罪事不平請贖金三萬圓養死者妻孥不則得主使者薩人對曰殺人者死萬國所同俟捕獲亡命敢不伏辜然衡大名鹵簿我亦有法禁與足下辨曲直而後議養妻孥秋七月朔英人奪蒸氣船三及琉球舩二焚之薩兵大怒乘大風雨邀戰英艦一不動其六折旋自如指岸礮擊丸無虛發碎礮臺及礮數十火及鹿兒島市延燒數百戶薩兵亦礮傷其艦

殪二將死傷者數十人薩士乃乘飛舸入英船乞和英人卽止戰薩士附英艦至橫濱請金二萬兩於幕府與之事乃平初薩摩選壯士五十名僞賣菓船謀分入英艦刺其船將陸兵應機一擊鏖之以風浪大不得近計終不成及戰英一艦不遑拔錨絕繩而去薩人奪錨至和成乃返之英艦過攝海時鳥取人襲擊之英不戰而去後鳥取將亦屠腹謝罪云八月詔大阪城代曰番艦如來急擊勿失幕府下敎曰既奏請見許必勿浪戰時詔敎齟齬率如此毛利慶親已開戰欲頒攘夷親征詔於天下奏請行幸大和帝遂詔曰拜神武天皇陵駐蹕春日山議親征自薩長土三藩留鎮京師恃勢相軋朝臣各分左右袒又浪士主戰者縱橫輦轂會行幸議決廷臣助幕府者乘隙閒之忽有流言謂長人當乘行幸火大內奉駕函嶺東征幕府朝議忽中變是月十七日夜半親王尊融左大臣忠熙以下盡朝決議急召守護職容保徵兵備變傳命鎖九門使薩摩會津諸藩分守之停三條實美等公卿

十三人朝參密召正親町實德柳原光愛等入尊融傳詔曰親征非帝旨也乃傳奏等信長人詭激之言矯詔圖不良耳卿等其審之十八日昧爽長人聞變不知故率衆馳至則諸國守門兵槍礟成列不許入衆大驚馳集關白第而關白輔熙亦受朝禁未之知俄而有詔停行幸免長藩守衛代以淀藩長人訴辯不肯去與薩人會人相持久之京人皆荷擔而立先是三條實美掌親兵實美遂率親兵千餘馳騎入朝門者拒之亦走詣關白第一第諠擾時光愛奉敕召輔熙入而實美因關白有所請朝旨不納且遣使責以違旨私出之罪長人之屯堺門者光愛銜詔慰以引兵歸國以待後命長人不肯退薩人請討之長之隊將遂擁三條實美三條西季知東久世通禧壬生基修四條隆謌錦小路賴德澤宣嘉公卿七人航海而去詰朝詔召實美等不在得實大怒盡削官爵尋

禁長藩入京僅留邸閒一二人餘悉逐去容保等仍日警備遂下詔曰近日敕旨眞僞錯出以致紛擾凡係十八日以後令者乃實朕意列藩其審之朝旨於是一變矣幕府旋奏請增尊融容保等封是月有故廷臣中山忠光等舉兵大和號天忠黨將攻京師幕府討平之忠光等航走長門旋又有平野次郎等舉兵但馬奉澤宣嘉爲首幕府亦平之宣嘉仍西奔九月命親王熾仁爲攘夷別敕使既以關東奏鎖港停之冬十一月朝廷詔諸藩曰鎖港待幕府指揮勿輕舉妄動主攘夷者聞之不懌曰朝議復陷姑息矣相率奔長是月家茂遣外國奉行池田某河津某目付河田某等於英法諸國圖鎖港事先至法說鎖港法不答某等目擊海外交際日盛有所悟遂不歷說各國明年八月歸具陳其由幕府責其辱命削官祿十二月二十七日家茂復乘軍艦入朝

甲子三元治元年〔日本國志〕春正月十五日家茂入京總裁松平直

侯等從之二十日家茂率諸大名朝獻詔家茂曰朕愛汝如子汝親朕當如父醜夷不可不懲然不可輕舉暴動宜以實心行實事汝上策畧朕詳察可否以定不拔之國是又曰暴虎馮河非朕所好而三條實美等不察大勢矯詔親征欲討幕府長人遂礮擊夷舶暗殺幕吏句引公卿其罪大矣然皆朕不德所致自今海內一敵愾絕外交以副朕意其他賜詔者四十餘藩時謂之翻覆綸旨

自三條實美等西去詔褫實美爵禁長人入京慶親父子上書曰臣尊攘之志始終不渝聞親征詔下距躍三百欲爲先鋒何圖詔停行幸罷臣宿衞臣爲讒言所中傷九天爲證無以自明臣今不敢詣闕自陳惟堅奉前詔一意攘夷以死報國島津久光入朝亦奏曰八月之事臣不勝悲痛朝令夕改衰世積習請察時勢人情建不拔之基臨事紛紜良法奇策徒屬無用幸詔列藩決大計池田慶德奏曰嚮臣聞之大臣兩卿信攘夷之詔始終不渝叡慮一惑天下得窺九重淺深而不信朝命夫七卿毛利氏之觸朝譴雖非無故然要之遵奉叡旨爲攘夷嚆矢足以償越境之罪苟奉詔攘夷者蒙嚴譴則人人解體將曰不如因循姑息之爲愈是自開瑕釁陷於夷術中也敢請許七卿及毛利氏入京以明示積年攘夷之旨一海內人心長岡護久與其弟護美奏曰要港已開而夷

欲無釁朝廷主決裂幕府主游移至於錮公卿戮志士而國內之隙開矣慶親初念在協和幕府以戴王室顧朝旨幕命未盡善是以激烈之徒說七卿等輾轉相激爾如聞長人固執十八日前詔爲眞敕十八日後詔爲僞敕然則其不奉幕命必矣請召慶親父子或重臣至大阪下敕諭之使奉幕命然後責其罪彼必低首屈服否則釀成內訌恐外人乘釁其餘上疏論事者三十餘人夏四月詔家茂曰汝入覲列藩亦會同今後宜政出一途以示人歸嚮攘夷鎖港必奏爾功若實美慶親等處置一委之汝先是朝廷置參豫以忠熙齊敬尊融及容保慶永久光豐信宗城護久等爲之既而更詔有事乃參朝議以委將軍一政權也先是幕府遣筑後守池田伊豆守河津相模守河田使法議鎖港法亦拒其說仍責償長門轟擊法船償款復減輕各種機器及鐘表珍異之品裝飾家用之物之輸入稅五月卽一千八百六十四年六月定約於巴黎第一款西歷一千八百六十二年七月間日本長州藩轟擊法船日本許賠洋銀十四萬圓十萬圓由日本政府四萬圓由長州藩支給第二款日本政府應設法鎭壓俾法船經過下關海峽不再滋事

如不得已須用兵力法國水師願爲襄助第三款兩國在江戶所訂約章凡懸掛法旗之一切運進物應遵最後所訂減定稅則而行凡包裝茶葉所用各品許其免稅又片鉛鉛蠟地氈石炭藤及畫絹所用油藍照值百取五稅又酒精白糖鐵鐵片各種機器機器所用各件麻布鐘表袖珍表表鎖玻璃器件藥材及玻璃鏡陶器玉飾各具香料肥皂兵器小刀書籍紙張雕刻物件畫繪均按值百取六收稅第四款此款應附一千八百五十六年十月九日兩國所訂約章而行無庸俟本國批准卽時施行日本使臣池田河津河田法國外部大臣杜爾灣路易押六月大納言實良奏曰朝廷下攘夷詔而將軍以鎖港奏公卿諸侯東西奔走皆志在攘夷將軍與慶喜既奉詔然入則奉書出則忘戰臣不解其故大原重德亦奏曰今天下洶洶懼叡旨中變臣決知其不然特請變鎖

港爲攘夷布告中外以示必戰定民志不報初長藩士屢上書乞宥慶親父子罪弗省諸士決議曰除君側惡餘無別策於是其老福原元僴等率兵至京都西郊乞解入京之禁不許長門兵迫宮門容保糾薩摩藩兵擊走之所獲軍令狀乃有慶親父子印信朝議遂聲毛利氏罪目爲朝敵秋七月十七日下詔削慶親父子爵敕幕府追討八月幕府下敎征長門部署肥筑薩藝等二十一藩以德川慶勝爲總督時各國欲寇長報怨公使會議於横濵及聞幕師征長遂命將先攻是月五日有英法美蘭艦十八艘入豐前洋寇馬關礮擊前田壇浦熕臺長人應之彈丸交注礮煙蔽海日暮交綏六日再戰長人不利撤守走四國兵上陸進至板谷長人襲敗之殺十數人七日四國兵據山狙擊長人力拒迭有勝敗而長人鉛硝既盡不得已約和各國船長責前事長人對曰奉朝旨

幕命耳出證左謝之乃定約撤戍罷築礮臺曰嗣後縱外船來往下關許購石炭薪水食糧遇颶風許上陸償金則俟與四國公議處以公法媾乃成既而各國公使逼幕府曰長事須償金三百萬圓取之長人乎抑問政府乎荅曰政府取彼與之各國公使日夕督促既幕師攻長慶親退入萩城誅福原元僴等十餘人謝罪明年正月遂徹西征之師尋從三條實美等於筑前

乙丑 四 慶應元年（四裔編年表）改元（日本維新史）幕府之愓長門者以其處分爲過輕因請朝裁錮慶親父子削其封十萬石長門不服（日本國志）幕府再議西征家茂率師過闕秋九月各國公使自横濱航入攝海老中阻之不可徑入武庫法公使上書幕府曰訂約久矣以王朝諸侯持異議內亂騷擾馴致遷延今薩長已通好於英均許開港而政府反議鎖港何也英彝欲面議將軍將軍不

逺諸故不得不以師從法深爲貴國寒心今不許條約則造礮鑄艦之術不傳其何以强兵一敗再敗勢不可問不如請敕許卽開武庫以解諸國惑家茂大恐因奏請讓軍職於慶喜別疏曰今宇內互相往來萬里之大彈丸之小無一國能閉關拒人者獨我國遷延退避畏之如虎何以持國體自美使入下田迭奉聖旨拒絶外交然臣家茂亦面奉明詔戒輕戰於今八年矣西征事起臣入阪城不圖夷艦突進武庫要條約敕許今內憂外患逼於臣身非啻臣身皇國臣民同此禍厄海防何者足恃與各國戰幸而小勝環海皆寇生靈何辜臣身存亡卽置之不問臣誠不敢知寶祚安危如何臣不勝痛哭願賜敕允以舒目前之禍疏已具令德川元同入京家茂遽發大阪至伏見治歸裝諸將士視急爭從道路繹騷慶喜在京聞之大愕卽夜與容保定敬單騎馳赴伏見面議而

還十月慶喜容保定敬長行等亦上書申家茂不得已之意連署請敕許詔問諸藩多許之者五日家茂入朝令傳奏飛鳥井雅典野宮定功賜敕於家茂許開橫濱箱館長崎三港猶不許開武庫自戊午草約至乙丑紛紜爭執者八年終許之焉幕府宣告中外外艦乃去幕吏以敕示各使英使見書中兵庫仍不許開港語遽起取書怒裂之擲於地曰使臣之職遵約而已他非所知幕府乞援於法使請爲調停於是老中聯名作書曰兵庫開港其責在大君已委水野和泉守請至江戶再商各使乃歸橫濱家茂遂駐大阪命將西征有法艦過馬關曰法已與政府盟不得不援政府討叛者今將赴長崎請歸路報我及長攻小倉法人詰長人長人曰幕府屠我大島燔我聚落殺戮無辜小倉負鄰交啟東軍我何得唾面不報會英船來居間和解法人乃去或曰幕府私屬法以劫長也尋英人率軍艦及測量船各一泊宇和島伊達宗城遣吏按之對曰政府無悔約意英豈有異志

丙寅五 慶應二年日本國志四國復聯銜要挾幕府同訂減稅約於
慶應二年夏五月（卽一千八百六十六年六月）定約於江戶約曰據日本國安
政五年卽西歷一千八百五十八年日本政府與英法美荷四國
訂立約章內附通商章程第七款所載四國公使各奉本國諭旨
求更定日本國輸入輸出稅項又因日本慶應元年十月西歷一
千八百六十五年十一月四國公使至大阪時日本政府准按價
每百抽五改定稅則今政府特簡水野和泉守與英法美荷四國
公使訂定十二款第一款此次新訂稅則應附約照行將舊則更
易神奈川港應從日本慶應二年五月十九日西歷一千八百六
十六年七月一日起長崎箱館二港從是年六月二十一日卽西
歷八月一日起辦第二款新定稅則應俟六年後方許更議惟絲
茶二項可準三年間平均貨價每百抽五課稅於二年後更改又

木料稅可於鈐約六箇月後隨時商改第三款原約附載通商章程第六款所云准單費應行免徵第四款日本政府應蓋造棧房於通商各口以便外商存貨如輸入之貨照則徵稅若將貨運往他處勿庸繳輸入稅但收棧租第五款日本貨物從內地運至通商口岸應繳陸路或水路卡稅外不得苛求第六款前訂約章載明凡外國貨幣應照日本同種貨幣同量通用美銀一百元即抵日本一分銀幣三百十一箇現值日本國自鑄貨幣以省交換之弊擬收取各項未鑄銀塊改鑄此項應徵雜費彼此俟後商定第七款現因各口稅署辦理稅務及起卸貨物傭使工役時時涉訟各口地方官應與外國領事官妥酌章程以便遵守第八款凡日本人民均得在通商各口及外國購買各項載客運貨各式風帆船火輪船但兵船非日本政府允准不許代購第九款日本商民

得在通商口岸與外商貿易或遵該約第十款出洋貿易各任其便毋庸官吏檢察且日本商民遵章繳稅外無庸繳納別項稅目又各藩所屬人等除定章繳稅外無庸政府官吏檢驗任便在各口與外國貿易第十款日本民人得稟明政府請領准單前赴外國通商或學習工藝又得在訂約各國船隻內幫執各種職藝外國人傭雇日本人前往外國應呈稟通商口岸地方官乞政府准單第十一款日本政府應設燈臺浮標木標等以便行船第十二款該約既經全權大臣訂定無庸兩國政府批准應從日本慶應二年五月十九日西厤一千八百六十六年七月一日起辦日本使臣水野和泉守英國特派全權公使巴克斯法國全權公使路塞斯合衆國代署公使葡路度滿荷蘭公使兼署總領事葡路士布路克押此皆幕府末年所定之約當美約定議時但以城下之

盟隱忍曲從期暫紓目前之禍以待後舉而治絲愈紛燎原愈烈每改約一次則外人愈得利日本愈受損而當時君臣上下挾全力以爭約者固未之知也

外史氏曰泰西諸國互相往來凡此國商民寓彼國者悉歸彼國地方官管轄其領事官不過約束之照料之而已唯在亞細亞理事得以己國法審斷己民西人謂之治外法權謂所治之地之外而有行法之權也治外法權始於土耳其當回都全盛時西滅羅馬劃其邊境與歐人通商徒以厭外政紛紜遂令各國理事自理己民固非由威逼勢劫與之立約者也故其弊猶小而今之治外法權之毒乃偏及於亞細亞余考南京舊約猶不過曰設領事官管理商賈事宜與地方官公文往來而已未嘗曰有犯事者歸彼懲辦也蓋歐西之人皆知治外法權為天下不均不平之政故立約之始猶不敢遽施之我迨戊午歲與日本定約遂因而及我載在盟府至於今而橫恣之狀有不忍言者當日本立約時幕府官吏未諳外情任其鼓弄而美國公使為定約稿猶諄諄告之曰此治外法權兩國皆有所不便而今日不能不爾願貴國數年後急改之其後岩倉大久保出使深知其弊亟亟議改而他國皆謂日本法律不可治外人遷延以至於今夫天下萬國無論強弱無論小大苟為自主則踐我之土即應守我之令今乃舉十數國之法律並行於開港市場一隅之地明明為我管轄之土有化外之民干犯禁令掉臂遊行是豈徒臥榻之側容人鼾睡乎條約之言曰領事與地方官會同公平訊斷無論其徇情偏縱也即曰執法如山假如以外

國人鬬毆殺吾民各交付其國領事則英律禁獄三年法律禁錮百日罰佛狠百美律徒刑八十日俄律徒刑一年蘭律徒刑三十日而我國殺外國人則論抵命且責償金矣同一罪異罰何謂公平假又華商英商同設一銀場負債甚鉅閉店歇業彼英商者以一紙書告其領事曰家產盡絕彼卽置身事外而華商則監獄追遁或且遠其妻孥及其兄弟矣同事異處又何謂公平既已許之不由地方官管轄刑罰固有彼輕此重之分禁令又有彼無此有之異利益又有彼得此失之殊彼外人者蓋便利極矣而我之不肯奸民冒禁貪利圖脫刑網輒往往依附影射假借外人以遂其欲彼南洋諸島寄寓之華人不曰英籍則曰蘭籍更何異於為叢毆爵乎此誠我之大不便者也不公不平之事積日愈多則吾民之怨憤日深通商以來三十餘年耦俱相依猜嫌不泯而士大夫細民論外事輒張目裂眦若爭欲剸刃於外人之腹而後快心者雖由教士之橫煙毒之深亦未始非治外法權有以招之也此亦似非外國之利也雖然明知其不便今欲改而更張之彼外人者習於便利狃於故常必有所不願且以各國人情風俗宗教政治之不同一旦強使就我其勢又甚難而現行條約隱忍不改流毒之深安有窮期竊以為令日之勢不能強彼以就我先當移我以就彼舉各國通行之律譯採其書別設一詞訟交涉之條凡彼以是施我以是報我採彼法以治吾民彼雖橫恣何容置喙而行之一二年彼必囂然以為不便然後與之共商略倣理藩院蒙古各盟案件以圈禁罰贖代徒流笞杖定一公例彼此照辦或庶幾其有成乎若待吾國勢既強則仿泰西通行之例援南京初立之約悉使商民歸地方官管轄又不待言矣至於近日租界之案有華人

與華人交訟彼領事亦覥然面目並坐堂皇參議聽斷者有煙館賭博我方厲禁而租界爲逋逃主萃淵藪肆無忌憚者斯又法外用法權外從權爲條約之所未聞章程之所不及雖總理衙門與英法公使議有洋涇濱設官章程擬條是皆由於地方官吏巽懦瞻徇一若舉租界之地方人民亦與別國領事共治之吾恐各國外部且不料領事之縱恣如此也莫急之務尤亟當告之公使達之外部埽除而更張之

家茂方遣使責長藩而薩人忽與長人合詔徵薩兵會討不從師卒無功秋七月十一日將軍家茂薨於軍布告列藩旋征西師詔以慶喜爲將軍

長人先有二黨一曰恭順黨一曰激烈黨征討師至慶親父子入萩城已伏罪激烈黨高杉晉作傳檄募兵戮恭愼黨首數人慶親父子居山口城山口益做西式爲堡壘者也於是闔藩兵決死戰幕府於廣島設總督府令諸藩會兵惟薩摩獨辭初京師之變薩人擊長人多虜獲長人亦嚴擊薩艦二藩如水火既而薩人相議曰今日之要務在一敵愾以護皇國而動兵邦內使外人得漁人利非策之得薩士西鄉隆盛密遣使於長修好講和會土佐人坂本龍馬在長力贊成之於是薩長之交合而朝廷幕府均未之知也至是薩人辭會師薩士大久保利通又至大阪諫西征之師幕府不聽丙寅六月幕軍進歷長防四境海陸兵三道並進俱不利家茂方臥病大阪詔命慶喜代爲指揮慶喜將往廣島聞敗屢至諸藩引兵朝野失色家茂旋卒遂詔罷西征幕府別遣勝安房命長人罷兵自西師之起幕府帑藏不支兵又駑弱故師卒無功

自是強藩不復受

節制而幕府勢益孤矣冬十二月帝患痘崩帝自卽位深以國家安危爲憂益與外交相終始云當光裕卽位爲德川氏極盛之時而外患卽萌芽矣孝明在位外人迭請通商要挾日甚舉國囂然倡攘夷說苟或異議則目爲奸黨幕府初亦拒之繼審其勢力不敵意遂轉移孝明始亦決計攘夷末年尋悟其非敕旨亦反覆而二三强藩巨室乘浪士憤激之勢王霸離間之交始欲假朝議而順人心繼乃用士氣而亡幕府故當時攘夷之論要其所歸不在攘夷而在尊王尊王所以亡幕府也迨王室尊幕府亡而知夷終不可攘遂決然變計大開外交仍與德川氏末年無異然而德川氏亡矣

日本源流考卷十九終

長沙王先謙益吾撰

明治天皇

日本國志明治天皇名睦仁熾仁親王之子

丁卯六慶應三年（日本維新史參日本國志）冬十月征夷大將軍內大臣德川慶喜還政於朝廷辭官職朝廷允之慶喜中納言德川齊昭第七子賢明有名望繼一橋氏任中納言輔家茂在京都竭心周旋朝幕間至是進內大臣先是各國公使自武庫至大坂賀將軍襲職且促開港慶喜奏請曰曩先帝明察俯允條約然猶禁開武庫先臣家茂豈敢違旨而不以布告者以開港之期載在盟府不可渝也苟或失信各國將以兵戎問背盟之罪我中世以還羣雄割據互相盟誓每灑血爲書然當城下窮蹙肉袒求和輒以爲姑許紓禍

以待後圖當歃血之初已萌背約之意故已盟復寒視爲無足輕重之事然不可施於今之外國也今萬國交際首重締約一語已下山可移海可覆而約不可廢故約中一字之墨萬民之膏血係焉利害所關不可不愼今之條約誠有失便宜者而非開武庫港之謂也臣聞英美俄法各相往來環球而居雖異宜異俗而橫目圓顱均是人耳既無彼此卽謂之同胞可也萬國和會我日本乃欲獨立海中閉門拒絕能乎不能一締條約互相維繫强不得淩弱大不得併小故西人謂條約尊於法律法律所以治一國條約所以維萬國鄭重如此臣敢披赤心保其無他伏冀陛下詳古今之變察宇內之勢從已許條約特開武庫以昭國信揚皇威朝議以先朝所禁詔詢列藩淺野茂長池田茂政池田慶德稍持異議其他均謂可許五月遂詔許開武庫港時公卿及薩摩土佐諸藩

欲先赦長門藩之罪然後及兵庫之議幕府則欲先開港朝廷取兩議宥長藩之罪并許開港幕府乃定本年十二月爲開港期後又改期明年三月方是時幕府大政皆仰朝旨而慶永齊正豐信宗城久光等各參大政尋豐信上書幕府曰比年以外交釀內亂東西分擾無他政出二門也方今大勢一變不可墨守舊規宜奉還大政於朝廷與萬國並立基業又遣其臣後藤象次郎等勸之慶喜以爲然冬十月十四日慶喜大會列藩羣臣於二條城示以請還政權之意諸將咸失色而退薩土二藩士在坐力慫慂之慶喜卽決議具奏優詔報曰諸侯賞罰黜陟之權自天子出其他仍如舊待加賀以下三十三藩入覲時決之時廷議紛紜德川親藩多諫朝廷以爲不可而薩土諸藩促之曰天下將定於一令廷議游移坐失事機若王室何十五日遂降旨依奏收還政權十二月

八日中山忠能正親町三條實愛岩倉具視德大寺實則與德川慶勝慶永島津茂久山內豐信暨尾越薩土重臣會議小御所茂久曰朝廷已收還政權然土地人民不屬有名無實宜令德川氏割八百萬石以充經費具視贊成之出書於袖中則籌畫變革事宜也豐信曰諸侯亦宜割土地人民入貢議至徹旦九日容保奏辭守護職與所司代松平定敬俱入二條城有詔罷會津桑名人九門宿衛卽容保定敬所領國也詔曰自今以往大小政令自朝廷出四方其體之敕召集諸侯祿十萬石以上者於京師特召松平慶永（前越前國福井城主）鍋島齊正（前肥前國佐賀城主後更直正）山內豐信伊達宗城（前伊豫國宇和島城主）島津久光（薩摩藩主島津茂久生父）赦毛利敬親父子復其官爵許入京竝復三條實美等官位命還京師薩摩藩主島津茂久（後更忠義）安藝藩主（安藝國廣島城）淺野茂勳（後更長勳）與長門藩老臣率兵入京師

護闕下土佐尾張越前兵亦來護焉廢攝政關白征夷大將軍議奏傳奏京都守護職所司代等官職及內覽攝籙門流新置總裁議定參與三職武臣擅制凡七百年藤原氏世爲攝政關白殆千餘年至是大政復歸朝廷而藤氏世官始廢因稱曰復古又曰維新是日以熾仁親王有栖川宮爲總裁嘉彰親王仁和寺宮晃親王山階宮中山忠能前大納言正親町三條實愛前大納言中御門經之中納言島津茂久德川慶勝前尾張國名古屋城主淺野茂勳松平慶永山內豐信爲議定大原重德參議岩倉具視前中將等爲參與尋三條實美岩倉具視伊達宗城爲議定西鄉隆盛薩摩藩士木戶孝允長門藩士大久保利通後藤象次郎等爲參與敕親裁萬機博採公議幕府美事良法仍舊用之直言讜議使無忌諱徵才俊於列藩列參與其他祠官醫員以迄民庶隨材擢用任顯職與縉紳貴族比肩立朝葢門閥資格之弊

極議論起於下幕府終以斃至是雖賤民亦得列朝官紀綱丕變矣時德川毛利事已平而嫌隙未忘會桑人亦自疑忌慶喜亦觖望與容保定敬等議曰近日朝旨非前日比既許將軍依舊任事而九日小御所之會我輩乃不得與必有挾幼主以謀私者乃奏請勒兵備不虞諸藩守闕者亦戒嚴屹然相持人情恟恟將士或說慶喜曰事已至此坐受箝制孰與據大阪城扼咽喉以制人慶喜領之遂留書於朝於十二日夜與容保定敬南走至大阪抗疏請清君側不省時詔禁容保定敬入朝朝議欲召慶喜納其封五百萬石賜以三百萬石爲巨藩以慶喜列議定令慶勝傳旨促入覲慶喜奉命而心危之不敢往會江戶有處士數百潛伏薩摩邸出刼富商掠金穀慶喜因奏陳薩人在東寇掠之狀請黜其藩士之參朝政者又不省慶喜下令江戶搜獲處士而東兵遽火薩摩

邸報至大阪將士聚議曰事至此釁端既開騎虎不得下矣慶喜乃草討薩表示諸將發使率兵附會津桑名兵入京

戊辰七　明治元年（日本維新史參日本國志）春正月三日慶喜以兵三萬抵伏見鳥羽命會津桑名人爲前驅詔命薩長二藩南扼伏水鳥羽二關許以便宜從事是日幕軍遣行人請過二關曰寡君奉詔入朝而公等阻之不得已則有戰耳既而東軍大至王師力拒之戰三日東軍敗王師逐北收淀城慶喜容保定敬等倉猝航海東去九日總督統仁親王入大阪十二日詔削慶喜以下官爵大告四方諭以不可不征之旨尋拜有栖川熾仁親王爲東征大總督授錦旗節刀令各國使臣毋得援戰軍鬻兵器又告公使曰日本天皇親執政權自今以京師爲政府二月會各國公使於大阪本願寺文武諸官盡列外國事務官少將東久世通禧少將伊達宗城傳命

曰政府新置外國事務局責在吾輩自今日始請遇事協議以愼邦交我天皇欲見諸卿公等其待後命公使等答曰固所願也然聞征東師起吾曹將避亂橫濱儻天皇賜謁願勿延宗城曰余爲外國人居留者保無虞莫以爲念公使曰然不欲曠日或曰延夷於闕下如物議何參謀等笑不對三月朔英法美蘭諸公使入朝拜謁天皇賀大政復古盛典是日儀畢遂布告全國以二條城爲太政官代裁決庶政於時外交事略定京人相賀而攘夷之說未息當各使集兵庫時備前藩王過神戶或犯其前驅遂發礮攻擊互市場各國咸怒盡奪諸藩輪船之泊於神戶者土佐藩兵守界浦又礮擊法國十六人或死或傷法國聯各使以五事要朝廷概徇其請曰急戮暴徒曰償金十五萬圓曰外務長官亟致書謝罪曰土佐藩主亦謝罪曰不許土佐藩士佩刀入市場三日不允則徑行吾意廷議慮開釁遂執土藩士二十人賜死於妙國寺法人亦來監刑各以次就死屠腹如劃水法人不忍視至十一

（人合掌退去）及英使入朝又有刺客要擊於途傷護衛兵卽擒暴徒處以梟示（先是以攘夷得罪者敕令自裁依舊例引刀剖腹暴徒覗死如歸轉以爲榮犯者踵起及是從英使言皆削士籍處梟刑以示辱也維新以後此風仍未已有張示於日本橋者曰外人近益跋扈縱馬橫馳往往傷人不顧見之而不拔刃卽非日本男子甚至大學南校所延英人教師駐劄箱館之德國領事亦遭害政府嚴禁始息）
各開港場仍屯兵守護（幕府時所設名曰別手組維新後仍不撤至明治五年始廢）
而英法二國各留兵千五百人於橫濱以保護己民至八年始撤去尋刊行大政官日誌車駕親征幸大坂月餘還京師〔又〕初參與大久保利通謂總裁曰近日之舉大快人意但自古狃一時之功苟且偷安遂誤大事者多以臣所見車駕速幸八幡（山城國）移蹕大坂以爲行在外國交際海陸軍備皆於此焉處之今日之計莫急於是遂上議曰今日之變態開闢以來所未有甯可以尋常格例應之哉今雖一戰奏捷賊巢未拔外交之方法不立列藩之向背不定復古鴻業纔開其端而已而

朝廷恬然輒成治安之思是北條之後生足利前狼後虎覆轍在近宜注目大體勿拘小節文武不歧上下感孚以破數百年之弊習爲之莫遷都若焉夫弊習由勢而生勢也者見於形請舉其一二至尊所在曰雲上公卿稱雲上人龍顏不得拜玉體不踐地尊嚴太過上下隔絕爲民父母之天職何在哉古今稱仁德帝爲聖皇者以其近民爾聞海外帝王從者不過一二人內法聖皇外採美事投復古之機會新天下之耳目易簡輕便以盡君道遷都之舉不可不先其地莫如大阪請以爲行宮綜治亂之體握攻守之權以起海軍以交外國未幾下親征詔遂至東遷云又夏四月熾仁親王自東海道航海達駿府陸軍自中山道取甲府海軍至品川慶喜之東也臣屬有建議者曰爲今之計當藉外國力以靖內變不則擁輪王寺法親王以令天下是或東照公貽我子孫者蓋

謂德川家光請以親王爲東叡山座主後沿爲例者也幕臣或欲扼函關或欲由海路襲大坂慶喜一意主恭順手書禁諸臣曰愼勿抗官軍抗官軍猶剚刃於吾腹也出城居寬永寺僧舍命家臣勝安房大久保一翁留鎭撫官軍至勝安房出見參謀西鄉隆盛具陳慶喜恭順狀請弭征師隆盛徵謝罪表上之督府督府下令止戰移兵入江戶戍之讞慶喜罪幽之水戶敕使至慶喜庵下欲從者數千人慶喜揮去僅以十隊行又收江戶城納軍艦兵器幕府臣屬不服朝命者據東叡山稱彰義隊諸藩遁逃來集榎本武揚以兵艦八隻遁大鳥圭介等數千人走總野(下總國下野國)松平容保酒井忠篤(出羽國莊內藩主)等各歸其邑仙臺(藩主伊達慶那)米澤(藩主上杉齊憲共陸奧國)諸藩連合應容保等抗官軍奥羽總野之間紛擾焉乃開大總督府於江戶城命薩長加藝等十二藩援官軍進剿東北五月諸軍

討彰義隊破之圭介等亦敗於宇都宮日光(下野國)奔會津於是專力奥羽自白河(陸奥國)越後兩路分軍進討是月收幕府封土使田安慶賴(德川氏族)子家達承慶喜後賜駿河及遠江三河七十萬石稱靜岡(駿河國)藩復其麾下士歸順者祿六月參謀西鄉隆盛至京師奏江戶平定又德川氏之季國論分爲勤王佐幕主議紛雜希望互異而外國形勢一變不可復守鎖國舊法諸藩志士西鄉大久保木戶後藤之徒欲諮之識者察於內外形勢通縉紳武家貴賤上下掤公共之政體建萬國竝立之規模三條岩倉諸氏用之諭縉紳官人洗除舊習砥礪志操適實用定職制置神祇內國外國海陸軍會計刑法制度七科於太政官益舉諸國才俊以爲參與尋改爲三職八局改七科爲七局別置總裁局置總裁副總裁輔弼顧問辦事等神祇以下七局置督輔判事職得濟兵馬倥傯之

際車駕幸大阪之月上御紫宸殿率公卿諸侯誓天地神祇約五
事大定國是曰廣興會議萬機決於公論曰上下一心盛行經綸
曰官武一途至庶民各遂其志使人心不倦曰破舊來之陋習基
天地之公道曰求智識於世界大振起皇基是謂五條誓文車駕
已還幸乃改官制廢三職八局分太政官設議政行政神祇會計
軍務外國刑法七官分立法行法司法三權議政官執立法權分
置上下局上局置議定參與掌議定政體制作法令定條約決和
戰重事下局置議長議員奉上局之命管貨幣租稅驛遞開拓兵
賦等諸般事行政官置輔相辨事等與神祇會計軍務外國四官
共執行法權刑法官總判法律掌監禁糾彈捕亡斷獄等執司法
權分地方爲府藩縣藩姑仍舊使諸侯管之府縣置知事理之以
三條實美岩倉具視松平慶永鍋島直正等公卿諸侯有名望者

九人爲上局議定以小松淸廉及大久保木戶等九人爲參與三條岩倉兩議定兼行政官輔相帝日親臨朝堂之政下局議事未備而維新政體以此爲基礎焉又改革之初置神祇事務於七科之上以遵古制蓋佛教本地垂迹之說行世者千百餘年神社大抵僧徒兼攝之當德川氏之時國學勃興極力排擊之勤王論者多出其薰陶謂皇業宜復祭政惟一於是親王之入道薙髮者歸俗停公卿子弟之爲僧又停祠官因公卿執奏爲其部下隸神祇事務局使別當（掌神社者）社僧蓄髮葬祭專從神式又禁神佛混同禁令一出祠官等羣起作暴或煽惑庶民宣言朝廷廢佛乃令禁暴舉使稟請而後措置諭以朝旨慶喜還政之後朝廷使以納封土慶喜請待物情鎮定乃命供政府經費慶喜請課之全國京畿之地藩封少公卿社寺之邑多其治專在社寺處分而京阪諸都會

屬國家富源朝廷乃先收此爲治旣而兵起因課準備金於豪商決紙幣發行之議外人使用墨銀（墨斯哥銀）充貿易其一元抵我一分銀三箇及大總督收江戶金銀銅座（通貨鑄造所）以其原料增鑄通貨助軍資精察新舊貨銅鐵錢定其價位終發行紙幣通用十三年是曰太政官札（札卽鈔也）及用兵東北國帑空乏因使都會富豪出金穀助軍資得若干萬兩於京阪兵庫大津（近江國）江戶橫濱等事平之後三年而清還之屬生野（但馬國）銀礦於會計官以外人請鎔洋銀（卽墨銀）鑄我一分銀時二分金濫惡而又行紙幣民私立金銀紙幣價格頗生差等諸藩亦急軍需贗貨濫行因嚴禁止檢索之是歲不登財政甚艱矣又大總督之收江戶也物貨騰貴市民不聊生因命仙臺藩備米仙臺與叛徒德川氏處分又未定其舊臣失職危懼甚雖建靜岡藩然舊臣甚衆不可盡存錄朝廷置鎭臺府

設社寺市政民政裁判所收幕府文書舉用吏民有才者以安集市民七月詔陞江戶爲東京改鎭臺府爲鎭將府使三條實美兼鎭將管理駿河以東十三國大總督專督軍事又初容保遁歸尋就國會津慮不免又遣使仙臺米澤乞申救二藩不答朝廷亦敕仙臺藩伊達慶邦米澤藩上杉齊憲會討既而容保乞哀因二藩爲請二藩連名乞赦其罪幷傳檄召奧羽諸藩會於岩沼總督道孝欲許之參謀世良修藏不許議令納城池繳兵器然後樹降旗且責二藩通會之罪二藩怒曰督將納言而參謀阻之是挾朝威以攻私讐也遂斬世良傳檄諸藩於是奧羽連衡援救會津同謀者十有七藩報至削慶邦齊憲等官爵官軍諸道進攻自五月至七月始圍若松城若松城四面險阻不能運巨礮萃全國兵環攻孤城帀月僅乃克之城中老稚婦女往往負竹竿揮薙刀出戰城

破駢耦偕死不少撓屈蓋誤以爲與薩長爭戰也既而知總督爲親王始有降意仙臺米澤等叛徒向白河白河口官軍拔棚倉三春（共陸奥國）陷二本松（陸奥國）因遣別軍討仙臺自平潟口（常陸國）進會津米澤等叛徒陷長岡新潟（共越後國）越後口官軍力戰復之進拔村松村上（共越後國）而莊内叛徒陷新莊（出羽國）與仙臺合迫秋田（出羽國）盛岡藩（陸奥國）應之秋田官軍督津輕藩（陸奥國）伐盛岡戰甚苦既而白河口官軍自猪苗代（陸奥國）進圍若松城（郎會津）榎本武揚以八艦應仙臺赴陸奥海初德川氏遣武揚學操船術於荷蘭業成而歸及朝廷收江戸城并收軍艦武揚等哀訴乃賜之八艘兵隊脱走者武揚等潛與通謀後聞奥羽連衞相議曰率此堅艦横行海上以援陸軍天下事尚可爲也元年八月遂藉口鎭撫由品川脱走朝廷擬以海盜令各港禁與糧食告各公使勿與接會大鳥圭介等由

仙臺敗遁率兵隊往投勢益張十月遂奪據函館告諸國貿易如舊用美國公推例以武揚爲總裁設官置戍尋託英法船將上書曰德川遺臣過三十萬人非七十萬石所能養是皆二百餘年所涵育雖塡溝壑不能與工商伍臣哀其閒關流離輒率之移住蝦夷從事開拓臣等固三千一心然不可無主敢請舉蝦夷地賜之舊主以德川氏一人爲之總領臣等必效死致力變榛蕪爲富庶並以固朝廷北門鎖鑰朝議以其上書無狀布告各國徵諸道兵海陸並進〔又〕八月二十七日上舉行卽位禮於紫宸殿其儀悉復古典始廢唐制之服改大旌等製改元明治定一世一元之制稱聖誕日曰天長節賜醼宴於百官復光仁帝之制也〔又〕秋九月米澤會津仙臺相繼降武揚走箱館奧羽平定十月幸東京車駕所過安撫諸藩旌表孝義賜高年者物以驛路疲弊大減儀仗戒飭

扈蹕者人民操業如常大總督鎮將以下奉迎於品川(武藏國)以江戶城定爲皇居廢鎮將府白河越後平潟出羽官軍相繼凱旋因廢大總督府分陸奧爲磐城岩代陸前陸中陸奥五國分出羽爲羽前羽後二國減抗命諸藩主松平容保等三人死一等處永禁錮沒伊達慶邦酒井忠篤等五人封地以特恩存其嗣其他削封務從寬典命附近諸藩安撫亂餘窮民冬十二月車駕西還告各國公使以平定解其局外中立幕府之時設關於諸道要隘譏察行人甚嚴諸藩亦置關劃於禁上不妄納他管人及官軍收江戶盡撤之

己巳 八 明治二年(日本國志)春正月罷警蹕喝道儀二月置集議院徵諸藩士爲議員撤諸道關許發印新聞紙(又)維新之始管外事者內外交譎而東久世通禧伊藤博文後藤象次郎等竭力彌縫

漸覺相安於是朝廷益銳意外交先下令有約各國凡有往來國書及宣告公文君主之國概稱皇帝民主之國稱統領當鎖港時沿舊習見外人輒目爲夷狄或斥爲異類將軍自稱爲日本大君稱他國曰某國主及是盡廢君主之稱概尊爲大皇帝或大統領著爲令所有前禁耶穌天主二教之在地踏像當道豎碑概撤廢先是幕府於長崎設耶穌像令登岸者踐踏之又通衢大道皆有豎木碑示曰禁止切支丹宗門王政復古更書曰禁止切支丹邪教各使請刪去邪字又改曰切支丹宗門仍依例其邪教應嚴禁逮改約論起各國復互相議曰日本法律仍禁耶穌教背宗教自由之義實爲文化半開之國豈得比於泰西得平等權利乃將所豎禁牌撤去仍無弛禁明文其依照天主教法行葬禮者仍不許嘗舊幕時禁教極嚴教徒皆潛匿不出及外船劫盟死灰復然遂邀集教徒數千人於長崎之浦上村公然聚會幕府捕繫之法人力請釋放乃分配三千餘人於各藩責令約束雖教師復請之公使求爲赦免而政府謂天草之亂教門實爲國政之蠹不能曲從其後漸次寬禁亦以外使諍論故也〔又〕三月置待詔院車駕再幸東京遂遷都先是明治元年大久保利通疏稱西京本一山城形勢不便請遷都大阪既而改江戶稱京至是遂定都焉利通又上疏曰我中世以還天子深居九重民之視君尊如帝天君之視臣賤如奴隸至將軍竊政猶作威作福妄自尊大卒之君臣乖隔離德離心故已可觀矣夫普天率土莫非

王臣此何以帝號自娛以示天無二日之尊猶之可也今天下蕞國正不知幾人稱帝幾人稱王乃盛儀衛飾邊幅與井底蛙何異又何以聯情誼而使指臂耶誠欲合全國君臣上下爲一心必自天子降尊始自今以往請盡去拜跪俯仰之儀一以簡易質實爲主國有大事與衆同議我天皇必親臨太政官而取決焉政府諸臣每日必見面每月必會食俾人人親君而愛上庶國是可興云云維新以後廢舊儀改新法一切政教大旨皆基於此（日本維新史）分諸藩爲大中小三等四十萬石以上曰大藩十萬石以上曰中藩一萬石以上曰小藩定藩治職制禁擅雇外國人禁私起債當是時全國租入千百餘萬石而府縣所轄不過百八十萬石其餘則諸藩分轄焉東北戡定而諸藩物情與德川氏末路同士論往往難統一加之內外多事用度不足車駕西還之後參與木戶孝允說其藩主毛利敬親勸奉還版籍又謀之大久保利通利通可之以說其藩主島津忠義於是薩長二藩議納封土肥前土佐二藩應之四藩主連署上表曰臣等謹案朝廷一日不可失者大體而一日不可假者大權

也自天祖肇國建基皇統一系萬世無窮普天率土莫非其有莫非其臣是爲大體爵祿繫下與奪任上尺土不能私擁一民不能私有是爲大權昔在聖主躬所統馭海內一由乎此故名實並立天下無事中葉以降綱紀弛廢弄柄爭權者接踵私其民擁其土遂成搏噬篡奪之勢朝廷失所守之體棄所秉之權而不能制之姦雄乘時弱之肉彊之食大者幷州數十小者養士數千若夫幕府以土地人民擅分其所私扶植其權勢於是朝廷徒擁虛器至於窺其覗息以爲休戚橫流之極滔天不回六百有餘年於茲雖然其間假天子之名爵以蔽其私土地人民之迹是固由乎君臣大義上下名分有萬古不拔者矣方今大政維新萬機是躬實千載之一遇有其名不可無其實舉其實莫先於明大義正名分嚮德川氏之起故家舊族既半天下攀援以興家者亦多不問其土

地人民受於朝廷與否因襲之久以至今日世或謂是祖先鋒鏑
所經營則何異乎擁兵入庫奪其貨而謂是冒死所獲哉入庫奪
貨人知其爲盜至攘奪土地人民天下不怪之甚哉名義之紊壞
也今求丕新之治大體所存大權所繫毫不可假抑臣等所居卽
天子之土臣等所牧卽天子之民安可私有乎謹取其版籍上之
願朝廷處其宜可與與之可奪奪之凡列藩封土下詔更定之自
法度典型軍旅之政以至衣服器械之制悉出自朝廷天下事無
大小皆歸於一然後名實相得始可與海外各國並立是朝廷今
日之急務而又臣子之責也故臣等不顧譾劣敢獻鄙衷天日之
明幸賜照臨於是尾張肥後阿波因幡其他列藩亦陸續表請優
詔曰應再幸東京然後以公論決裁焉於是集諸藩主諸問皇道
興隆知藩事新置蝦夷開拓外國交際會計等七事（日本國志幕府雖廢而二

三强藩爭握政權雖非衆建諸侯之舊轉成羣雄割據之勢洶洶擾擾勢且大亂當道者謂必收一切政權歸於中朝乃足以紓國用而張國勢以奧羽未定雖有密議未敢宣洩也及東北悉平木戶孝允始倡言幕府前給藩地稱爲朱印文憑者應作廢紙概以土地民人之權還之朝廷廷議以關繫大廣詢於衆猶未敢決）夏六月敕聽諸藩所請祭告天神地祇以諸藩主爲知藩事凡有二百七十六藩改革藩制倣府縣之例以其歲入現石十分一爲知事家祿再改官制太政官置左右大臣大納言參議使神祇官班其上置民部大藏兵部刑部宮內外務六省及彈正臺神祇官置伯諸省置卿輔督之其下有寮司位二十階自一位至九位有正從初位有大少略據大寶令而潤色焉大寶令者文武帝（大寶元年距今千百六十八年）所制定也更設公議所於東京詔博諸衆議建國家基礎使府藩縣知事諸藩公議人等與議大政以秋月種樹爲議長森有禮廢佩刀議神田孝平許土地買賣議津田眞道禁奴婢買賣議加藤弘之廢穢多非人（賤民）

之稱議等以是時上之後皆施行又置待詔局使草莽下民皆得盡言無忌諱廢公卿諸侯之稱曰華族尋使知事移住東京貫東京府其士臣稱曰士族隸各地方定其祿制使諸藩適宜改正至皇族華士族社寺盡收其采地以廩米爲秩祿查全國人口約三千三百六十二萬五千六百四十人〔日本國志時高知藩知事山內豐信建言廢士族制祿更給祿券請先試行於藩內詔聽所請後十二月遂定藩族華族祿制收其采地別給廩米〕又賞征討之功賜嘉彰親王熾仁親王舊公卿九條道孝等舊藩主島津忠義毛利廣封〔敬親子後更元德〕等舊藩士西鄉隆盛大村永敏等五百餘人及諸兵卒祿及金有差又賞復古之功賜三條實美以下三十四人祿處諸藩叛逆首謀臣十一人於斬既而宥德川慶喜松平容保以下罪授之位擢用才能其誤順逆戰死者許親族朋友修其祭祀先是合祀癸丑〔嘉永六年〕以來殉難之士於京都東山諸藩亦各建祠祭

死事之臣至是營招魂社於東京九段坂上祀戊辰役戰沒者祭時差敕使以米一萬石充祭資後更稱靖國神社合祀勤王憂國及諸役戰死者又奉諡弘文（大友帝）淳仁（廢帝大炊）仲恭（九條廢帝）三帝弘文帝壬申亂崩淳仁仲恭二帝被廢皆未奉諡也迎淳仁（淡路國）崇德（讚岐國）後鳥羽（佐渡國）順德（隱岐國）土御門（土佐國）五帝神靈於京都五帝蒙塵而崩也追贈楠木正成新田義貞織田信長等神號正成稱湊川神社義貞稱藤島神社信長稱建勳神社復豐臣秀吉之豐國廟及德川家康之日光廟並爲別格官幣社（正成義貞延元之亂盡忠於南朝戰死信長秀吉家康共任大臣將軍有勳勞於國家）賜北畠顯家等神號列別格官幣社顯家稱安倍野神社合祀父親房花山院師賢稱小御門神社名和長年稱名和神社結城宗廣稱結城神社菊池武時稱菊池神社楠木正行稱四條繩手神社（顯家以下亦忠於南朝者正行正成子也）毛利元就稱豐

榮神社元就敬親之先天文永祿年間領山陰山陽數國致忠於王室德川光國稱常磐神社合祀八世孫齊昭光國家康之孫爲水戶藩主好學招致才俊開史館撰大日本史禮儀類典等書大益於世齊昭紹祖業校修大日本史常憂外寇獎勵文武島津齊彬稱照國神社齊彬忠義之父英才博學夙儆西洋法鑄大礮造巨艦謀和朝幕而宣國威弟久光繼遺志以贊成大業贈右大臣三條實萬賜謚曰忠成尋賜號梨木神社亦列別格官幣社實萬實美之父賞其竭忠先朝貽業後嗣昔聖武帝追封藤原不比等於近江國稱淡海公後良房不比等五世孫諡忠仁基經良房孫諡諡等皆有追封賜諡之典至兼家錫諡辭封戶自是無追封賜諡至是遵舊典又遍搜殉難諸士之後悉祿之或賜祭資追褒蒲生秀實高山正之首唱勤王旌表里門祿其後裔秀實下野人研究國史與正之同志常慨歷朝山陵之不修躬遐陬窮島往檢覈之作山陵志獻朝廷幕府正之上野人倜儻好奇節居恆慨皇室衰微竊有興復之志入京師出入公卿之門終遊西州不得志而自殺贈加茂眞淵本居宣長平田篤胤等位眞淵遠江人元文延享之際精國學古言善和文和歌慨世之儒者浸淫於漢學誤名分傷國體務祛除之宣長伊勢人從眞淵學博學多識尤長字音言詞之學祖述師說著古事記傳等書篤胤出羽人傳眞淵宣長之學排擊儒佛主張神道又官軍待雪

融進勦榎本武揚大鳥圭介五月武揚等降武揚乞自就刑赦其餘衆蝦夷地平禁錮武揚幷其巨魁數人後宥其罪錄用之又蝦夷地德川幕府令松前藩管之至其季世俄國船舶往往來窺松前藩不能鎭撫幕府遣吏巡察蝦夷收箱館以東爲直轄掌土人撫育漁獵交易事尋移松前藩主於內地收西蝦夷地使參政堀田正敦往經略北地命南部津輕二藩分守東西蝦夷命伊能忠敬間宮倫宗等測量其地製圖經倫宗沿樺太南至黑龍江東岸文化中俄船二艘來侵掠蝦夷擇捉島遂及樺太各地與南部津輕戍兵戰而逃去於是更令仙臺會津二藩合兵戍蝦夷至結五國條約置箱館奉行（奉行見前）措置外船之事兼管蝦夷開拓而竟無成功土民希疏獵山漁海內地商賈往而市易輸送昆布於　清國以熊皮革鮭鱒（大口魚）鯡供給內地而已維新以來更議開拓於

是置開拓使改稱北海道分爲渡島後志石狩天鹽北見膽振日高十勝釧路根室千島十一國北蝦夷依舊稱樺太〔又〕歐洲比年蠶病流行法國意國蠶業凋衰其商得我蠶種養之購生絲而織絹得無闕乏歐人大悅美國以茶稅之事與英國絕因航支那輸入其茶及獲我茶益得其便故絲茶之利尤有望於將來適東京人口俄減邸宅多空曠失祿之士未就業於是不論郭內外及村市空地多栽桑茶東幸之後京都邸第址亦栽之蠶桑之產以東北諸國爲最東京有蠶種紙生絲改所（猶云檢所）至是大阪及諸開港場亦設之定其稅則但京民窳惰且趨他業無功效然全國桑茶之利自是增進終冠於輸出物產〔又〕墾闢下總國小金原移東京無產之民〔又〕是歲霖雨年饑設救育所於東京授產貧民送還乞丐者於本貫輸入外國米補米穀匱乏都鄙不知其爲凶饑衆始

知外國貿易之利矣〔又〕美國人刱定期郵船自長門海達於長崎神戶橫濱之間國人賴其便朝廷益勸奬貿易以沿海浪險航路艱難設燈臺於相模國觀音崎依仿西洋樣式自是歲正月點燈遂及品川安房淡路神戶箱館等岬角〔又〕始架電信於橫濱長崎間〔又〕舊制公卿以上駕牛車餘皆乘輿騎馬都會及驛站以竹兜供急行除京都江戶外不得用重車至是西洋馬車始傳東京人鈴木德次郎刱意制人力車代竹兜衆便之數年徧全國遂及清國　清國人稱東洋車云〔又〕初德川氏儒臣林信勝號羅山建孔子廟於忍岡立戶元祿中大將軍德川綱吉以其地狹隘且鄰梵宇改築之湯島臺江戶親書大成殿三字揭之爲官祀改地名曰昌平阪取魯昌平鄉也置祭田千石每歲春秋二仲修釋奠設學舍其傍使信勝孫信篤號鳳岡等講書信篤侍將軍講筵應政務顧問統

諸國學者至寬政初松平定信（陸奥白河藩主）爲幕府執政更張學制增設寮舍於昌平阪教幕府麾下子弟及諸藩士以期矯正諸國學風又開日講所許庶民參聽定信又設和學講談所於麴町（江戸）校修國書使塙保己一掌之保己一武藏兒玉郡保木野村民幼失明强記絶倫好聞人讀書一過成誦古今典籍莫不暗記刊行羣書類從六百三十六冊又彙遺漏續成千百八十五冊享保中大將軍德川吉宗用心醫療嘗命侍醫鈔救急良方刊行普救類方便僻鄉之醫藥者設醫院於白山（江戸）救療貧民孫家治時明和中設醫學館於神田（江戸）教育醫生名曰躋壽館又寬永中有蘭人歸化者始傳荷蘭外科醫方長崎譯司西吉兵衛得南蠻荷蘭二方稱曰西流幕府擢爲醫官其姪玄哲傳業是爲蘭科之祖享保中長崎譯司西善三郎吉雄幸右衛門慨不能讀洋書請幕府習洋

文是爲讀蘭書之始天文厤道之學廷臣土御門氏世掌之吉宗又潛意天學研究天經或問西洋厤經算學全書算法統宗諸書設木表於城中以測日晷建司天臺於神田臺江戶改製渾天儀曰簡天儀因司天官之請弛洋書之禁除耶穌教書之外許其購賣命京都人中根玄圭翻譯西洋厤算書玄圭因作厤書上之曰律襲厤又曰白山厤江戶人桂川國瑞豐前人前野良澤等以蘭學鳴國瑞曾祖曰賢遊長崎傳荷蘭醫方經四世百餘年其徒曰衆醫方藥物地理植物舍密數理天文等譯書陸續上梓而蘭方醫術漸盛嘉永之初痘瘡流行鍋島齊正求西洋牛痘種先試之二子以及藩內水戶齊昭亦知種痘之益據支那種痘法施之世子遂及士民分牛痘於藩內種痘自是行焉又幕府之季置開成所於九段阪江戶下教習洋學朝廷則弘化年間仁孝帝患公卿之學

欲新興學校而如古大學寮四姓學校則不可遽就假置學習所擬容京官子弟四十歲以下十五歲以上凡二百人下旨於幕府幕府獻資用未成而帝崩孝明帝立學習所成後改稱學習院舉清原菅原二氏及處士有學者五名爲教師以先帝遺旨揭牓聯曰履聖人之至道崇皇國之懿風不讀聖經何以修身不通國典何以養正維新之初仍興皇學漢學兩校於京都尋廢漢學權稱皇學爲大學及收江戶復興昌平校開成所奥羽平定以後屬軍醫官病院醫學校於東京府是歲六月改昌平校稱大學校以爲本校授國學漢學改開成所稱南校授洋學改醫學館稱東校授醫學廢京都大學以土御門氏天文厤道屬大學廢幕府司天臺而本校不振歲餘閉之更聘外國教師於南校使諸藩貢進生徒又擇於功臣及大藩參政中命視察歐美尋遣嘉彰親王博經親

王華頂宮畱學歐洲諸藩亦遣學生全國益向洋學已通商矣有吉田寅次郎欲私附外船往各洋幕府猶處以禁錮後漸弛此令幕府先遣榎本武揚德川昭武往外國名曰畱學生而薩長大藩亦選俊才竊往中如伊藤博文井上馨鮫島尚信森有禮吉田清成輩皆在其中學成歸朝値變革之際咸破格擢用維新之初朝貴侯封爭遣子弟往學明治元年海外畱學者五十人二年至百五十人至五年大抵千餘人

又文久之始幕府雇蘭醫暴度印建醫院於長崎後又建之大阪維新後以在長崎者爲醫學校使暴度印移東校西洋醫方始盛行先是下野人村上英俊仕信濃國松代藩修法國學嘉永中來江戶教授生徒慶應中豐前人福澤諭吉開慶應義塾教授英學至是外交貿易日益盛而英學效用最廣海內競講習之後又傳德國以下諸學而蘭學遂至於廢絕矣

庚午九明治三年日本國志春正月定諸旗章又剏辦諸務之始爭聘外人爲先導外人應募而來踵趾相接幾徧國中自政府屬官逮於私學校

各社會各製造所苟採用西法者咸雇西人此輩來者咸稱御雇教師明治初年意謂取長以補短逮三四年則皆欲舍舊而謀新風氣所趨聘書絡繹明治六七年間所聘外人大約六百人以上至十一二年漸少猶在二百人以下修脯之費約計殆過千萬圓云

外務日繁政府乃分駐公使領事於各大國以森有禮使美鮫島尚信使歐洲是爲遣使之始爾後遣派公使凡九國爲英法美蘭德俄及澳大利亞意大利二國又分駐領事於英之倫敦新嘉坡俄之哥爾薩浦鹽斯德美之桑港紐約法之馬塞德之伯林等處

又七月遣外務權大丞柳原前光齎外務卿書呈我總理各國事務衙門預商通好事宜書曰大日本從三位外務卿清原宜嘉從四位外務大輔藤原宗則謹呈書 大清國總理外國事務大憲臺下方今文化大開交際日盛我邦近歲與泰西諸國訂盟鄰近如貴國宜最先通情好結和親而惟有商舶往來未修鄰交之禮不亦一大闕典乎我邦維新之始即欲遣公使修盟約國內多故遷延至今深以爲憾茲謹奏准特遣從四位外務權大丞柳原前光正七位外務權少丞花房義質從七位文書權正鄭永甯等於貴國預商通信事宜以爲他日遣使修約之地伏冀貴憲臺下款接各員取裁其所陳述謹白 先是我同治元年長崎奉行遣僚屬搭荷蘭船攜貨至上海因荷蘭領事謁上海道吳煦請日日本向祇與荷蘭通商自英法諸國挾以兵威逼令立約利權盡爲西商佔盡無如力不能制未能拒絕我官民等會商僉謂若自行販貨分赴各國貿易或可稍分西商之勢今既到上海願倣

照西洋無約各小國之例不敢請立和約惟求專來上海一處貿易并設領事官照料完竣諸事通商大臣薛煥允其暫由荷蘭商人報關驗貨尙未許其購貨商人歸時又請倘允通商乞諭知荷蘭領事轉達將來或遣公使籲求至同治三年又有日本商船至上海請英國領事巴夏禮爲介紹通商大臣又允其以日本商名自行報關同治七年長崎奉行河津某又由英國領事致書於江海關道應寶時書稱與歐羅巴諸洲往來時有公使奉命紳士游歷附洋船而西者過境請爲照料又有日本商民請赴內地傳習學術經營商業就便僑寓者均有本國護行印照請驗明符信至顧念鄰誼云云此皆德川將軍時所遣至是朝廷始派委員

天津謁見三口通商大臣成林直隸總督李鴻章成林代爲上書

命留津候命總理衙門議允所請覆函許通商仍有大信不約之

語前光懇請再三前光謁鴻章曰英法美諸國强逼我國通商我心懷不甘而力難獨抗於可允者允之不可允者拒之惟念我國與中國最爲鄰近宜先通好以冀同心合力鴻章爲達之總理衙門前光又上成林書曰我與泰西十四國皆已換約各國與我相距十萬里尙有公使領事來駐我國保護商民獨中國雖有商賈來往留無官長約束西人謂附西船至者應以西人視之竟令華民歸其管轄久有如束溼薪之勢我外務卿輔念及此於戊辰春留函致上海道應寶時請將華民暫歸地方官約束得覆允行我郎以此告各領事今華民還我管轄始脫樊籠現已居以別區編立戶籍優加保護然終不免西人橫議者以未

曾換約故也前有我商至上海者以無約故竟依荷蘭領事爲介紹中國亦若以西人視之中東兩國利權不能自操乃均爲西人佔據我國廷臣會商此事謂宜預先遣員通款爲將來派使換約之地是以特派前光等前來當啟程時或謂不以西人紹介事恐不諧我外務卿乃與諍論謂兩國脣齒相依何必自棄夙好轉倚外人苟以至誠懇請彼國當道必愈加親厚今若回報不必換約殊非我外務卿一片苦心前光等亦無以報命云云又謂成林曰我等來時西人謂泰西小國皆邀我大國同往中國始允立約今日本派員自往恐未必成外務卿置之不答是以僅持英美二國致駐津領事函託其照拂今總署覆以不必立約若奉以回國如西人恥笑何又以手作勢云彼似太高我似太卑又自指云大覺無顏如不邀允雖死亦不敢東歸成林均爲轉達總理衙門鑒其意誠遂允訂約俟派有大臣來時商議前光等感謝而歸

又九月許齊民稱姓氏維新史時政體雖立而鎖國積習深染人心當攘夷論起激昂迫幕府養成冒險之性軍興以後又鼓敢死之氣會世運遽變士論往往抱不平先是信濃國松代藩士佐久間啟號象山肥後國熊本藩士橫井平四郎以學術政略參廟議持論趾主開國破舊弊故習伸張國威而不逞之徒嫉之前後皆被

刺及輿羽戡定殘黨分散脫籍浮浪猶不已大勢略定而紛擾未絕忍藩（武藏國）先動搖高崎藩（上野國）民亦訴租法不均京都則欲停乘輿東遷而喧擾尋松代藩民爭紙幣兌換貢米折金而擾亂延及伊奈縣（信濃國）遂至用兵又濱田藩（石見國）有浮浪士民之擾適山口藩（長門國）更定兵制解隊兵士大樂源太郎等不服遂襲藩廳廳兵伐之其徒逃散德島（阿波國）藩士族老臣稻田氏焚掠其邑須本（淡路國）朝廷戮巨魁稻田氏徙北海道米澤藩士雲井龍雄與會津靜岡等士圖不軌而發覺押送東京斬十一人山口藩逋逃有匿四國九州者因令豐後國備之久留米（筑後國）藩士竊殺大樂等而小河眞文等與山口逋逃相結竊抱異圖京都華族愛宕氏家扶（職名）比喜多高鞆擁其主愛宕通旭及外山光輔圖不軌並發覺賜通旭光輔自盡捕高鞆眞文等九人處斬又十二月頒布新律綱

領初釐正幕府刑法權定爲死流徒笞四刑各分爲三等死罪梟刎絞流七年五年三年徒二年一年半年笞一百五十二十重科梟首除大逆之外不用磔刑停焚刑以徒刑代追放所拂共刑名流則限蝦夷地方竊盜不滿金百圓者不處死死刑經敕裁而行廢財產籍沒法北海道流所規程未立始設準流法爲徒役五年七年十年敕刑部省參酌明　清律纂定新律體寬恕之意務從輕減名曰新律綱領凡六卷律名十四共八圖一百九十二條別設閏刑科之士族代笞杖以謹慎閉門等官吏華族許贖金至是施行之日本國志收諸國寺社領地定親王賜姓制

辛未十　明治四年日本國志春二月徵薩長土三國兵爲親兵幕府既覆薩長土三藩之士漸次登用肥前侯鍋島直正亦率藩士盡力王室當時有薩長肥土之稱而朝臣欲專攬大權復古制及府藩縣之制下內亂雖漸定而諸藩以世祿官人漸萌不平參議僅大久保一人爲薩人薩人以功多亦觖望薩士橫山疏論時政至屠腹

以死諫既而撤屯戍薩兵悉罷歸物情益憤懼於是薩長土三藩再議聯合岩倉大納言大久保木戶二參議特赴薩長密商並至肥計畫既而薩土西鄉隆盛土人板垣退助皆入京復徵三藩兵十七隊衛京師更以西鄉木戶板垣大隈爲參議大久保爲大藏卿故家世族束之高閣居要路者多新進平民益奮袂攘臂以圖事功而維新之規模益拓矣使華族悉隸東京以汽器製金銀幣三月定武官禮式用軍服又夏四月以大藏卿伊達宗城爲欽差大臣使於我 大清締盟約外務大丞柳原前光副之外務權大丞津田眞道文書權正鄭永甯等從焉我 朝特簡欽差大臣協辦大學士直隸總督李鴻章爲全權大臣辦理日本通商事務江蘇按察使應寶時署直隸津海關道陳欽隨同幫辦六月宗城等至天津往復商論至七月遂定修好條規十八條通商章程三十三款附以中國日本海關稅則先是前光等歸我疆臣有以前明倭寇爲辭奏請拒絕日本通商者李鴻章奏駁之略謂我朝朝鮮內坿聲威震讋日本固不敢越屬藩而窺犯北邊亦從未句內奸而侵掠東南實屬畏懷已久順治迄嘉道年間常與通市江浙設官商領船每歲購銅百萬斤咸豐以後蘇浙閩商往長崎貿遷寄居者絡繹不絕其安心嚮化可知矣論者拒

絕之請於今昔時勢彼國事實蓋未深究今彼見泰西各國與中土立約彼亦經與泰西各國立約援例而來似係情理所有之事倘拒之太甚必因泰西介紹固請自不如就其納款之時推誠相待委員柳原前光等來謁每稱欲與中國結好同心協力立言亦頗得體既允議約在前斷難拒絕於後云云欽差大臣大學士兩江總督曾國藩亦奏稱臣竊思道光二十一二年間與西人立約議撫皆因戰守無功隱忍息事厥後屢次換約亦多在兵戎擾攘之際左執干戈右陳槃敦一語不合動慮決裂故所締條約間有未能熟思審處者日本二百年來與我中土并無纖芥之嫌今見泰西各國皆與中國立約通商援例而來請叩關而陳辭其理甚順其意無他若我拒之太甚無論彼或轉求西國介紹固請勢難中卻即使外國前後參觀疑我中國交際之道逆而脅之則易於行成順而求之則難於修好亦殊非 聖朝懷柔遠方之本意自同治元年始有日本官員以商船抵滬 憑荷蘭國報關進口中國隨宜拒卻亦已久矣今既令其特派大員到時再商豈可復加拒絕論者杜絕之請蓋未能合眾國而統籌計前後而酌核也日本素稱鄰邦非朝鮮琉球越南臣屬之比其自居鄰敵比肩之體欲仿泰西英法諸國之例自在意中其海關稅則之輕重亦必與泰西從同日本自詡為強大之邦同文之國若不以泰西諸國之例待之彼將謂厚滕薄薛積疑生隙臣愚以為悉仿泰西之例亦無不可但約中不可載明比照泰西各國總例辦理尤不可載恩施利益一體均沾等語逐條而備載每國而詳書有何不可何必為此簡括含混之詞堅彼之黨而紊我之章總之 聖朝馭遠 一秉大公萬國皆將諒其誠何獨日本永遠相安哉 朝旨韙之 宗

城訂約之後旋進京謁總理衙門王大臣齋呈國皇所獻　大皇帝儀物　朝廷亦加酬報命宗城齋歸初前光之來先呈約草以兩國利益爲辭及隨宗城再至則專欲倣照泰西諸約議約大臣以中東兩國有來有往每事須作彼此兩國之詞方昭公允斷斷持議久而後定　前光致應寶時陳欽書曰伊達大臣之發東都也各國公使送行謂此去當與大清連盟結衡我大臣應之曰但看他日約成當知其實今觀來稿大約與西人同不同者亦不少交際之道萬國祇可劃一不可輕重欲重之也西人姤而分之欲輕之也西人侮而詆之今兩國均有西客旁觀出入頗生枝節倘有參差非特不能通行且謂使者不力何面目歸國復命乎當今之計我兩國唯有內求自强外禦其侮誠能心照意援條規章程不若姑從西人痕迹無事更張不露聲色之爲愈也應寶時陳欽亦覆以書曰貴國特派大臣前來原爲通兩國之好若以迹類連橫慮招西人之忌則伊達大臣不來更無痕迹自主之國應有自主之權何必瞻徇他人鰓鰓過慮況條規中亦並無可令西人生疑之處也兩國有來有往迥異泰西遼遠有來無往者斷不能盡同泰西且西人所得之利未嘗獨靳於日本今送去條規不知較西約何者重何者輕希即一一指明藉開茅塞去歲送來約草均以兩國立論此次章程全改作一面之詞薈萃西約取益各款而擇其尤竟爾自相矛盾翻欲將前稿作爲廢紙則是

未訂交先失信將何以善其後乎我中堂又何以覆命乎中有不能盡同西約者惟內地通商一事先是泰西諸約既經指定口岸通商而約中混入許其游歷內地通商一語本係牽連卅及出於疏誤而西人據此遂謂許入內地買賣貨物各國援一體均霑之詞紛紛效尤於是華商亦多假借西商希免稅釐抗法度流弊孔多及是章程中聲明不准運貨入內地不准入內地置買土貨前光等堅以有異泰西爲辭鴻章面折以華人前往西國隨處通行並無限制今日本係以入口岸與中國通商華人既不能到日本內地貿易日本人亦豈應入中國內地貿易此係兩國從同確乎公允何得引西約爲例前光始語塞而退

宗城既歸日本意尚觖望宗城旋以事免官維新史五月改鑄貨幣初征討東北也朝廷諸藩軍費頗大因製造惡幣贗貨又發行紙幣以辦其急及亂已定昇平二百餘年間防外出所蓄積國內金銀一時湊聚國計甚裕於是改造貨幣以我一兩擬英之磅法之佛郎克美之弗改兩稱圓以爲本位以其百分一爲錢錢十分一爲釐金貨五種自一圓至二十圓銀貨五種自五錢至一圓銅貨三種自一釐至一錢後增二錢並倣歐洲樣式別造一圓銀以充貿

易用稱貿易銀後廢貿易銀與佐渡但馬生野金銀鑛精查舊貨各種品質立其價格有藏之者買以新貨建造幣寮於大阪以鑄造焉鑄材盛集新貨製極精良各藩私鑄之貨幣在箱館平定以前者皆不問其罪命錄上所發行紙幣數有一千七百五十餘萬圓而太政官札製造粗拙贗造極多因倣美國樣式製百圓至十錢九種紙幣與太政官及藩札交換又使各藩錄上負債其係外國債者本利二百七十九萬圓以爲公債內國債則捐棄天保十四年以前在其後者二千三百三十七萬餘圓分慶應三年前後在其前者不付利息配五十年而償還曰舊公債在其後者付四銖利息限二十五年以抽籤償還曰新公債並與記名證券尋與金札兌換公債公債始於此（日本國志）外史氏曰世人皆謂西戎樂戰窮兵黷武唯意所欲蓋由於府帑之充溢金穀之富饒此其說誤矣既而知其國債之巨又謬疑府藏空虛國計窘迫一若負債累累不可計長久者抑又非也泰西諸

國必須計一歲出入之款量出爲入無所蓄積國家一旦有大兵革大政事乃大開議院議加征重賦重賦加征之不足於是議借債余嘗考其故大概有二一則內變外患紛爭迭起因以師旅重以饑饉當全國人民安危之所繫則議借債此則暫紓目前之急不得已而爲之如荷蘭之叛西班牙美利堅之拒英吉利是也一則汽車鐵路治河墾田經始大利必集鉅款爲全國人民公益之所關則議借債此則豫計後來之利自所爲而爲之如日耳曼之開鑛山俄羅斯之造鐵路是也夫有國家者既不能如人之一身有恆產有生計亦不能竭國家所有而抵償於人負債既重終不能不分其擔於人民取償於租稅租稅過重民不能堪國必隨弱故國債一事非出於治窮無術則實不應舉荷蘭以負債過鉅橫征暴斂以還國債卒以弱國雖然因軍事而借則譬如祖父艱難拮据爲子孫圖生業所負之債己不能償而責償於子孫爲子孫者自不得辭由公益而借則譬如工場田野荒蕪不治召集農工爲之墾闢所得之利以養農工農工亦與分其利故因一時窘迫勢出於不容已偶一爲之亦不妨也泰西政體君臣上下休戚相關富家巨室知國家借債所以衛我室家謀我田廬而同袍同澤并力合作之氣一倡百和未嘗不輦金輸粟爭先而恐後則其稱貸也不難逮夫事既平定出貲者歲給餘息尚有微利與自營生計無異則其徵償也亦不迫既爲諸國習見之事又非計日促償之款第分其歲入之一二以爲子金則其供息也亦不甚累又況富商巨室屢輸於公則下之於上患難與同憂樂與共相維相繫之義日益深而國本日益固西人每謂社稷可滅而國不可亡國償亦居其一端是故國內之債雖高如山阜浩如淵海西人視之若尋常

不爲怪也若夫外國之債則泰西之談經濟者皆比之蠱毒色相戒卻時會方殷後益極大猶不敢不周詳審重極之計窮策盡而後舉事蓋內國債雖有利有害楚人失之楚人得之其利害繫於一國外國債則利在一時而害貽於他日且利在鄰國而害中於本邦但使借債過一千萬則每歲供數十萬之息比之古人和戎歲幣猶有甚焉近者如土耳其如埃及皆以負債之故國庫匱乏之岌岌可危其覆轍可鑒也而或者西人乃謂弱小之國利於借債負債愈重則所借之大國慮其損失必加保護而國可賴以不亡嗟夫有國家者設想至此是所謂自暴自棄不足有爲者矣尚足與言哉尚足與言哉

又東京設紙幣寮印刷紙幣及證券今之印刷局是也尋屬德國製紙幣料紙遂倣其樣式又揣意製印色以防贗造

日本國志外史氏曰楮幣可以利民不可以罔利者也苟使持數寸脆薄之物使天下之人饑藉以食寒藉以衣露處藉以安居則造之易而賫之輕天下之至便無過於此矣無如其不可何也金也銀也銅也是亦寒不可以爲襦饑不可以爲粟穴處不可以爲之屋而天下之人奔走而求之且萃五大部洲嗜欲不通言語不達之輩不約而同以此爲利則以布帛菽粟之不可交易乃擇一物之貴而有用者爲幣以適用而金銀銅寶爲適宜若以楮爲幣則直以無用爲有用雖以帝王之力設爲金銀銅交易之禁嚴刑峻法驅迫使行而勢有所不能且夫在唐有飛劵在宋有鈔引今銀行錢店羅列於市廛人亦爭出其寶貨以易空楮經商四海者攜尺寸之券雖在數萬里海外悉操之則獲不異於載寶而往於是禁

飛券禁鈔引必囂然以爲不便而歐洲各大國又有國家公立之銀行富商巨室舉其家所有之金銀大者牛車小者襁負寶輸於其中予一張之紙則珍寶而藏之日本初用楮幣也值相等者價或重於眞金蚩蚩細民給予錢則拒給予紙則受亦安在楮幣之無用今日不可行者何日以楮幣代金銀則可行指楮幣爲金銀則不可行也有金銀銅使楮幣相輔而行則便於民無金銀銅憑虛而造漫無限制吾立見其敗矣輓近以來物侈用糜錢之直日輕錢之數日多直輕而數多則其致遠也難成色有好醜鑄造有美惡權量有輕重民有交易奸詭者得上下其手以肆其詐僞而金銀銅之便於用者又憎其繁重矣代以楮幣則以輕易重以簡易繁而人爭便之雖以中人之貲設市易銀紙幣尚足以行況以國家之力有不趨之若騖者乎誠使國家造金銀銅約億萬則亦造楮幣億萬示之於民明示大信永不濫造防其贗則爲精美之式救其朽則爲例鈔之法設爲銀行以周轉之上下俱便此經久之之利也日本自明治四五六年爲金銀銅三貨並鑄計值六千餘萬當時紙幣八千餘萬雖其數既浮民尚利之既有薩摩之亂驟加紙幣二千六百萬加以銀行之增發公債之充溢核楮幣之數過於眞錢幾億萬卽使金錢不流出而增造無藝浮數過鉅勢不得不發況又益以輸入過多金錢濫出之害乎前之以一圓易金銀貨一圓者浸假而十一浸假而十二至今則十三四乃能易矣金元明之行鈔不過百年及其弊也鈔百貫值錢一文耳乃至不足償楮墨之費美利堅之行紙幣法蘭西之行紙幣皆爲時不久值千值萬之紙幣至不能謀一醉今日值十之三四將來殆不可問也尋前明及美法之弊終至拉雜摧燒廢棄不用轉而用金銀吾

稽日本新鑄之貨多流出海外存於國中者不可問也全國上下日所流通者紙幣已耳一旦不用殆將轉而易布帛菽粟矣紙幣日賤物價日昂貧民之謀生者日難於一日既有岌岌不可復支之勢然以本國之幣購本國之產自相流轉尙可強無用爲有用購他國之貨則非以貨易貨不可矣若或不幸饑饉洊臻敵國乘隙終不能復舉無用之楮幣以購菽粟以儲槍礮誠未知其稅駕之何所也詩有之曰譬彼舟流不知所屆其今日日本紙幣之謂乎吾將拭目以觀其補救之方也〔又〕舊制郵驛有問屋（問屋猶牙行）傳遞夫馬曰宿繼近鄉助其役曰助鄉其雇賃不及和雇之半至是每驛設陸運會社廢宿繼助鄉悉從和雇信息則諸藩各發飛腳（飛腳猶急足）都會地有飛腳宿（宿猶鋪）定期往返一月三次或至六次以送遞書信物品至是參酌外國之制賣劵子設郵便試通信於東京橫濱間一日五回有效因設之兩京大阪間及長崎遂禁私信營業始起郵便稅行其法於全國〔日本國志〕遣參議副島種臣於俄羅斯議樺太疆界〔又〕秋七月上御正殿悉召在京知藩事下詔廢藩爲縣先是高知藩知事山內豐範（豐信之子舊土佐藩）

主建言請解士族文武常職廢秩祿以給祿券官員兵隊博取之士民命施行於其藩內當是時有府藩縣三治一致之名而各藩積習不可遽變士民或慕累世恩德不免有重藩知事輕朝廷之弊政令紛雜外交多障害議者往往唱廢藩之說乃遣大納言岩倉具視於鹿兒島（薩摩國）山口二藩手詔召島津久光毛利敬親翼贊大政又差遣參議木戶孝允於山口藩大久保利通於鹿兒島藩久光敬親皆奉朝旨會久光病大參事西鄉隆盛代而東上孝允利通俱赴高知藩而協議與其大參事板垣退助（土佐藩士）偕至東京敬親適薨遺表請除封建餘習固國家基本於是廢藩爲縣特賞島津忠義毛利元德鍋島直大（直正之子佐賀藩知事）山內豐範首唱奉還版籍又嘉德川慶勝細川護久（熊本藩知事）池田慶德（鳥取藩知事）蜂須賀茂韶（德島藩知事）乞立郡縣之制召各藩知事親諭罷其職皆留之

東京命舊藩大參事以下權管理事務是時有二百六十三藩尋廢合府縣改爲三府七十二縣頒縣治職制後廢合數次至二十二年爲三府四十三縣鎌倉以來守護地頭積習馴致封建之勢大小列藩各私其土地人民至是尺土一民皆歸朝廷之有郡縣之制始定矣又幕府之結五國條約也國論不和有條款失當者因約經十四年而後協議改正後又與諸國結盟約至維新之後瑞典西班牙墺地利布哇諸國相繼而來並締盟結約如十一國之例於是差辦務使往駐各國謂之公使及廢藩以太政官爲正院置左右院正院置太政大臣左右大臣參議正權大少內外史爲行政之本左院置議長議官議定法制爲立法之府定神祇外務大藏兵部文部工部司法宮內八省以右院爲諸省長官議機務之所立官等十五級以代官位相當制以三條實美爲太政大

臣岩倉具視爲右大臣西鄉隆盛木戶孝允大隈重信板垣退助爲參議遣特命全權大使於締盟歐美諸國告國政革新謀改正條約特命全權大使者在西洋國交最屬重典以右大臣岩倉具視爲大使參議木戶孝允大藏卿大久保利通工部大輔伊藤博文外務少輔山口尚芳爲副使巡聘於美英法西班牙葡萄牙白耳義荷蘭德意志俄羅斯丁抹瑞典意大利墺地利瑞西十四國使司法宮內兵部大藏文部工部各差理事宮觀察各國以十一月發東京太政大臣三條實美參議西鄉隆盛大隈重信板垣退助與諸省卿輔俱張內政諸藩始爲一機務尤繁劇幕府之季薩長兩藩奔走國事有相爭之勢其後和諸共廢幕府土藩助之及舉朝政外國事尤艱肥前藩久膺長崎邊防閑熟外交鍋島直正殊用心於此因舉用其藩士而各科要務薩長土肥四藩人多當

之以松平慶永鍋島直正山內豐信等爲長官屬名望焉尋解官優遇有大事諮問之至是直正豐信相繼而薨四藩才俊等鋭意圖更張〔日本國志〕許華族平民相婚嫁廢穢多非人稱令國民任便散髮脱刀〔又〕時漸察外情思恢復已失之權利而外人尙干預內政或故犯日本條規或强迫日本遵行如游獵規則外人多游獵內地者日本制令民人繁集之區林木掩蔽之處不得妄發銃犯者得拘禁之而巡查拘而致之領事者多以無罪免防疫法明治十二年長崎疫證流行即霍亂吐瀉西語名爲虎烈剌者也此病最易傳染日本仿西法以定規則凡有船由長崎來橫濱者先泊相州之長浦遣醫檢視用各種消毒法驗明無病者乃放行商之各使無異議惟德國有船來不服檢查破例駛入謂所定規則未善也外部不得已復與各使協議將規則改定各使乃布告其民使遵行此案出而日本論者囂囂皆謂外人侮我不啻奴隸我邊鄙我云日本均不得行其志然整理內政頗有規模外客來游者如英國皇子五年意大利皇族六年德國皇孫十一年美國前總領格蘭脱優加敬禮頗獲聲譽格蘭脱臨別告國皇曰願日本日益富强卓然獨立毋使外人干預內政並願與英美諸

紳設立東洋友會力禦外侮云〔又〕全國君臣上下所最注意者在改正條約維新之初雖照行幕府舊約已漸知領事管轄外人稅則不能自主之非岩倉具視等至各國議改約兼察各國政事法律商法教養兵制等事先至美國議不合原約以十年爲期明治五年五月即爲改約期已至美外務卿曰此大事非空言可辦必須有實權乃可議遂遣大久保伊藤歸國請全權委任旣聞歐洲各國均不願乃中止兩副使仍往美偕行及大使歸朝益銳意改革値西南變亂待事定乃與各國公使協議意欲增加輸入凡內港貿易謂專在一國中來往由此港至彼港也不許他國船侵占旋與美國議改明治十一年吉田淸成議於華盛頓約稱所有海關收稅章程由日本政府自定日本內港貿易專屬日本人復言此約俟各國改約後即日施行然此各國未就範故不能實施云

壬十申一明治五年〔日本國志〕春二月以外務大丞柳原前光兼少辦務使郎四等公使使於我議改約不得要領而還前光齎有外務卿副島種臣大輔寺島宗則致我北洋大臣李鴻章文書大略謂承訂條規經奏聞允行惟去歲我國特派大臣使於歐西欲倣萬國通例議商改約將來改

定後條規中所載以己國法訊斷己民等事必須更正故先商明又條規第二條遇事彼此相助從中調處之語兩國既結和誼難無此語亦有權可行應請裁撤第十一條帶刀之禁佩刀乃我國禮制若以入國問禁第交我國理事官檢束可耳不便明禁亦宜削去今特派前光等面陳冀與貴大臣時備文書往來擬議以爲他日批準互換之地云云前光又陳通商章程所載進出口稅各條須議由日本海關按照成規抽收不必指明稅則前光謁鴻章鴻章曰日本與泰西改約成否未可知事果有成可以換約後再商海關收稅亦可俟屆時商辦帶刀之禁原慮細民滋事須爲防範由理事官布告禁令亦無不可俟約滿時刪除至從中調處一語信如外務卿所謂各國均有此權但議約時不載則可既載復裁轉貽耻笑兩國交際於定約之後未換之先遽爾遣員議改旋允旋悔不幾於全權立約之命相柄鑿乎條規所載信守弗渝之謂何萬國公法最忌失信爾國何可蹈此不韙貽笑外人前光囁嚅緘伏第言惶愧惟求湯覆鴻章亦覆以書案萬國公例各國流寓之民均歸地方官管轄海關收稅輕重多寡悉由自主他人不得干預日本於是時既悉外交利弊特遣岩倉具視等使歐美各國欲倣泰西通例將舊約中領事官以己國法審斷己民之條及海關收稅彼此會商之語一概刪改權歸自主故種臣等有此商請唯西人既得之利難以遽奪自岩倉歸後今已越十年尚無歸宿帶刀一事凡世族悉佩雙刀庶民亦或帶單刀實爲日本禮制然其後從森有禮之議卒自行革禁至彼此調處之言聞宗城等齎約歸頗受西人揶揄故欲刪去云

三月廢親兵置近衛兵頒赦奏官犯罪條例夏

四月禁典賣土地於外國人置教導職頒教憲三條〔維新史〕五月
上御龍驤艦西巡自鳥羽〔志摩國〕詣伊勢神宮經大阪拜後月輪東
陵〔孝明帝陵在京都東山〕還經大阪下關〔長門國〕長崎熊本鹿兒島巡覽礮臺
鎮臺學校經丸龜〔讃岐國〕兵庫還幸東京〔又〕廢大學置文部省管掌
府縣教育大木喬任爲文部卿秋八月改定學制分大中小學區
定學齡使全國男女六歲以上悉就學設師範學校於大學本部
及府縣講習小學教則以養成教員設外國語學校熟習亞細亞
歐羅巴諸國語學尋改南校爲開成學校改東校爲醫學校大學
之制漸就緒〔又〕維新之初復神道廢佛法之説起後竟不行尋改
神祇省爲教部省又幷之文部省舉祭祀諸典屬式部寮教導職
請設大教院總轄説教神佛兩徒水火不相容神道興隆不過行
葬祭於民間而已又許僧徒肉食娶妻令稱氏姓而佛教亦因衰

頒矣後內務省置社寺局管社寺事務設各宗管長掌宗教事神社之數合官幣國幣府縣鄉村諸社約五萬六千五百餘佛寺之數合天台眞言淨土眞宗法華禪宗時宗等約七萬二千餘(文)前年頒布新律既而笞杖以下設懲役法改徒場爲懲役場至是江藤新平爲司法卿酌各國法律撰改定律例凡十二圖三百十八條廢磔刑降梟首爲斬降絞爲終身懲役改笞杖徒流悉爲懲役士族則處禁錮大抵自非殺人放火及持兇器强盜等重罪則不入於死定斷罪無正條條例酌量情法聽末減至五等初東京之巡警徵藩兵爲市中取締兵（取締兵猶云警備兵）轄之東京府藩廢置邏卒至是置警保寮於司法省隸屬邏卒定違式註違條例其他訴訟文例代書代言規則身代限處分（身代限謂籍財產償債）等皆係此時制定又頒布監獄則圖式整淨全國牢獄配裁判所并聽民刑訴訟司

法事務於是舉矣〔又〕燈臺鐵道電信製鐵等工業興因置工部省掌諸工及鑛山勸工等諸事後藤象次郎爲工部卿益起工業九月東京横濱間鐵道成始通汽車上親臨落之此舉大隈重信伊藤博文排衆議起工因賞二人更欲起工神戶大阪及京都大津又敷電信綫路於全國丁抹電信會社請設自　清國上海至長崎海底電信聽之時士民競移用西洋工技設羅紗織場於千住横濱高島嘉右衛門請建設瓦斯燈於横濱〔又〕琉球久隸薩摩藩置邸鹿兒島嘉永安政之際英法二國遞抵琉球勸通好互市留人而去薩摩藩遣兵士戍衛之至內地開港而止是月國王尚泰使其臣尚健尚有恆等上賀表獻方物詔冊封爲琉球藩王列華族賜尚泰及夫人使臣等物有差明年尚泰入朝置邸東京藩臣祗役而外務官駐在琉球措置其外交後屬內務省諭奉明治正

朔遵行禮儀用新定律令改職制遣才俊學於東京（文）朝廷嚮廢唐制服裝諸儀專主簡易減親王公卿藩主騶從之製禁喝道務除尊大之風上行幸離宮亦不具儀仗許士民散髮脫刀及立禮至是以衣冠爲祭服許直垂狩衣淨衣直垂以下服制名稱代之改大小禮服常服仿洋製（日本國志）冬十月有秘魯國商船瑪利亞畱士在澳門騙誘華民三百餘人爲傭載赴其國旣而遇颶風泊橫濱傭人苦舟師虐使投水遇救英國兵艦長挨仁雖救之引告神奈川縣走訴神奈川縣廳時副島種臣爲外務卿命阻畱商船解放諸傭告於　清國　清國遂遣同知陳福勳來日本攜之還深謝其鄰誼時日本與秘魯未立約秘魯旋遣使責日本越俎多事要以償款彼此駮論久未決乃會請俄皇公判至明治八年六月俄皇斷以日本所辦合於公法秘魯不得要償議乃結其後東京有數百工役應募赴秘魯政府慮蹈貢奴之弊禁止之布哇即華人所謂檀香山也有美人傭雇賤民送致其島幕府不能禁後亦遣吏往布哇檢察不願畱者載以歸自秘魯事起日人謂業娼妓掠賣兒女均損人權並禁之十一

月以外務卿副島種臣爲特命全權大使使於我換條規先以書致北洋大臣李鴻章曰前派使員請暫緩換約並商改章今我改約大使東徂西轉已越一年若俟其歸似太遲緩今已疏請先行換約奉命以種臣爲大使即日來華種臣謁鴻章又自陳前光之來非其意所樂爲云

割樺太全界與俄羅斯易取千島初壬戌秋竹內某松平某使俄以樺太一地委奴以色列以此地爲貴國有以與論言之謂之滿洲屬島可也且四十八度以北未見委奴人種乃欲分五十度乎此土無界可定然疆場之邑或彼或此亦非我所好我在下田嘗與貴國約人民雜居貴國置不問曰他日目擊實地以議無已今以阿丹和港界之二人察其言有奪全島意然茫乎不辨地勢乃立券約就地勢定界幕府請命熟地理者檢之居五年使節未遣俄遂大起土功拓樺太島事聞幕府大驚乃遣小出石川等至其京都執舊券議就地勢定界俄若爲不知者欲以千島代樺太益謬以千島爲俄有也小出等讓其食言俄人曰口舌何益今與貴國隨開隨居不亦善乎小出等議曰雖脣枯舌燥辯之無濟今俄人拓地已及五十度南需者事之賊我國之咎也終復約彼我人民雜居而歸至明治三年託美國政府周旋仍畫五十度爲界俄不允四年副島參議六年岩倉大使等迭議不就及榎本武揚使俄又爭論連年維新史詔八年冬乃定議割樺太與俄而交換千島歸日本云

廢大陰麻用大陽麻以明治五年十二月三日爲六年一月一日

行改厤儀告伊勢神宮及歷代皇靈以神武帝卽位年辛酉爲紀元始設紀元節然猶不廢年號改一日十二時爲二十四時定祭日以日曜日代一六日休暇一六日休暇爲古制維新以後用之又賜官吏暑中休暇皆依仿西洋而潤色焉開國規模已定移彼文物工藝改舊就新一時興造甚盛如遇凶饉輸入外國米以濟急大使發行時查一歲貿易輸入之數超過平輸出者一億八千圓云此數蓋未確姑據當時所勘查又諸藩已廢全國版圖悉歸朝廷大藏省事務繁劇貨政改而國債起以通商賈豪商三井氏奕世以兌換爲業維新後舉用之至是許其商會發用拾圓以上五種證券尋允商會請更爲國立銀行開業東京第一國立銀行是也銀行及銀行證券始於此又是歲東京災火起郭內延燒至築地海岸因令大藏省改正市街盡仿洋式建築煉瓦屋妝飾都府並豫防火災先

起工京橋新橋間竟將及全府於是家居之制漸變舊式官省學校會社及貴紳豪富之家多用煉瓦或石構造器具裝品皆摸擬西洋〔又〕初幕府之季阿部正弘（備後國福山藩主）執政命高島茂敦江川英龍教習西洋法銃隊諸藩皆傚之銃用火繩至是以燧發火安政之初傳雷管至文久傳後裝銃鍋島齊正築礮臺於長崎海口用西洋式以反射鑪鎔鐵島津齊彬興洋式製鐵所共鑄造巨礮幕府遂廢大船之禁距寬政禁令實二百二十餘年也齊彬又倣洋式製昌平丸太玄丸（艦舶俗稱曰丸）二艦德川齊昭亦鑄巨礮造旭日丸並獻之幕府幕府因定國旗之制用白質日章今所用是也興製鐵所於長崎港內尋雇蘭人設修船渠託蘭人購求軍艦兵書令麾下習銃礮者專講洋法遣矢田掘景藏勝義邦（後稱安芳）等於長崎就蘭人學航海術後又遣榎本武揚肥田濱五郎等十餘人於

荷蘭監臨軍艦製造兼學造艦航海諸術又設海軍操練所於築地造船所於橫須賀相模國至是雖國亂早定而士氣未鎮加以廢藩處分軍備殊難乃釐革軍政初海軍從英式陸軍用法式府藩縣每萬石徵兵五人於兵部省又徵親兵於薩長土三藩置鎮臺於東山陸前國石卷西海豐前國小倉二道廢藩後定兵制天子親爲大元帥大纛下有元帥參謀參幕議有監軍出納軍令將佐尉各分大中少率軍隊是歲廢兵部省置陸軍海軍兩省幕府之季海軍稍就緒諸大藩漸倣之而遽逢維新故有艦而乏人勝安芳自幕府時習海軍因爲海軍大輔以工部省所管橫須賀造船所隸海軍省陸軍省管全國城郭經稟准存五十五城付百四十三城於大藏省廢毀之以參議西鄉隆盛爲大將卽元帥酌西洋之制一洗養兵之弊十二月詔設徵兵之制全國之人不問士庶貴賤以滿二

十年爲丁徵合格者服常備三年後備二年之役餘服國民軍分爲礮騎步工輜重五兵平時各定其數戰時則增焉廢親兵置近衛兵待其練習漸次罷歸舊藩縣募兵將校往往不服謂士民安堪戰兵宜選士卒行之三年募兵皆解盡收銃礮彈藥等兵器賞下士以下勞績給二年間俸金令曰有緩急宜速就徵集

癸酉十二明治六年（和漢年契）禁鴉片販賣者斬決吸食者徒（維新史）

春一月置陸軍鎭臺於東京仙臺陸前國名古屋尾張國大阪廣島安藝國熊本六所定所管軍營（又）諸藩租法不一皆極紛錯議者亦陳米納之弊欲改爲金納初開橫濱港也就士民田圃設市街發地券以徵租因將倣其法先行之東京府下乃廢武家地武家謂士族以上市地等之別許人民任意賣買與地券於所有主公定地價徵百分一之租全國素皆王土立之領主與奪之柄則在於朝廷農民

不過爲佃作又田圃耕種有品類制限至是廢制限土地皆爲地主之有遂發地券於全國改正地租四年以來全國租入集大藏省歲入遽豐諸省競事興造歲出亦不貲會大藏卿大久保利通使歐美大輔井上馨攝理財政不堪其要求四月使諸省卿兼參議圖協商處事馨以議論不合辭職尋召還利通及木戸孝允日本國志二月改正父祖被毆律禁復讐三月詔許與外人婚帝斷髮皇太后皇后亦革薙眉涅齒舊習遣外務卿副島種臣於我大清夏四月種臣至天津我　朝命北洋大臣李鴻章爲換約大臣遂互換條規種臣旋入京時　穆宗親政禮成泰西公使咸籲請　覲見伸慶賀六月　穆宗召見於紫光閣種臣以頭等全權大臣在俄美英法諸使之先捧國皇書入　覲書曰大日本國大皇帝敬問　大清國大皇帝曩者兩國俱與泰西各國交通往來

而獨兩國未修親睦故於去歲簡派親臣大藏卿伊達宗城經與
貴國議定條規已予批准允宜派使互換適聞　大皇帝已成
婚且親政朕深歡喜乃特遣外務大臣副島種臣於　貴國交換
條約俾伸慶祝朕固知種臣堪爲喉舌專司外務無不代朕肩承
言歸於好冀　大皇帝思交誼篤鄰好待該使臣優加仁厚彼此
兩國蒙慶永久弗渝特茲敬白併祈　大皇帝多福眉壽種臣覲
禮成鞠躬肅退　皇帝命覆以國書書曰　大清國　大皇帝復
問大日本國大皇帝好茲接使臣副島種臣齎到來書披閱之餘
實深忻悅朕祗承　天命寅紹丕基中外一家罔有歧視矧關鄰
誼尤重推誠上年所立條規現已宣諭刊布嘉儀孔多足徵厚意
用答微物藉使寄將願我兩國永敦和好同荷　天庥朕有厚望
焉仍命種臣齎歸自中國與外國締交三十餘載今以　特恩召

見種臣居首班世誇爲至榮種臣換約之後以井田讓爲總理事管十五口商務品川忠道爲理事駐上海兼管寧波鎮江九江漢口四處林道三郎爲副理事管廣東瓊州潮州三處而駐於香港各令赴任視事種臣既歸留前光爲公使（維新史）五月皇宮災上遷赤阪（東京）離宮士民欲獻貲費以助新宮營造敕諭太政大臣三條實美以費用浩大傷國計姑勿造宮（又）幕府之時諸藩多不通外國事情甚嫌惡之并擯斥爲西洋學者至罵曰國賊朝廷定開國規模索洋學者盡登用之又勸諭航歐美視察事情爾來五六年衆靡然向之於是諸民西航者嘗數百千人比年改張百度購船艦車輛鐵軌汽鑵燈臺機械書籍於外國甚盛而英美最多西洋工商皆驚異我殷富相競覦望全權大使之至美國彼謂開日本者我力也所至歡迎其國會議下關償金之非曰是血腥金也

蓄之不祥乃欲盡還之下關償金者文久中長門藩礮擊美法蘭三國船於下關三國軍艦與之戰遂講和英公使與三國謀歸曲於幕府要求償金三百萬弗幕府以爲過當而內外多事不遑熟議終諾之大使至英國亦厚遇視各都府船車製鐵等大工場迎饗甚盛稱日本開化如朝陽而學者乃疑謂百年大木不一夕而長法國新開共和治創痍始愈或謬傳我虐待天主教徒稱爲教敵荷蘭則以舊好款待懇篤聞一行解蘭語至於垂淚日耳曼帝厚禮遇待首相微斯馬克語我國與貴國眞爲親友俄羅斯以屬地毘連於我亦甚表親懇至意大利過羅馬羅馬法王恚我天主教處分不顧墺地利方開萬國博覽會博覽會謂賽珍會我亦與有聲譽待遇頗厚西班牙葡萄牙阻國亂而不果行歷聘二十月以是歲九月歸然未能決條約改正之議〔又〕初朝鮮戕害法國人遂開釁

幕府為謀講和未果而還政朝廷乃遣修信使其書有皇勅等字朝鮮因拒之尋又遣使勸修好亦不受又遣使報償對馬國欠負罷其貿易船且送漂民朝鮮受漂民而拒其他衆議憤之於是征韓論起矣前年琉球民六十餘人漂到臺灣為生番所殘害逃還者十二人琉球訴之是年小田縣備中國民亦漂到為其所劫掠乃以外務卿副島種臣為全權大臣派遣 清國始交換條約因申理臺灣之事 清國以化外答之不應我求於是征臺論起矣既而全權大使副使相繼歸朝政府軍營間征韓征臺論盛起西鄉隆盛請躬使朝鮮彼若不受加以無禮直就征之同列多應此議右大臣岩倉具視固執不可乃執奏兩議敕從非征冬十月參議西鄉隆盛副島種臣後藤象次郎板垣退助江藤新平等五人罷職陸軍少將篠原國幹桐野利秋等不服皆辭職隆盛率之還鹿

兒島物情騷然〔又〕自幕府末年新聞紙行於世維新之後太政官日誌頒行於是新聞紙印行益多至是年九月受准許者凡百二十三種初薩摩藩遣人上海就美利堅印書局購活字及印刷器械長崎人元木昌造得之刱建社於其地遂得製字母術鑄製活字設支社於大坂橫濱士族輩遇減祿遽圖商工不慣其業多破產者唯活版印書易慣熟且需用尤廣轉相摹倣其業漸盛是時上下皆驚歎西洋器械之便外商投機說其利衆謂可拱手致富競募資本購求巨大機器出口金額亦夥焉〔又〕廢藩令發藩民往往牽戀舊主有結黨橫行者管廳鎮遏之新潟縣士民稱恢復幕府因河流開鑿事作亂山梨縣（甲斐國）因大切小切（租法名稱）租法士民嘯起皆加兵平之諸藩士亦失職戀舊藩主所在偶語西國尤甚薩摩素負名望島津久光在國憂國情不協是歲入覲將有所建

白諸藩士謂我志可伸相踉集東京亦不得其志豐後士民請復舊藩止新令而擾亂以兵鎮壓焉越前亦亂縣官募士族鎮之美作民以徵兵令有血税字浮言煽動延及丹波備後伯耆出雲四國筑前小民乘旱災羣起入福岡縣（筑前國）廳筑後亦亂並發鎮臺兵踰月而平諸藩士陰結黨欲待釁動者猶多〔日本國志〕須撮影御容於府縣冬十月大使岩倉具視等還十二月税華士族祿許士族以下奉還祿賞（課家祿税官祿税以充海陸軍費又設家祿賞典還納之法其自請還納者給以六年全額）〔維新史〕十二月以島津久光爲内閣顧問參與大議班大臣下置内務省以參議大久保利通爲卿

日本源流考卷二十終

日本源流考卷二十一

長沙王先謙益吾撰

甲戌十三明治七年日本國志春一月前參議副島種臣等連署上表請起民撰議院謂倣泰西制立議院撰地方民人之賢者俾議政事以分官權也其時大學頭加藤宏之投書駁論以爲民智未開計時未可後兩議聚訟譊譊爭鬨日甚一日日本維新史初江藤新平以征韓議不合怏怏不樂脫歸佐賀誘縣廳舉其徒陰集征韓黨山口久留米諸地並有動搖之色先是佐賀不悅新政者結憂國黨謀復封建制兩黨各援引其徒翌月憂國黨劫掠小野商會金錢電報達東京即令熊本鎮臺鎮之尋遣參議兼內務卿大久保利通鎮撫焉佐賀縣士島義勇亦承內旨往諭義勇附憂國黨與征韓黨合共攻縣廳縣令奔筑後於是嘉彰親王爲征討總督以陸海軍進勦前後繼發總督未到叛徒挫衄而降義勇等就縛捕新平於

土佐誅斬有差（日本國志）三月設女子師範學校（維新史）時征臺議方決夏四月陸軍中將西鄉從道爲都督陸軍少將谷干城海軍少將赤松則良爲參軍令參議大隈重信督征討事赴長崎發艦船往征臺灣諸酋長望風納款獨牡丹社兇頑不服五月從道進軍破石門衝巢窟斬酋長生番恐懼投降牡丹社亦降嘉彰親王大久保利通既平佐賀班師　清國聞我征臺灣有違言駐清公使柳原前光與之辯論不諧秋八月命利通爲全權辦理大臣赴　清國利通至北京與其總理衙門諸大臣往復論辯期日要荅諸大臣遷延不決利通曰是非口舌所爭報旨總理衙門將決然捲國旗而去駐　清英國公使威妥瑪居間調停　清國償被害難民撫恤銀十萬兩臺灣修道建房費四十萬兩（五十萬兩當我六十七萬一千六百五十圓）約以約束島民不加害航客因撤去征臺兵冬十二

月復命從道亦班軍（日本國志）先是辛未十一月有琉球船遇颶風飄至臺灣爲生番劫殺五十四人癸酉三月小田縣民四名亦飄到遭害喜事者因謂生番豺狼不可不懲特以生番熟番有異欲先質經界於我會種臣在北京乃寄諭種臣命詢臺地事種臣難於啟口因遣副使柳原前光問我總理衙門大臣毛昶熙董恂昶熙等答曰番民之殺琉民既聞命矣害貴國人則我未之聞夫二島俱我屬土屬土之人相殺裁決固在於我我恤琉人自有措置何預貴國事而煩爲過問前光因大爭琉球爲日本版圖又具證小田縣民遇害狀且曰貴國已知恤琉人而不懲臺番者何曰殺人者皆屬生番故且置之化外未便窮治日本之蝦夷美國之紅番皆不服王化此亦萬國之所時有前光日生番害人貴國舍而不治然一民莫非赤子赤子遇害而不問安在爲之父母是以我邦將問罪島人爲盟好故使某先告之反覆論詰者累日卒不能畢議及前光歸白狀於是征臺之議遂決甲戌三月以陸軍少將西鄉從道爲都督陸軍少將谷干城海軍少將赤松則良爲參軍率兵赴臺灣陸軍少佐福島九成爲廈門領事兼管番事別延美國人李仙得參謀議李仙得者曾充駐劄廈門之美國領事以美船事曾至臺灣生番諸社後爲外務省所聘副島種臣使中國亦嘗隨行焉傭英美船爲運輸而特命參議兼大藏卿大隈重信爲總理四月從道等率海陸軍發品川旋抵長崎以薩邸爲番地事務局重信等隨至時美國公使某執局外中立之例建言曰大邦無端率軍艦兵卒而入華境彼必以爲寇邊我船舶人民苟爲大邦所傭役彼又必以我爲應援我與華人亦爲同盟豈敢獨有私於大邦而結怨鄰好凡屬美國所有願一人

切收還遂布告其流寓商民守中立例並令廈門美領事捕李仙
得等英國公使亦言中國必生異議按之公法實無此舉於是內
閣太生紛議急遣權少內史金井之恭傳內旨於長崎令重信止
軍行且歸京重信走告從道從道不奉命曰近日朝政朝令夕改
令人危疑況招集精銳駕馭一誤潰敗四出禍且不測豈止一佐賀
之比必欲强番某則奉還敕書躬擣醜虜巢窟殲而後已萬一
清國生異議朝廷目臣等爲亡命流賊則於答之乎何有先是日
本欲於番地爲屯田計因命從道募兵鹿兒島縣其兄隆盛爲募
驍健子弟六百餘會停師令下忽有流言謂熊本大坂兵將東上
叩闕請出師之命故從道以是要挾從道又曰卽使內閣大臣西
下親諭亦不能從辭色俱憤重信乃曰內旨非必停師持以外國
公使有違言將俟後圖懇諭百端從道卒不肯卽夜下令發師並
日領事九成等遂率兵二百人乘有功艦先發重信電報狀朝議
大憂又命內務卿大久保利通如長崎從道卒不聽乃戒以姑行
勿妄交兵以待後命利通等遂擕李仙得還東京五月二日遣日
進孟春三國三艦相率發尋達社寮港平曠無可扼守時日進艦
放小舟測海生番出沒岸上發小銃狙擊乃移營龜山扼內山衝
路故遣輕兵入山牡丹社番伏匿茂草中猝起邀擊殪伍長某越
二日以熟番爲導生番亦出鬬日本兵發銃於叢莽斃其一餘皆
奔遁熟番告以佯走有伏日本兵不敢追躡進攻竹社風口石門
諸番石門距龜山二十餘里巉岩天險生番壘石爲壁據險力拒
日兵不能進有別道軍繞出其背乃駭奔日本兵追殺三十餘人
從道亦乘高砂艦繼至初以美英公使有違言所賃船舶悉解約
[illegible]之於是運糧調兵皆失便衆憤鬱乃謀購買而外舶驟倍其價

以銀六萬圓購一美艦可容兵五百名曰社寮又以十萬圓購一英艦可容兵千載物千噸曰高砂六月一日分竹社風口石門三道攻牡丹社向四重溪是地距龜山僅八九里塗有一河衆水奔注勢如激箭諸軍提挈亂流而渡兵或漂溺既而深入山谷澗水橫流泥淖沒踝土番伐木塞路日本兵捫葛藤攀巖壁蝸旋魚貫而行屢爲土番所阻力進奮擊焚廬舍數所番人徒跣陟險而走其捷如飛日本兵追之不及從道等乃謂土番出沒不常我兵追擊則鳥逝獸逸倏失所在功不償勞計不如杜巢穴絕饟道以術制之以待其窘乃寘守於雙溪石門風港諸道收軍還龜山造都督府設病院脩橋繕道爲開墾久守之計初師發長崎復遣柳原前光於北京領事九成至廈門亦書告閩浙總督李鶴年書曰去年副島大使以下既報貴國政府今將起師問罪於貴國化外之地若貴國聲教所暨則秋毫不敢侵犯疆場密邇願毋致騷擾鶴年覆書曰臺灣全島我所管領土番犯禁我自有處置何借日本兵力爲至貴國人民四名之遇禍者我臺灣府吏實救庇之何可以怨報德請速收兵退我地勿啟二國釁鶴年以聞時總理衙門北洋大臣先馳奏我 朝命船政大臣沈葆楨巡視臺灣調兵警備前光至京謁總理衙門詞旨牴牾於是二國勢將搆兵日本郎徵兵諸國商購鐵甲艦於英我則築礮臺於澎湖諸島設海底電綫於臺灣廈門閒購新法洋槍三萬枝於德國調淮兵來臺議購鐵甲艦於丹國歐美海客在兩國者議彼我曲直強弱日付之新聞紙乘機鼓煽船艦兵仗之價頓增三倍日本兵久屯龜山以酷暑多病疫棺槨相望進退維谷國皇特遣侍醫及外國醫員往療之命御庫製冰運往別募新兵罷歸病者而是時赤松則良在上

海偵探馳報巡撫王凱泰將兵二萬向臺地日本大恐八月遂以參議大久保利通爲辦理全權大臣委以和戰之權陸軍大佐福原和勝三等議官高崎正風租税助吉原重俊權少內史金井之恭等從之別以法人披陸拿參機密六日發東京十九達上海李仙得亦隨行初李仙得已罷役更任特例辦務使赴廈門美國領事以犯局外中立令捕之李仙得不服曰日本得聘用美人載於條約日本聘我在臺事未起之前今擅禁其用我是使美國失信於日本也領事卒釋之李仙得遂往會利通於天津借使至京九月十四日日本利通謁我總理衙門王大臣先辯論番地所隸之經界互相齟齬經二旬未決利通乃宣言歸國再舉而貽總理衙門書曰諸公所言飄引條約以背盟罪我是陽唱和我而陰疏斥我也我已東裝歸國在近或和或否期以十日答我而陰託英國公使威妥瑪居間調停初利通要償軍需金三百萬圓我軍機大臣文祥執議不給一錢布沈葆楨亦奏稱倭備雖增倭情漸怯彼非不知難退而諸言四冀我受其恫喝遷就求和儻入彼彀中必得一步又進一步但使我厚積兵力無隙可乘自必帖耳而去姑寬其稱兵既往之咎已足見朝廷逾格之恩儻肆志要求願堅持定見力爲拒卻又貽書李鴻章曰大久保之來其中情窘急可想然必故示整暇不肯遽就範圍是欲速之意在彼不在我既戒以逸待勞以主待客自不必急於行成鴻章以告總理衙門廷議大體之既而念日本近在肘腋無以餂其欲恐有妨亞細亞洲後來和局乃終許撫卹籌補銀限期撤兵兩國遂和好如初條款曰照得各國自行設法保全如在何國有事應由何國查辦茲以臺灣生番曾將日本國政府屬民妄爲加害日本國本意惟該番是問遂遣

兵往彼向該生番詰責今與　清國議退兵并善後辦法開列三條於後一日本國此次所辦原爲保民義舉　清國不指以爲不是二前次所有遇害難民之家　清國許給以撫卹銀十萬兩日本所有在該處修道建房等件　清國願留自用先行議定籌補銀四十萬兩三所有此事兩國一切往來公文彼此撤回註銷作爲罷論至該處生番　清國自行設法妥爲約束是日我總理各國事務和碩恭親王軍機大臣管理工部事務文祥軍機大臣協辦大學士吏部尚書寶鋆吏部尚書毛昶熙戶部尚書董恂工部尚書崇綸軍機大臣兵部尚書沈桂芬兵部右侍郎成林兵部左侍郎崇厚通政司副使夏家鎬日本特命辦理全權大使大久保利通駐劄公使柳原前光咸會於總理衙門議定各簽押鈐印利通於定約之夕卽走謝威妥瑪明日遂發北京至天津謁李鴻章傾懷款晤盡歡而別初前光因臺事謁鴻章前光氣頗恐其議論抵牾顧而言他不復及時事利通之來亦未修謁及是乃過訪焉歸抵橫濱商民各張鐙綵迎之以慶和成國皇亦御正殿賜謁詔賞其勳勞李仙得先歸國皇亦引見慰勞之尋召見英國公使巴夏禮溫諭獎謝蓋以威妥瑪等調停盡力也旋特遣敕使於臺灣詔班師十二月從道等振旅歸國皇亦召見慰其勞是役也日本糜費六百餘萬圓兵士歿死者甚衆

維新史中世以來祿養兵卒多住都城其人皆不慣農事又不治產業已解其常職欲自營業而乏資本因下令還納家祿者給六年全額以其半爲公債證書附利子十分一名

曰秩祿公債幷與熟地一町（田三十步爲一畝十畝爲一段十段爲一町）荒地數町益期以半額充營業費以半額利子補生計使之漸次土著士族賣刀買犢或自奮入民籍而能自立者甚少唯伐採樹木刈草萊而止尋廢其法又有請復族者限以九年爾後停之內務省置勸業寮諸縣亦設勸業課謀殖產奧羽多荒蕪地能慣牧業及西洋習俗行世人屠牛而食因開牛牧於奧羽諸方或設牛馬會社初德川吉宗修安房國嶺岡牧場放養陸奧馬種及荷蘭馬種謀其繁殖寬政中松平定信又養白牛三頭於嶺岡蕃息至七十餘頭命取牛乳製白牛酪記其主治功用以諭眾爾來不廢乃追定信之故飼養牛種至千餘頭但馬國牧牛輸之神戶稱爲最良六七年之交牛疫流行斃者四萬二千餘頭官爲之設賠償損耗撲滅惡疫方於是獸醫學興設北海道屯田兵制賜百官避

暑暇須印稅規則〔維新史〕蠶絲茶葉爲貿易巨利東京大阪諸國開港場置生絲蠶種改所（改所出前）又各地定大總代（大總代謂代掌管理者）督勵製造人東北諸國最習其業乃設富岡（上野國）製絲場以西洋器械製絲諸方倣之各設器械場而坐繰絲亦致精美尋廢生絲稅凡生絲輸出明治元年六百五十萬圓（百二十六萬斤）四年八百十萬圓（百四十八萬斤）七年五百四十萬圓（百十八萬斤）而茶葉輸出逐年益進元年三百五十萬圓（六百四十萬斤）四年四百六十萬圓（千三百十萬斤）七年七百二十萬圓（千八百七十萬斤）

乙亥（光緒元）明治八年〔日本國志〕春一月大久保利通伊藤博文木戶孝允板垣退助井上馨等會議於大阪（木戶參議等從歐美歸益尙西法專欲養國力以圖進步以攻擊征韓討番之故朝端如水火既而木戶歸山口板垣歸高知致黨紛紜益形乖午井上馨憂之竭力調和於八年一月約木戶板垣大久保伊藤會商於大阪密定將來施政方法於是木戶板垣復任參議世謂之大阪會議蓋立憲政體之詔實胚胎

於此云（日本維新史）革新之政頗過矯正貿易失衡士民失度自大使巡歐美鑒其弊歸朝之後用心檢束整理內政先停毀東京城壘理壕塹縮小市街建築煉瓦屋之區禁諸國社寺境內伐木保存名勝古蹟尋設公園於諸勝地公園始於此（又）令諸縣適宜酌定違式詿誤規則先是府下巡警設邏卒三千人以警保寮屬司法省分司法行政兩警察使檢事管之至是移警保寮於內務省以統地方警察皆一其制置警視廳於東京改邏卒稱巡查警察自是有條理焉初幕府防暴人以兵士護衛外國人稱別手組組猶隊英法二國亦置兵橫濱自衛維新之後猶不解之士民漸去舊習不加暴於外人二月英法二國撤橫濱衛兵（日本國志）二月課煙草稅車馬稅酒麴稅（維新史）三月上巳誓五條於神明定國是凡制度規律以誓文為正鵠期立法行政司法三權並立而立法

之制未整及再改官制潤色大寶令別置集議院亦不甚協廢藩後太政官分爲正左右三院及諸省卿兼參議右院唯存空名左院止議法制而已副島後藤板垣等之罷參議也諸氏連署請開民選議院世論翕然和之而識者以爲尚早當是時盡革舊貫務行新政有朝令暮改之謗廟堂亦憂法令不固於是任爲津久光左大臣木戶孝允板垣退助參議夏四月廢左右院置元老大審兩院詔擴充誓文之意選有勳勞及學識者爲元老院議官使元老院廣立法之源大審院固審判之權設上等裁判所於東京大阪長崎福島岩代國許士民控訴以覆審平反府縣裁判所讞案若猶不服者許上告大審院幷改定諸省及陸海軍職制頗淘汰官吏日本國志敕曰朕卽位之初首會羣臣以五事誓神明定國是幸賴祖宗之靈羣臣之力致今日小康顧中興日淺未臻上理朕乃擴充誓文之意更設元老院以定立法之源置大審院以鞏司法之權又召集地方官以通民情圖公益漸建立憲政體欲與

汝衆庶俱賴其慶汝等其體朕意九年九月敕有棲川親王曰朕今欲本我國體斟酌海外各國成法汝其條列以聞朕親裁之立憲政體蓋謂倣泰西制設立國法使官民上下分權立限同受治於法律中也又臺灣事定琉球藩王遣弟尙弼入覲謝恩乃遣內務官舉行裁判警察尋郵船往復南島大定小笠原島孤立於八丈島伊豆國屬島南東百八十里遙對布哇當太平洋航路有英美人來住者各國以在我版圖內不問文久中幕府嘗遣官吏未幾廢是歲遣外務官視察島內設港灣諸規則駐劄內務官吏五年之後隸東京府置島司東海諸島大定矣又時海軍經畫略立置提督府於橫須賀鹿兒島毀舊礮臺以東京灣爲東部碇泊所長崎港爲西部碇泊所各管船艦警備海上審測航路爲海備完成之漸有征臺灣時所購買汽船十三隻付大藏省起海運業土佐人岩崎彌太郎結三菱會社業汽船運漕因委託之是月始開郵船航路經各地開港場至　清國上海尋

屬內務省每年給金二十五萬圓恢張其業與美國郵船會社競爭者數月遂和諧買其船四隻以收沿海航綫〔又〕北海道既置開拓使墾闢其地租稅悉充其費諸藩各分管其地使內地民得移住藩廢幷其管地黑田淸隆爲開拓次官厚撫育土人禁耳環類墨之俗設學校誘導務操國語其土地以低價賣與開石炭礦使運送船常往來東京大阪敷鐵道於手宮幌內（共北海道地名）開通汽車以招移民北地嚴寒移者甚少遂募宮城（陸前國）青森（陸奧國）酒田（羽後國）三縣士千五百人爲屯田兵兼從事開墾而漁業之利甚廣幕府以來我民移住樺太營漁業者漸多俄國亦開拓之自北土進二國雜居一島境界論起我以其住民種族爲徵據歐羅巴人所製圖以五十度爲界俄國不肯稱雜居地侵入域內幕府遣使議之未能決而止維新之初與之協議亦不諧至是榎本武揚爲全

權公使駐在俄都遂諾議以是年五月與樺太於彼我取其千島羣島北徼之事始定矣（又）夏六月與地方官會議敕曰朕基乎踐祚之初誓神明旨意將漸擴充之集全國人民代議者以公議與論定律法開上下協和民情暢達之路期使人民各安其業知有義務可以擔任國家之重故先召地方長官使代人民協同公議乃頒示議院憲法各員其遵守之是稱立憲政體敕諭以木戶孝允爲議長開會議於東本願寺（東京淺草）上親臨行其儀許官吏傍聽詔議官使務體民情先急務歸同一問目五條一曰道路隄防橋梁修築二曰地方警察三曰地方民會四曰貧民救恤五曰小學校設立及保護法十七日而畢又親臨開元老院其所議唯在修正立法文案大審院則判上告而已（又）開國規模漸定駐劄公使領事於各國首府貿易府以勸獎國民航海通商者南美祕俄修

好來訂條約　清國開天津牛莊是歲遣大鳥圭介等覩暹羅風土

〔日本國志〕冬十月左大臣島津久光參議板垣退助罷職初朝廷有立法行政分爲二權之論既設元老院置法制局專主立法勢既漸分而板垣以極論參議兼任各卿之弊太政大臣三條等欲俟朝鮮礟擊軍艦事定再議左大臣島津久光守舊黨也轉力贊板垣之說亟欲施行於是內閣互相彈劾復懷疏入宮取決於國皇從三條言島津板垣即退職人情洶洶大臣參議出入各增警衛都下流言或曰當討薩或曰當征長自大坂會議不過數月忽生齟齬木戶參議慨然太息謂國是不定國步益艱明年遂辭職更任爲內閣顧問板垣既歸遂倡民權自由之說居林下十數年衆推爲黨魁云

以外務少輔森有禮爲特命全權公使遣如北京明年丙子以朝鮮礟擊雲揚艦事命森有禮詣總理衙門以書告朝鮮勸修好有禮又往保定謁北洋大臣李鴻章鴻章飲之酒而縱談曰平秀吉想是千古偉人然朝鮮之役前後七年明以朝鮮爲我國藩籬在所必爭致喪師糜餉兩受其害有禮曰朝鮮果爲中國藩屬否鴻章曰此天下萬國所共知且條規中既載之有禮曰條規中何嘗及此鴻章曰日兩國所屬邦土非指朝鮮諸國而何俟他日修約補爲註明可也有禮因曰朝鮮屢拒我國書今又無端擊我兵艦我國是以有征韓之議鴻章曰朝鮮誤於不知耳且亞細亞洲宜合縱連衡外禦其侮何可以兄弟之國日尋干戈苟或興師中國亦豈能袖手旁觀以大字小願貴國熟圖之鴻章又取筆書徒

傷和氣毫無利益八字示之有禮唯唯臨別起告曰今夕所論戰事乃森有禮一人之言非日本使者之言也〈維新史〉初朝鮮之阻拒我使聘出其前任東萊府官所爲外務官探得其情與今府官約書契改作而還報會征韓論起未決是歲再遣使至則彼變約論細故遂又不得要領還既而我雲揚艦過朝鮮海將赴　清國牛莊取薪水於江華島遇守兵礮擊應戰拔礮臺焚其城於是陸軍中將兼參議黑田清隆爲全權辦理大臣議官井上馨爲副往議修好且判理礮擊事清隆抵江華府與其判中樞府事申櫶都總府副總官尹滋慶論難申櫶尹滋慶遂屈陳謝前事表修好意乃交換修好條規認朝鮮爲自主國幷取議政府謝狀〈日本國志〉初條規已換華民流寓日本者日本以未設領事官遂頒告居留華民規則令之遵守並課金作經費先是華商僅居長崎一口其後新開各港皆陸續麕集橫濱有二千餘人神戶有數百人長崎有千餘人築地箱館各有百數十人大約閩粵浙籍爲多日本令各舉董

事經理每人每歲課銀二圓以充經費

丙子二明治九年〔日本維新史〕春三月清隆等復命乃許人民赴釜山浦互市朝鮮以禮曹參議金綺秀爲修信使來聘開元山仁川二港彼此駐公使於京城朝鮮案始定〔日本國志〕夏四月定官吏懲戒例五月朝鮮修信使來〔維新史〕六月車駕東巡發東京太政大臣三條實美攝庶政大事則奏之行在其不可稽緩者處決以聞右大臣岩倉具視等從焉過宇都宮下野國詣日光同上閲覽須賀川岩代國馬市半田同上銀礦經福島同上宮城縣秋七月巡巖手縣陸中國抵三本木同上追賞盛岡藩士新渡部傳拓地之功又舊會津藩士廣宅安任開牛牧於北郡陸奥國二千四百餘町因召見賜金過青森縣抵箱館御艦還東京翌月遣三條實美及留後參議等巡視北海道〔又〕自四年定藩治職制地方漸就規制廢藩後補訂之

至是定縣官任期例長官以十二年爲一任滿期後仍得在職分一任爲四期二期以後移籍任所又聽會議分道路爲國縣里三等定其廣狹[又]先是慶應三年法國開萬國博覽會於巴黎幕府及薩摩肥前兩藩以物品往會頗得佳譽自許開港貿易外人珍我工技爭購求陶漆銅等諸器輸出工產物明治元年十四萬兩三年進至二十三萬兩六年奧國維納萬國博覽會使辦理公使攜物品及工商數十人往會傳習西洋工藝遂謀開內國博覽會以勸工業是歲美國又開萬國博覽會於費拉特費工商多乞自主出物品官從獎勵之貸與資本乃率之赴會我工藝精美騁譽場中如磁器其價超法國製貿易物品織絲茶而與者爲製作品鑛物因求機械於西洋移其技藝製作物品以圖貿易增進初年輸出凡十四五萬兩銅器不過十餘萬兩製工者不知外國之嗜

好貨物麤拙難售因棄固有之美務製模倣品亦不售會遭世變華士族沽卻家財外人愛其精美購之古器流出焉衆人競鶩洋風製品多模倣西洋所購機械亦多不中用貨物概歸沈滯然至五年輸出製品猶有五十七萬圓奧國博覽會以後工商稍慣外國貿易艮工知存固有之美參取西洋之長而邦人歸自西洋者爲示製作樣製器稍改舊觀輸出比年益多是年至百五十萬圓內務省貸資本金於起立工商會社使之直輸販賣不借外人手示製工者以其嗜好美國博覽會之後開店新約克前後尚有開二三商行者我工品漸發聲價而古器流出益多於是美術（美術謂凡技工作觀美者彫繪髹陶之類）奬勵保存之論起礦業則東北戡定之後改造兵器如舊製巨礮等悉鎔解爲鎔銅以輸出凡千餘萬斤得價百五十餘萬圓肥前藩雇英人以洋法開高島（肥前國）石炭礦產額俄增

藩廢歸工部海軍則鑿唐津肥前國礦筑肥石炭益出又士族解職離祿養然不得遽就產業因貸付士族授產資於府縣適宜增殖物產以享其利八月廢華士族以下給祿制下付金祿公債證書原額七萬圓以上者給五年全額以下遞加不滿二十五圓給十四年全額其利子萬圓以上給五分千圓以上給六分以下給七分凡爲三種終身及限年祿者給永世祿十分五以下姑禁其典賣日本國志九月改府縣裁判所置地方裁判所維新史熊本縣士大野鐵平等惡西洋風俗浸染大憤新政結同志稱神風連適猶黨冬十月俄起夜縱火襲熊本鎮臺縣廳及司令長官陸軍少將種田政明縣令安岡良亮宅殺政明以下數十人傷良亮等百餘人臺兵討之鐵平等自殺餘黨多自首福岡縣士亦起於秋月筑前國應之闌入豐前國小倉豐前國營兵擊走之山口縣士前原一誠

維新之初有功罷官家居甚不喜新政及熊本變起聚其黨於萩長門國廣島鎮臺兵討之一誠襲縣廳不克航海東走終就捕青森縣士永岡久茂舊會津藩士密通謀一誠與其黨俱自東京赴千葉下總國將襲縣廳警吏譏察而捕之餘黨相繼就捕斬一誠等數人餘處徵役日本國志自變法以來明治三年有長州奇兵隊以藩廳處置不公作亂四年華族外山愛岩結久留米柳川等藩士仍倡攘夷論意欲清君側之惡以保祖宗舊制其他因改厤因改地租因徵兵令中有收血稅字因防疫法命親族不得依病人因苦朝政苛酷竹槍席旗蜂起騷擾所在而有均次第討平之

又我 朝以翰林院侍講何如璋爲欽差駐日本大臣候選知府張斯桂爲副使先是議約之始曾國藩奏稱日本物產豐饒百貨價賤去中國不過數日程立約之後彼國市船將絡繹而來中國貿帆亦必聯翩東渡不如泰西諸國洋商來而華商不往今華人往者已多中國似須派員駐劄日本約束內地商民訊辦華洋爭訟案件李鴻章亦奏稱中外已定和約均宜各派官員往駐其國庶消息易通勢力均敵近年奉 詔迭次派員往泰西各邦通好業與從前隔閡情形小異日本近在肘腋自變更西法造兵船開鐵路又派人往西學習技藝其志固欲自強以禦侮究之距中國近而西國遠聯絡之則爲兄弟拒絕之或反爲仇讎

誠宜簡員往駐隨時偵其動靜與之推誠相與設法牢籠亦可管東我國商民云云其後福建巡撫王凱泰丁日昌湖南巡撫王文韶均以爲言　十二月抵東京謁今皇遞　國書書曰　大清國　大皇帝問大日本國　大皇帝好朕誕膺　天命寅紹丕基眷念友邦言歸於好茲特簡二品頂戴升用翰林院侍講何如璋爲欽差出使大臣三品頂戴郎選知府張斯桂爲副使往駐貴國都城並令親齎國書以表眞心和好之據朕知何如璋等和平通達辦理交涉事件必能悉臻妥協惟冀推誠相信得以永臻友睦共享昇平朕有厚望焉如璋率同副使張斯桂參贊黃遵憲入謁行三鞠躬進退禮國皇喜受書日本漢學者皆謂自隋唐通好以來千有餘載及是使者始奉　皇帝國書待以鄰交之禮書之史冊實爲至榮旋購使館於東京霞關又於橫濱設理事官一兼管築地神戶設理事官一兼管大阪長崎設理事官一　中國商民咸歸管轄

丁丑三 明治十年日本維新史春一月詔減地租爲百分之二分五釐民費不過本租五分之一以地方廳費及營繕費爲官費支給初諸藩稅法寬苛輕重不一嚮行地券法於東京也明治六年遂欲以及全國上諭須地租改正法六年七月使無厚薄勞逸之偏乃查田地收穫定地價徵地價百分三爲租課地方費使不超本租三之一爾後發行物品稅其額上二百萬圓則配當其增額欲終減爲百分一佐賀臺灣已平先釐正諸稅明治之初助鄉公役之法既廢課稅釀酒榨油僕婢車馬舟艀等舊法又有諸雜稅幷一千一百五十餘種皆廢之令地方適宜更立船車酒煙草稅則大藏帳簿始用洋式度量衡舊度有數種量衡亦漸濫以故三器不均一使大藏省掌之至是定其戒飾條例及檢查規則頒三器種類表擇便宜之地設製造販賣二所款新器以檢查印章舊器亦悉查檢

自新令出量衡加精度定爲曲尺鯨尺二種鯨尺度名也一尺當曲尺一尺二寸度量衡皆有定制於是欲行地租改正慮施行之一縣一郡失其平衡以九年均舉行焉其夏紀伊國農民訴貢租石價之事結黨擾亂冬常陸伊勢等國農民亦蜂起並迫縣廳縣官募士族防之發鎮臺兵鎮壓焉至是發減租之詔地租改正之事始完日本國志詔曰朕惟維新日淺中外多事國用實不貲猶憫兆民疾苦釐改正舊稅法以地價百分之三爲公租使無偏重今又察稼穡艱難深念休養之道更減稅額爲百分之二分五釐有司宜省嗇而用以體朕意　查全國民田得水田二百六十三萬千餘町定其地價爲十二億二千零十萬餘圓得圃百八十五萬五十餘町定其地價爲二億六千七百二十五萬餘圓五年之閒不變更自是全國廢石高石高猶云斛額稱段別段別即畝率其租盡以金錢納之然猶慮舊貫不可遽變隨其地便宜姑許米粟半額尋廢之而凶歲延納法起又二月值先帝祭期車駕幸京都拜山陵

遂幸大和國拜神武帝陵會鹿兒島變報至因駐蹕於京都初陸軍大將西鄉隆盛以使韓議不合還鹿兒島私建學校養其徒時徵兵令初發兵制未整二年而備山縣有朋爲陸軍卿建富山東京學校教習士官鎮臺步兵聯隊成上親授軍旗海軍制亦立置提督府於鹿兒島又以集成館爲機械所集成館者島津齊彬嘗刱立之製造大礮諸器之所也陸軍亦設製彈廠隆盛獲士心四方不悅新政之徒常伺動靜篠原國幹桐野利秋等素侮徵兵熊本山口之變其黨陰通聲息至是陸軍省將收鹿兒島製彈器械於大阪私學校徒奪之幷奪海軍機械所隆盛等遂舉兵稱有所問於政府向熊本鎮臺司令官陸軍少將谷干城及陸軍中佐樺山資紀等據城固守隆盛圍之熊本士多應之兵凡二萬餘人行在得電報褫隆盛以下官位以熾仁親王爲征討總督陸軍中將山

縣有朋海軍中將川村純義爲參軍陸軍少將野津鎭雄等爲先鋒進討之叛徒分拒肥後國之田原坂等險隘其鋒甚鋭官軍劇戰斃篠原國幹議官柳原前光爲敕使與陸軍中將兼參議黑田清隆共赴鹿島諭島津久光及忠義處分縣治收海陸軍工廠撤礮臺而復命時叛徒力拒官軍不得進筑前豐前長門等士有應賊者土佐人亦通意熊本受圍五旬糧食將盡黑田清隆爲征討參軍與陸軍少將山田顯義警視總監兼陸軍少將川路利良等自長崎衝賊背自肥後國之八代進夏四月入熊本城叛徒解圍走肥後國之人吉川村純義赴鹿兒島絶其根據連戰數旬叛徒四出攻略官軍自豐肥諸路進剿移征討總督府於鹿兒島叛徒潰日向國愛嶽之圍亦逃走鹿兒島據城山諸軍合圍之海軍自濱海礮擊殲賊勢秋九月賊窮困隆盛利秋等自盡事平鎭西謂西

海道人驍悍其地巖險叛徒阻險而戰陸軍難用聯隊兵連二百餘日諸軍盡發别募壯士編拔刀隊諸路奮鬬戰地樹木彈痕攢集如蜂窩數里爲之赭其傷送病院治創痍敕遣侍臣及醫慰問之皇太后皇后親製綿撒絲賜之上臨大阪病院親問賜物議官佐野常民大給恆等諸總督搦博愛社設病院於戰地施療傷痍者不問官賊社後加西洋赤十字社今設之東京熊本羅兵燹者殆二萬戶其他至鹿兒島大分豐後國福岡山口等被禍者亦盡賑恤之設臨時裁判所處斷俘虜其首魁大山綱良等十三人處斬餘皆處刑有差時際盛夏痧病流行蔓延全國死者無算頒布消毒豫防法派醫於箱根相模國横須賀檢海陸班軍疫病有無爾後痧病連年繼發衞生會由是起先是製賞牌八級及從軍牌以賞牌授功勳者以從軍牌授從軍將校至前年潤色西洋法改爲勳章

及從軍記章設勳章八等於是授佐賀戡定以來勳功者又授維新以來文勳者其有殊功者賜之年金又贈與外國君臣始有勳章（日本國志隆盛與陸軍少將篠原國幹桐野利秋偕歸其鄉設私學校與縣令大山綱良謀派校士爲各區長一縣翕然應之先是陸軍遣船移鹿兒島倉庫彈藥校徒羣起掠之會警部中原尚雄巡察縣屬私學徒聞之縛尚雄等付之縣吏拷掠百端誣以受政府長官旨刺殺隆盛隆盛爰書已具乃宣告曰陸軍大將西鄉隆盛有訊問政府之事首途東上欵願從者衆皆荷銃齎至二月十五日分爲六軍發鹿兒島十八日移檄熊本縣及鎮臺卒不能過熊本一步是役也全國騷然士民桀黠失志者雲集響應賊又多百戰健卒故能以一隅之力抗全國之軍然官軍以電報飛遞軍艦徵調巨礮彈丸備積豐富賊皆烏有故能制賊死命當破鬼嶽時得賊簿記有高知縣士族通謀狀乃飭縣逮捕派兵扼險一縣大譟然不及動兵至明年奏結隆盛爲維新元勳與木戶孝允大久保利通稱爲三傑負重望得民心及其沒西南有彗星國人尚名之爲西鄉星云）又西征之役車駕在京都太政大臣三條實美內閣顧問木戶孝允參議大久保利通伊藤博文等從之處辦征討事務右大臣岩倉具視在東京攝理庶政事關樞機者以暗號電信往復以軍資浩繁使參議兼大藏卿

大隈重信赴京都協議勸華族刱立銀行貸資本金許紙幣發行又流通豫備紙幣補充其餘自有第一銀行之設橫濱新潟名古屋高知熊本大阪福島山梨等相繼刱設至十四行因立爲第十五銀行兵興亙七月其費不貲先是改革紙幣起金札引換公債至是年發行紙幣愈多又勸府縣農工圖增貿易輸出金祿公債發行以後其債券未流通乃設國立銀行於各府縣遂至有百五十三行許典質金祿債券華族不慣世故往往有傾產誤身者因相砥礪第十五國立銀行之設蓋寓華族財產保護之意云又熊本解圍之翌月木戶孝允薨孝允氣宇爽朗有思慮才俊多附晚年憂國事過興張務抑制之獲病不遂志朝野惜之又秋七月車駕東還八月移太政官廳於赤阪皇居先是上每週一日臨太政官至是每日親臨決機務又開內國勸業博覽會於東京上野公

園百日審查列品授以四種賞牌自後每五年一開會其後蒐集茶絲繭稻麥棉糖陶器漆器海物等輸出要品於各地開共進會內務官往莅其品評以獎勵焉我邦雖位溫帶地形狹長沖繩諸島小笠原島等入熱帶千島羣島則頗達北緯高度而中州概膏腴故三帶物產萃生於此又四面沿海多鱗介藻苔之屬海產亦極豐富農產物主米麥他若粟黍蜀黍玉蜀黍菽豆蕎麥甘藷瓜哇薯菜種木棉大麻藍煙草甘蔗之類無地不產出總計之有穫米約三千八百十二萬三千五百餘石收麥一千八百七萬八千三百餘石茶全國皆產之就中京都靜岡三重一府二縣最多通計七百三十九萬八千五百餘貫蠶業逐年增殖東北諸國最盛長野信濃國福島羣馬上野國三縣爲最通計繭約一百四十九萬九千二百餘石生絲六百八十九萬九千餘斤蠶種二百七十九萬

二千五百餘枚煙草鹿兒島熊本岡山備前國茨城常陸國神奈川福島等諸縣多出佳種砂糖概出南海西海二道藍葉以阿波國德島縣爲最漁業則不獨沿海以國內多川渠湖沼所在有釣網之利所獲或乾腊或鹽藏或榨作油或爆糞田又有海獸毛皮牙骨其價頗貴且適製鹽若瀨戶內海謂山陽四國間內海最有名礦穴採掘益廣益精金礦以佐渡爲主有陸中大隅薩摩諸礦銀礦則但馬生野自古有名陸中諸礦羽後阿仁院內岩代半田次之銅礦下野足尾山尤著又有陸中尾去澤伊豫石見諸礦其他若陸前安藝鐵礦出雲石見砂鐵越後遠江石油坑渡島硫磺坑肥前筑後豐前石狩後志石炭坑其產出殆無盡藏也至製造工品種類極多舉其二三則釀酒以近畿爲最諸國都鄙莫不造織絹亦以京都爲最其西陣織錦綺精巧無比又有八王子秩父武藏國桐生上野國共

足利國(下野)郡內國(甲斐)米澤國(羽前)等爲特品若新潟福井國(越前)石川加賀國福島諸縣織造甚多棉布則大阪埼玉國(武藏)櫔木愛知奈良等諸縣殊著陶磁器則肥前有田窯尾張瀬戶窯加賀九谷窯京都粟田淸水窯伊勢萬古窯岩代會津窯盤城相馬窯薩摩鹿兒島窯土質彩釉自異各有特色若漆髹七寶銅鐵雕鑄諸器莫不璀璨奪目秀雅適心〔又〕置電中央局於東京海外通信據萬國公法而行遂列萬國盟約及海底綫保護萬國聯合郵便亦加於萬國聯合盟約益擴張內國綫路〔又〕內務省上議請墾闢原野使華士族就業又貸與資金於府縣增殖物産興修港疏川工事以便運輸尋與起業公債對面原國(岩代)開墾野蒜國(陸前)築港等諸役興於是諸國競修道路架橋梁疏川渠峻嶺險阪鑿竇道通車馬除戰國守險之風自許人民用洋式船舶往往結社業汽船運漕西

征役起運漕俄增享利鉅多於是海運之業益競至設鐙臺四十六所於海角鐙船二浮標十五礁標八於海面舷端點船鐙以防衝突且有船鐙規則陸運海漕之便大進（又）文部省布大中小學區制之後小學徧國內乃圖建大中學是年四月幷東京開成學校醫學校改爲東京大學研究法理醫文四科授卒業生以學士位工部亦建工部大學內務則建農學校於駒場武藏國後幷工學於大學改曰帝國大學授博士位於碩學人又置高等中學校於全國凡七所授高度敎育有女子高等師範學校女學校商業職工美術盲啞學校等之設通全國小學校凡二萬五千三百餘所其生徒凡三百十五萬八千餘人尋常師範學校凡四十七所中學校凡五十四所專門學校凡五十九所其他陸軍則有陸軍大學校騐工士官學校等十八所海軍則有海軍大學校兵學校等

六所遞信省則有東京商船郵便電信等學校四所至其私立教習諸科者不遑枚舉〔又〕明治之初將開史局以輔相三條實美爲總裁不果設立史課地志課於史官至是置修史館將繼大日本史之緒古來世官餘風祕有職（有職謂禮式之書）故實（謂典故之書）記錄於家閉諸國文籍於藩社寺士民所藏亦多不示人以故流傳史乘概屬文士鼓筆文獻罕足徵者自世官封建廢祕籍始出得正舊史之妄謬於是太政大臣爲總裁採訪古文書舊記於府縣先修南北朝（謂元弘建武以後數十年兩帝並立之時代）以後之史遂將接乎六國史（謂日本書紀至三代實錄六史）後屬之大學國史科之學始興矣舊幕府書庫有二一曰紅葉山文庫在江戶城中明治初屬修史館後置文書局於太政官統轄官府書籍一曰昌平學文庫在昌平阪廢藩以後移爲淺草文庫又設博物館於舊孔子廟集諸藩學校書稱圖書館網羅

內外物品許衆庶縱覽後皆移之上野公園終屬帝室圖書准刻初屬文部定出版條例後屬之內務（又改革之初廢貴賤秩序立三權幷立政體一時世論矯枉過直有流於共和政治之虞岩倉具視等觀察歐美深知其非七年以來頗重名器以華族爲衆人標準上屢引見戒飭使勉問學養成材德時華族有四百八十六家設懲戒例保護品位中山忠能松平慶永等剏華族會館督勵敎習焉尋別建學校是年冬十月成上及皇后親臨賜名曰學習院用先朝舊稱後又建華族女學校皇后每月親臨視其業時士族有四十萬六千二百九家位上下之閒際世局劇變出當政務處佐藩主或奮剏事業及許金祿債券典賣欲以立職業歸農歸商者多而素習疏於營利失策破產者相踵或輟耕太息希世有變亂西南戡定以後知國家軍備不可力爭務自抑制矣（又陸海

軍編隊用樂軍制既用洋法因習用西洋樂一時伶人亦就海軍習洋樂然竟不行屬伶人雅樂於式部寮文部亦研究歌樂挪唱歌授生徒置音樂學校猿樂（猿散國讀相通）又曰能樂歌舞之一種也自足利氏之初大行於世諸大社寺皆用之神事歲首奏之府第爲式例織田信長豐臣秀吉等皆好之自舞造新謠宴饗諸侯必以此助興至德川氏仍足利氏之舊歲首例行之稱曰謠初諸藩皆效之故時多出名優幕府廢而猿樂頹至九年延覽之於靜寬院宮（故大將軍德川家茂夫人）皇太后素好之因建能舞臺（舞臺謂舞場）於青山（東京）御所（御所謂宮也）岩倉具視等挪能樂社建舞臺於芝公園（東京）供皇太后覽以助至尊孝養每車駕臨幸大臣參議等邸張能樂而奉饗能樂技人稍集歌舞技（演劇也）流行二百餘年漸流猥褻維新後以其關係風俗官檢其演曲頗寓勸懲於是演劇改良及演藝矯風等

諸會起矣

戊寅四 明治十一年〔日本國志〕夏五月盜刺參議大久保利通以其變法專制故也凶徒石川縣士島田一郎既就縛猶自鳴得意曰吾爲國除害矣先是明治二年參與横井平四郎爲十津川鄉士所要殺横井蓋嘗主張革命論者兵部大輔大村益次郎亦遭刺殺凶徒懷書自首乃責其練習西洋兵法云〔日本維新史〕利通沈毅方正臨事善斷當難不屈撓自奉使西洋用力民政殖產九年士寇之起於諸縣也主張減租之論終始與木戶孝允協心贊成偉業至是薨年四十九贈右大臣家無餘財敕賜子利和金三萬圓與孝允子孝正并列華族功臣華族賜金始於此〔維新史〕秋八月車駕巡幸經埼玉羣馬兩縣閲覽製絲自長野縣出新潟駐蹕石川縣經北陸道至滋賀縣近江國拜弘文帝長等山前陵入京都拜天智帝月輪東陵將詣伊勢神宮遭痧病流行因取路美濃過岐阜美濃國愛知尾張國兩縣至天龍川遠江國閲覽治水架橋經靜岡縣冬十一月還東京〔日本國志〕嗣後巡幸諸國閲歲輒舉行以爲常典〔維新史〕是歲復開地方官會議更定地方區

畫稅則遂開府縣會續八年改革之緒先是刊行新聞雜誌者漸增競鼓筆舌痛議時事時政柄盡歸中央政府東京諸官省東京繁華逐年旺盛人物財賄輳集而諸縣都邑日凋落士民苦無事怏怏於新政記者中其意好爲激論因設新聞條例其妨害治安者命停刊行西南已平希亂者挫折然猶競言論所在設會場演說政治學術動涉誹議官吏亦有雷同者因禁戒官吏演說政治使會主申報其旨趣及會場於警視廳以警察吏臨監府縣亦准之及開府縣會四方政談家詣太政官請開設國會不已樹政黨名曰自由黨板垣退助嚮罷參議請設民選議院不行自由黨推爲首長日本國志是年開地方官會議以參議伊藤博文爲議長先是府縣改置後井上大藏大輔召集地方官以議民政爲地方官會議之始自副島種臣等請建議院政府欲以地方官會議爲議院始基稍變官吏專制之治藉以塞民權自由之口而民權家乃謂官吏爲朝廷所授非人民公選不足以代議所召集各官又自謂代民公議不願受官省抑制上書於太政官乞裁抑議長之權

議長滋不悅既定期開議矣忽飭令散會至八年始開議議中有擬設民會一事議員不聽民選姑以區戶長爲代民權家益鳴不平是歲再開議議定部區町村編制之法府縣稅規則地方稅規則此三法仍由政府核定租稅分爲二款歸國用者名國稅在地方用者名地方稅府縣會議員則由民人公選而地方紳民結黨立會以論時政所在蠭起高知縣有三大黨曰立志曰靜儉曰中立立志主張民權推板垣爲首靜儉仍主封建之政中立則兩不偏倚西鄉事起板垣雖調和諸黨戒黨人毋躁而立志社遣片岡健吉上疏極論朝政既而健吉等竟謀反事覺皆禁錮其後立志社長又與諸縣士結立愛國社在大阪聚會聽者甚眾其他政黨不可勝數官民爭權屢興訟獄先是酒田縣民苦縣令虐政控訴於朝政府遣松平親懷檢其事松平輒繫縣民百餘人於獄縣人又遣森藤右衛門叩閽上告朝廷再命司法省判事兒島惟謙鞫究其實至十一年判決令官償民款六萬三千餘圓處松平以罪懲役一年又橫濱有高島嘉右衛門所設玻璃街鐙區戶長以人民公款購買之眾訴其專斷裁判所既斷決眾不服又上訴於東京上等裁判高島乃請以公款還眾以求解訟十二年案始結舊幕府時并無律令刑罰輕重一任藩主上下其手至是始有民人控官之案權利所關眾屬耳目事定後民權之說益盛至十一十二年開各府縣聯名上書請開國會者多至數萬人自德川氏季年舉國紛紛倡尊王以攘夷之論逮王室既尊幕府既覆諸藩瓦解不足自立事權擾攘未知所歸謂歸之國皇自非命世英主崛起中興者不能謂歸之朝臣則西京舊族第因人成事威德又不足服眾謂歸之二三強藩則尊王之論本於攘夷既馬關敗績魘

島受創確知夷不可攘所以號召羣策者既失其挾持之具苟但圖富貴據權勢如舊將軍之所爲則德川氏二百餘年之恩澤二百餘藩之羽翼斷不甘俯首聽命故下之奉版籍以還朝權勢也上之廢閥閱以擢功能亦勢也維新之始收拾人心既有萬機決於公論之詔士民之傑出者執此以爲口實爭欲分朝權以伸民氣促開國會勢也而政權所屬上不能專制於朝廷亦不能委寄於臣隸又不得不采泰西上下議院之法以漸變君民共主之局又勢也封建之世權不可合合則亂生建諸侯而少其力賈生之所以策漢也德川家康收其效矣列國之世權不可分分則削弱五單于爭立匈奴之所以服漢也木戶孝允大久保利通等知其意矣假如德川氏之季政出多門此和彼戰議論未定敵已渡河仍復相忍爲國因循泄沓憚於改革恐日本已非己有矣故夫日本今日之興始仆幕府終立國會固天時人事相生相激相摩相盪而後成此局也然而二三豪傑遭時之變因勢利導奮勉圖功卒能定國是而固國本其賢智有足多矣（維新史）

海軍漸進製成數艦於橫須賀造船所是歲清輝艦航歐洲踰年而還造成軍艦回航歐洲者以此爲始於是廢鹿兒島造船所先是託英國造金剛扶桑比叡三艦至是成至橫濱

己卯五　明治十二年（日本維新史）春一月文部省設東京學士會院

選朝野碩學爲會員討論學藝教育事〔又〕去歲　清國山西河南地大歉我邦人輸錢穀賑之至是總理衙門恭親王等致書我公使館謝之〔又〕上比年巡幸將親察民事以整庶政三月下勤儉詔務省允費竭力厚生勸業愛養民力〔又〕東京遷都以濱御殿（舊幕府別殿在芝之濱）爲離宮中設延遼館未幾英國皇子以丁堡侯俄國皇子亞勒西斯相繼而至皆館於延遼館我諸親王亦相踵西航國交益親密諸國貴族名士豪家陸續來遊夏六月德國皇孫維廉邊律比來即今德國帝也呈國書及勳章亦館之離宮上親臨慰問焉秋七月美國前大統領克蘭德夫妻至遊覽日光（下野國）諸勝東京市民謂今日之開明自美國發之相率設夜會以饗又請車駕幸上野公園觀騎射擊劍犬追物（犬追物騎射一法）克蘭德陪之人民迎聖駕是爲始用西洋兵制後刀劍弓馬之舊技殆廢自西征用拔刀

隊警部巡查學擊劍而劍法復行此後島津忠義亦供犬追物於
叡覽聞有講弓馬藝者後意國皇甥多馬斯布哇皇帝等荐至宴
饗無虛歲又廢琉球藩爲沖繩縣舊藩王尚泰入朝敕敘從三位
子尚典敘從五位賜金祿證券命住東京（日本國志是年又將關税改正稿出示各使英使詢於橫濱兵庫大阪之英商商會議覆日舊約非不可改但當訂正細條目已耳其大綱不得廢也謂增加輸入税既輸入矣已入日本人之手而重課之楚人得而楚人失何利之有因加税而輸入驟減吾輩之害也已加税而輸入如故於彼又何利焉利不百不變法何改作爲謂廢去輸出税以此勸工以此務財以此訓農使物産日盛彼之利也若云以此抵償輸入所加之税示惠於外人殆不其然日本絲茶價之高低悉操於歐洲市場於東洋成本之重輕無與也吾輩但從中逐什一之利耳所減之税不能認爲吾輩溢出之利也海關税則之權由日本自定誠慮日本政府謀已而不顧人如美國之保護税竟値一而取二年來貿易已漸覺減色如施行此政行且閉關矣若兩國協議准物之精粗價之高下以定一平均税則猶之可耳前定關税以日本舊行之一分銀抵算殊滋不便今日本已自造金銀貨望以各國同等同量之貨一體收用日本政府欲自專本國內港貿易之權商船來往多則貨物之轉通易官民均受其福今三菱會社自專其利而以外船之搬運爲禁一商會之利耳於全國何利焉多開新港以通商此

兩國公共之利而現行規則不許外人在內地居住貿易望並弛其禁均許其自由庶幾歐美無異日本內地尚多可開之鑛應與之工業願移外人資本以代興大利至於外國已經注册之貨有名之牌號獨賣之權利願極力保護毋使日本人僞託妄爭年來日本紙幣製造甚濫願設法限制勿使搖動市場有礙貿易此皆吾輩所望各公使忠告於日本者也日本大藏卿亦詢於東京大阪長崎之日本商會亦議覆日現行條約內外胥受其害舉國所共知也增加輸入稅以減輕地租保內港貿易之權毋許外人一船船侵占庶可舒民困而勵商業初結約時海關收稅以幕府之一分銀計算外人貨幣不論其成色之輕但以分量相准彼以攙銅之貨易我足銀受損多矣嗣後定制以一分銀之三百十一個當洋銀百圓准此計算我政府仍復失利今日本貨幣如上海香港新嘉坡皆邀信用泰西通例本國貳用本國之貨請嗣後收稅概用日本貿易銀其他一概屏棄之可也維新之始國人見船來之物無不垂涎盡取其累葉之所積蓄傾瀉一空爭相購取故明治三四年以後商務日盛一日至十年而衰頹矣其盛也非實狀也民浮故也其衰也亦非實狀也錢荒故也苟條約得宜貿易且日盛安得如外人所謂有害商務耶紙幣價低非政府濫發之故乃金銀濫出之故銀價不定商業實岌岌可危然日本無法以補救則皮之不存毛將焉傅使日本全國有楮幣而無真銀外人又何所藉以爲利耶故日本今日之政當開通道路興造船舶以利轉輸廣開通商之港增加輸入之稅竭智盡力以保我國本有之利增吾人輸出之品其要全在於改稅則改條約云云

庚辰六明治十三年〔日本維新史〕春二月止參議兼諸省卿欲事務敏成也始置會計檢查院〔又〕夏六月車駕巡中山道覽甲府甲斐國製絲經松本信濃國秋七月抵名古屋謁熱田尾張國神宮抵三重縣伊勢國謁神宮覽大阪名古屋鎮臺兵對抗運動操練擬實戰曰對抗運動於伊勢廣瀨野龜山遂至京都而駐蹕詣泉涌寺山城國謁諸山陵自兵庫縣御艦東還〔又〕冬十一月鹿兒島縣士種田誠一等請設鐵道於東京市街通馬車以便庶人往來聽之〔日本國志〕是年再將條約改正稿分致各使請轉呈各政府委權於東京各使以便協議猶未能定〔維新史〕是歲設正金銀行於橫濱貸付官金四百萬圓以充外國兌換勸諸商社直輸貿易設日本商會於美國新約克受內地製工家委託販賣以貨物不中嗜好借兌銀不得償者六七十家時輸入品益超過而其主要在日用物品於是貿易品製

造之論起〔日本國志〕先是日本舊習爲商賈者僅以一二人私財權子母以圖微利未有如西人之醵資集錢以聯合力結爲商會者既與西商爭利知私財綿薄不如集貲商會之力之大由是商人合力聯結會社然操術不工往往銳進輕舉不量力不慮勝先笑而後咷明治七年小野組既破家小野爲豪商之首組者謂組合爲商卽商會也島田組又報傾產亦豪商當時二家破產連累甚廣官庫虧損亦及九十六萬餘圓日本之商勢益衰薾其經營之業如蠶卵紙屢取敗屈蠶卵紙歐洲中原購以爲種輸出甚盛商人貪得製日苟且聲價漸輕政府慮其濫造特設規則立制限商民譁然謂不便外國公使亦生異議政府不得已於七年解禁諸國蠶種概供輸出一時萬餘人聚於橫濱減價爭賣莫不虧本於是豪商六人協力出八萬餘圓購五十餘萬枚而摧燒之乃略復原價此時失貲破產者不知幾千百人或曰此收買之策乃政府出貲陰遣商人爲之云至十年又復敗失商法會議局收毀三十餘萬枚而卒無效其他若三年之冢五年之兔八年之薔薇十年之萬年青皆以無足重輕之物張脈僨興驟起高價乘機者居爲奇貨及價落而

物歸無用因而破產者又比比相踵明治三年有豕白腹者或詫爲異物購之而去俄而出貲爭購各以肥腯彭亨爲貴商人貪利甚至寄電報購之香港廣東薔薇萬年青因一二華族購而玩賞效尤競起一花一葉竟貲中人之產猶不能得其殊異者兔爲日本所無外商乘機謀利乃至每頭值數百金商民之愚昧者傾家購取以僥倖一時之利旣而價落破產者殊眾且有人自殺云西商有以銀米物價限期爲買賣者其法實類於博簺日本自結商會爭效此風頗有朝猗頓而夕黔婁者譬如米價每石値五圓則懸期訂約購米萬石或十萬石旣至期而米價値六圓則每石得利一圓十萬石得十萬圓矣或每石値四圓則每石損一圓十萬石損十萬圓矣第指其虛價預揣低昂以決勝負而米仍積於倉廩未嘗買賣也其他若油若豆若金若銀無不如是此風盛行豪富有大力者鬨或聯集鉅貲盡舉市場之米概行收買而自定其價以博厚利與之鬭力者復出他策以決勝敗市價無定往往一市鬨動云而各商會樹黨相爭又每每操同室之戈使外商得漁人之利以故利權盡歸於外商日本十不及一政府頗厭苦之其後豪商有識者乃集合眾商開商法會議所設商法學校以振興商務至十三年因賣絲事與外商爭始稍稍有效爾後當能恢

復商業歟蠶卵紙耗損以後日本學製紅茶又因濫製爭賣而不衆絲商結一生絲轉運局凡外商買絲必至此局揀式樣定價值乃許發賣日本絲商不得自與外商私相交易自設局後外商囂然不願請於公使公使商之外務外務辭以此商人之事非吾輩所得干豫外商乃停止買賣相持數月卒以歐洲絲價甚昂外商乃不得已而從其章程蓋內商與外商爭權此爲第一次云而政府自通商以來力以殖物產興商務爲人民提倡既廣開官工場屬內務省者有千住製絨所愛知紡績所廣島紡績所砂糖製造所屬大藏省者有造幣局印刷局屬海軍省者有橫須賀造船所唐津石炭所屬工部省者有佐渡生野阿仁院內三池之鑛山有赤羽深川兵庫長崎之工廠屬開拓使者有水車器械製造所木工所錬鐵所麪粉製造所麥酒釀造所葡萄酒釀造所魚油製造所燧木製造所昆布精製所魚粕製造所鑵魚製造所招集羣工日事興作復舉國家所有輪船付之三菱會社歲給貲金使爭內外航海之利生番之役購以載兵役運軍器

者共十三艘事平屬於大藏省改爲商船以謀海運命三菱會社代司其事八年七月改隸內務省九月盡舉諸船付之三菱且每年由政府給金三十五萬圓以資助之考泰西各國商民刱建輪船鐵路國家有以官船給之者有以官地付之者有歲出官金以資助之者有借給經費免收利息以助之轉運者甚有與商人訂約歲得四分五分利苟經營不足此數籌款以彌補之者蓋輪船鐵路爲一國公益所關國家遇有軍務賑務既便徵調尤便運輸且民間重滯難運之物若煤若鐵尋常人力不便營運者苟輪船能通鐵路能到不難變廢棄之物而爲貨財化窮僻之鄉而爲富庶非獨利商實則裕一國又況各國皆有而我國獨無則利權盡爲外人佔據但使刱立一輪船商會無論其得利與否此商會中有十餘艘輪船每歲所得轉運之貲及一百萬則此一百萬金仍歸於吾民不至爲外人奪去國家安得不設法保護之乎凡刱辦之事根本甫立外人爭攬利權者又往往傾貲以爭競設策以搖撼故得利甚難國家出貲助之亦勢之不得不然者也三菱會社既設卽於是年購美國船四艘以分走上海旋又與英國彼阿會社爭日本沿海之利英船卒讓之獨行十年鹿島之亂盡舉輪帆諸船以供國家調兵運糧國家亦賴其利蓋辦理已有成效矣以

官工所開炭山付之長崎商社以勸民人開鑛之業復於勸農局商務局揀派官吏往中西各國考求種殖之法孳養之方製造之事歸以教人於直隸購羊千頭於紐約購馬數十匹於歐洲諸國

購葡萄木棉煙草及其他奇花異卉開農場設學校日討國人教以務財訓農通商惠工諸事又設共進會若縣若絲若茶若糖各令商人出品毎物不下千餘種分別其精粗優劣上者給以龍紋賞牌次鳳紋賞牌次花紋賞牌又次給以褒賞之章以內務卿監臨其事拔其尤者以勸衆人明治十年又開內國勸業博覽會萃全國物產工作比較而賞拔之則國皇與后均親臨會場以示盛典而美利堅費里地費亞百年大會澳地利維也納之萬國博覽會法蘭西巴黎斯之大會皆特命卿輔總裁其事俾督率商人賫物以往得褒賞者歸而誇示以爲榮美國百年大會初命內務卿大久保利通爲總裁繼改命陸軍中將西鄉從道澳國大會特命議官佐野常民皆令親赴會場歸上其事於政府法國大會亦命內務卿伊藤博文爲總裁復於中國之上海天津廈門英之倫敦新加坡法之馬耳塞俄之華地雲士鐸美之紐約桑佛蘭須斯果分設領事命以時呈報商

務而政府以本國製造物如緜織物絲織物絲棉交織物衣服陶器磁器七寶器漆器竹器銅器糖器紙扇子團扇於十二年布告一概免稅許之輸出凡有可以拓商業攬利權之法皆依倣採擇一一舉行然而通商十餘年惟明治元年及九年輸出多於輸入其他則輸入過於輸出者爲數甚多也葢自維新以前各藩學習西洋兵法以戎衣勁服從事遂以洋服爲便稍有摹擬者德川末代將軍曾著洋服人爭誹謗外交漸開既勢力自審不敵遂豔羨其事事物物無不盡美明治三四年間各藩士多用洋服脫刀劍者其時東西衣服並用奇裝異飾招搖過市外人頗爲嗤笑三年令士民散髮脫刀一任其便於時地方官諭令人民或以散髮有益於養生爲言或設不遵斷髮之令甚有令結髮課重稅者於是士民之頭髮靡然一變云未幾國皇斷髮皇后亦廢棄薙眉涅齒舊習逮明治五年制定文武官禮服一用洋式而服色一變矣

房屋舊皆以木製幕府之末惟一延賓館築之以石蓋亦以館賓者既而官廳學校工場皆效西式層樓傑閣穹窿壯麗驚人耳目五年東京火災政府命於京橋新橋閒刱造市街牆甎屋瓦一依西俗特借給經費以助成之而居處又稍變矣上行下效靡然從風爲官吏者限於禮制無論也豪富大賈故家世族學士文人亦頭戴氈笠足蹋皮靴手執鞭杖鼻撑眼鏡若入而居家不以巴黎斯之葡萄酒古巴之淡巴菰餉客輒若有慚色而巨室大家更且牆被文繡地鋪氍毹矣卽下至窮鄉陋邑小戶下民偶有餘蓄亦購猩紅氈爲褥碧琉璃嵌窗以之耀鄉里以故外物叢集大而輪船機器巨礮利槍小而氈冠革履手拭襟飾連檣累舶日新而月異外商之工於謀利者又且以英美之物效日本之制輸入之物每年累加設關以來浮於輸出者遂不下億萬矣輸出入貨值既

不足相抵金銀日益濫出自安政五年橫濱開港迄於明治四年凡十三年間溢出金銀大約及八千萬圓通商之始未諳外情所訂條約以貨幣互換爲言政府乃定以洋銀一枚三分之一換金一兩之制外商不勞而獲厚利百方交換其時流出者蓋不知凡幾美國條約云外國貨幣與日本貨幣種類同輕重同許其通用聽兩國人民互相交換又云日本人民未習用外國貨幣開港之後凡一年間官於各港設經理所所有日本貨幣應聽美利堅人求請照價交換英法俄蘭諸約皆同而政府是時未知外國貨幣價格也乃定以洋銀一枚三分之一換金一兩之制外商以兌換之間驟得美利日夕持銀責官吏互換官吏乃限每日每人許換之數外商又雇人互換行之一年而後已按當時價值每洋銀一圓僅值日本金一兩十分之七五云以各稅關未經查核故未悉其確數然自慶長鑄金以後累世積蓄傾蕩殆盡云明治五年以後稅關始稽金銀溢出之數至十三年輸出過於輸入凡六千六百餘萬其中有新鑄貨幣五千餘萬綜計通商至今爲數凡一億四千餘萬云若通商各國輸入之貨以英爲最多

輸出之貨以美爲最多其與中國通商則近歲輸出入之數各在四五百萬圓間不甚懸殊也

外史氏曰古所謂理財之道所以諄諄然垂誡者要不外乎財聚民散蓋天地生財止有此數上盈則下虛上益則下損民膏民脂日竭於上饑寒交迫父不能有其子君不能有其臣天下之大亂作矣自古聖帝明王未有不以聚斂爲戒者也雖然鹿臺之財武王因之瓊林之庫唐祖因之失國者以聚斂得國者即以其聚斂散之於民而四海猶不至於困窮事變之極逮夫今日乃有禍患百倍於聚斂至於民窮財盡雖有聖賢實莫如何者是則堯舜禹湯文武周孔之所不及料所不及言者也是何也曰金錢流出海外也輓近之世弱肉强食彼以力服人者乃不取其土地不貪其人民威迫勢劫與之立約但求取他人之財以供我用如狐媚蠱人日吸其精血如短蜮射影日中其荼毒以有盡之財塡無窮之欲日朘月削禍深於割地數倍於輸幣百倍於聚斂又不待言也既經明效大驗者印度則亡矣埃及則弱矣土耳其則危矣歐州大國皆知其然必皇皇然合君臣上下聚族而謀之欲我國之產廣輸於人國則日討國人以訓農以惠工於是有生財之道欲我國所需悉出於我國不必需者禁之絕之必需者移種以植之效法以製之於是乎有抵禦之術欲他國之產勿入於我國則重征進口貨稅使物價翔貴人無所利於是乎有保護之法凡所以殫精竭慮析及秋毫者誠見夫漏卮不塞十數年後元氣剝削必將胥一國而爲人奴矣日本自開港通商以來其所得者在力勸農工廣植桑茶故輸出之貨驟增其所失者在易服色變國俗舉全國而步

趨泰西凡夫禮樂制度之大居處飲食之細無一不需之於人得者小而失者大執政者初不料其患之一至於此也邇年來杼柚日空生計日蹙弊端見矣全國上下知金錢流出之大害乃亟亟然議改條約欲加進口之稅免出口之稅庶以廣財源而節財流而大勢敗壞不可收拾悔之晚矣雖知其既晚挽回於將來補救於萬一及今猶可爲也

辛巳七 明治十四年〔日本維新史〕春一月東京火自神田至深川延燒九千八百餘戶二月以東京數大火而屋造麤薄定防火綫路設家屋之制專從堅牢改道路通溝渠於是市區改正之議起〔又〕上厲精圖治尤用心於軍備左大臣熾仁親王兼陸軍大將嘉彰親王等皆爲陸軍將校薩肥鎮定以後改修徵兵令爲鎮臺野營（謂鎮臺兵作野營）及對抗運動練養士卒上屢臨之不避風雨寒暑夏四月覽近衛兵對抗於相模國厚木秋八月復北巡熾仁親王貞愛親王參議大隈重信等從焉至宇都宮（下野國）覽東京仙臺鎮臺兵對抗於下野國岡本原經福島至仙臺使熾仁親王往視野蒜港

修築上自青森御艦抵小樽港（北海道後志國）駐蹕札幌（石狩國）巡覽諸學校紡績所麥酒製造所牧場賞伊達邦成（舊仙臺藩士）開墾之勞賜謁巡白老室蘭（共膽振國）由箱館過津輕（陸奧國）秋田（羽後國）覽院內（羽後國）礦業經酒田（羽後國）鶴岡山形米澤（共羽前國）郡山（岩代國）冬十月還東京〔又〕新政主旨原在採公議上自北巡還詔期二十三年開國會罷參議大隈重信釁止參議之兼諸省卿使內閣分立既而有弊及定國會開設之期又兼之尋置農商務省及參事院廢租稅延納法而行備荒儲蓄法政府人民各公儲租額百分之三限以二十年尋使不服課稅者先納然後訴之〔又〕先是京阪鐵道成與東京橫濱間東西共起示衆以便益岩倉具視獎勵華族及豪富結日本鐵道會社布設軌道自東京至青森〔又〕是歲設憲兵於陸軍兼行政司法警察視察軍人非違〔又〕大隈重信既罷衆又樹改進黨推

重信爲首長自政黨之建有匪徒託之而濫行者敕地方官令諭士民就業修學制躁進過激之行尋定集會條例檢束之

壬午 八 明治十五年日本維新史春一月定刑法治罪法朝廷酌中外所宜行更革已十餘年臣民益明習於法律自定國會之期更整理文武庶政先是行新律綱領及改定律例主取本邦從來法律及明清法律制定之未能完全於是更傭聘歐人曉法律者使與法律編纂事司法省設法律學校大學置法學科養成學生選優者留學外國其編纂法案數經審修遂參酌法國法定刑法治罪法刑法四編第一編總則第二編關公益重輕罪第三編關身體財產重輕罪第四編違警罪凡四百三十條罪科則爲重輕違警三科刑則爲主刑附加刑二科重罪主刑九爲死無期有期之徒遠近之流重輕懲役及禁獄輕罪主刑三爲重輕禁錮罰金違

警罪主刑二爲拘留科料附加刑六爲公權剝奪及停止禁治産監視罰金沒收其死刑用絞首俟司法大臣命令行之廢梟首斬罪治罪法六編第一編總則第二編刑事裁判所構成及權限第三編犯罪搜查起訴及豫審第四編公判第五編大審院職務第六編關裁判執行復權及持赦事項凡四百八十條刑事公訴檢事爲原告被告得用辯護士重罪必付辯護士又廢拷問及口供甘結用證據法以決罪其證據不確者不加罪雖既宣告罪案猶不招服者許控訴上告假令裁判確定猶有具一定條例者得以非常上告或再審方法破毀之以伸其冤枉又設大赦特赦恩典定登記法及公證人規則逃亡犯罪人引致條例其法極周詳至是行新法廢新律改定律改制法衙爲控訴院始審治安兩裁判所又敕陸海軍使正禮儀以勇武信義竭力國家曰我國軍隊世

世皇帝所親統率也在昔神武帝躬率大伴物部二氏古武官名兵討平中國不順之徒正大位御天下爾來二千五百有餘年其間世運變遷兵制有沿革焉古之制天子自率軍隊征不庭雖時有皇后太子代之未嘗委兵權於下迨至中世文武制度概倣唐風置六衛府建左右寮設防人於邊塞兵制稍整然昇平日久朝廷政務漸流文弱兵農始分古之徵兵變爲壯兵遂爲武士兵馬之權一歸武士棟梁遭世亂離政治大權亦落其手殆七百年矣雖時勢使然非人力所能挽回而其戾我國體背我祖法可勝慨哉降至弘化嘉永之際江戶幕府政衰加以外國事起將受其侮皇祖仁孝帝皇考孝明帝深軫宸衷朕受天嗣位初征夷大將軍還政權大小諸藩奉版籍海內統一始復古制矣是雖基乎歷世祖宗愛撫黎民之遺澤與文武忠良輔翼洪業之功績亦未嘗不由我臣

民能辨順逆知大義於是思更兵制耀國威拮据十五年乃今始得定陸海軍制夫兵馬大權是朕所統而百司諸務乃任臣下然至其大綱朕自攬之切望子子孫孫篤守斯旨知天子掌握文武大權之義無或若中世以降遺失國體朕既爲汝等軍人大元帥故朕賴汝等爲股肱汝等戴朕爲元首一體同心其親倚深朕得保護國家應上天之惠報祖宗之恩與否一由汝等軍人克盡其職與否萬一有國家威武不振汝等當與朕分其憂至我武維揚耀其光榮朕又當與汝等共其譽汝等皆守其職與朕一心協力保護國家則我國蒼生永受太平之福我國威烈大發宇內之光是朕所望乎汝等軍人也故諭又節略諸省不急費用期八年增製軍艦遂發行海軍公債府縣人聞之爭獻海防費乃受其千圓以上者賜位階綬章焉定橫須賀安藝國佐世保肥前國舞鶴丹後國室

蘭（膽振國。以上二所未置）爲軍港置鎮守府（又）二月廢開拓使置箱館札幌根室三縣於北海道（又）夏五月置皇居造營事務局以太政大臣三條實美爲總裁海軍中將榎本武揚爲副經始皇居六月遣左大臣熾仁親王於俄國臨皇帝卽位式（又）朝鮮王之初立其生父昰應攝政王長而還政曰大院君王用意革政與我修好後聘陸軍中尉堀本禮造使兵士習新式操練遣金玉均徐光範觀察我學藝施政等選擢其才俊少年留學我國大院君與王舅閔氏不善又不悅更革秋七月軍人以欠糧謀亂暴起闖入王宮襲我公使館戕堀本中尉及學生六人公使花房義質等拒之亂兵放火義質等欲避難王宮門閉不得入乃走仁川府亂兵又起襲擊府廳義質等奮鬬出至濟物浦搭英國測量船達長崎報至急遣軍艦數隻保護我國人外務卿井上馨赴下關授旨於公使遣陸軍少將高島鞆之助海軍少將仁禮景範護之至朝鮮謁國王責罪陳要求之意與其全權大臣李裕元金宏集議定規約六款修好續約二款朝鮮乃以金五萬圓給卹遭難者遺族及負傷者以五十萬圓補助損害及衞兵費用以表懲前善後之意遣特命全權大臣朴泳孝副金晚植來謝　清國聞朝鮮之變亦遣馬建忠丁汝昌率兵赴朝鮮使吳長慶押送大院君於北京及我辦理公使赴任還付補助金四十萬圓變亂以後駐紮步兵二中隊護公使館　清國亦遣兵在朝鮮（又）初幕府以國産不給減清蘭商船之數維新之初解其制限幷廢耕種品制限絲茶之利輒與五港輸出初年約一千六七百萬圓九年則二千七百七十萬圓絲茶之價居十之八是皆爲中部東北部之專利其民因致殷富西國舊多大藩久歸其統轄征賦往往至七公三民至是蠲役除而民力

休地租減而地價貴加以紙幣價格與正金生差其價漸下米價騰貴故全國農民暴富內外貿易一時甚盛自維新之初輸出常不及輸入至九年始輸出過輸入三百七十四萬圓十年以後輸入復增十三年輸出二千八百八十四萬圓輸入三千七百八十九萬圓也至是年輸出漸進凡三千九百三十八萬圓超過輸入者八百四十五萬餘圓其貿易輸出要品以絲茶爲最輸之西洋米石炭銅海物次之多輸支那輸入則棉毛布綿絲砂糖石油爲最初移用西洋棉絲紡績器械內務省獎勵之起紡績所於和泉國堺浦地名至是大藏省更購求其器械頒於諸縣製綿絲防輸入又燐寸麥稈製紙等諸工起防輸入之議益熾九州石炭畿內中國中國謂山陰山陽二道土佐奥羽銅鑛逐年增盛且工技興而鉛安置母尼滿俺綠礬等諸鑛亦起是年以後輸出超過貿易益致隆盛焉

〔又〕三菱會社久專權海運其弊漸生是年設共同運輸會社官補給其資金二百六十萬圓以便運漕因與三菱會社競爭既而調和合併稱日本郵船會社後航路益擴自朝鮮支那諸港至烏刺氏倭斯德馬尼刺孟買等遂達歐洲〔又〕東京府民三野村利助大倉喜八郎等請設電氣鐙且結會社以營其業聽之先是市中設瓦斯鐙於是兩鐙共行光耀燦然如晝不礙夜行

癸九未 明治十六年〔日本維新史〕初將設鐵道於中山道因發行公債以道嶮工鉅改設於東海道民益知其便後數年諸國相率設鐵道會社兩毛（自下野小山至上野前橋）水戶（自小山至常陸水戶）甲武（自武藏新宿至同國八王子）阪堺（自大阪至和泉堺浦）關西（自伊勢津至近江草津又自伊勢四日市至同國桑名）大阪伊豫讚岐山陽九州各地起工汽車縱橫交通甚便〔又〕幕府之時設米會所於大阪空米相場（相場謂時價空米相場無實米而定時價也）爲米商習慣至維新之

時不可抑止遂設兩米商會所於東京後及各地有十七所別設株式取引所株式猶云集股取引所處理券契之所賣買公債證券會社株券上下趨利機弊害日多因廢之將倣西洋相場會所之制而未果行又銀行紙幣之額一時至一億四千餘萬圓紙幣低下益甚國立銀行有廢業者參議松方正義兼大藏卿立兌換紙幣之法是歲設日本銀行定爲資本金一千萬圓執全國理財之樞機助國庫之利便漸次發行兌換券又使國立銀行蓄積紙幣交換準備金數年之閒減一千四五百萬圓正貨亦漸增多價格稍平又改正徵兵令廢免役料減猶豫項目猶豫謂延期務使全國丁壯習兵又更定艦隊軍艦職員任礮術水雷長於大中尉而諸省規制漸周密秋七月太政官刊行官報公示政務情狀是月右大臣岩倉具視薨贈太政大臣公爲人望之可畏就之可愛舉措精敏稍似苛細而

局度宏大大節不可奪愛才如饑渴收攬薩長等諸藩之英俊不偏不黨各竭其材用以成就皇業

甲申十明治十七年（日本維新史）制定公侯伯子男五爵應華族家格以授之凡五百餘人文武功臣黑田清隆以下二十九人新列華族授伯子男爵又設世襲財產法保護華族以尊嚴皇室爵名肇於此（又）朝鮮開外交以來其臣分黨曰獨立黨曰事大黨常相陵軋冬十二月金玉均朴泳孝等遂殺其大臣閔台鎬等國王乞援於我公使館辦理公使竹添進一郎率護衛兵至王宮適　清國將卒亦至因生紛爭發礮擊我兵既而國王投　清兵我兵撤守歸公使館暴民襲擊燒之陸軍大尉遭害公使逃至仁川乃以外務卿井上馨爲特派全權大使率軍艦往辦理之

乙酉十一明治十八年（日本維新史）春一月與朝鮮左議政金宏集議

作納款五條以表懲毖而防事端致金十一萬圓給恤遭害者遺族及負傷者幷補償商民損失以二萬圓充公使館修築之費三月以參議伊藤博文爲特派全權大使與參議陸軍中將西鄉從道共赴　清國至天津與其大臣李鴻章議撤回兩國兵駐紮朝鮮者勸朝鮮王選雇他國人教練兵士自護治安將來若有出兵朝鮮兩國互相通報其爲　清兵所殺掠者約待訪查取證從嚴拏辦又維新以來官制數革然大體沿襲大寶遺軌各省皆隸屬太政官上申下行不免經由繁複之弊且國會開設之詔既下則制定憲法爲最大要務而實國家隆替所係政府精究審議起草又欲歷觀歐洲各國視察其制度典例憲法政治之實十五年遣參議伊藤博文於諸國逾年而還及置制度取調局於宮中（取調猶云查覈）以博文爲長官從事憲法制定及官制改革至是太政大臣三

條實美上表請改舊制以內閣爲宰臣會議執奏之所遴選一人當中外職務以統一各部因辭其職冬十二月大變更官制廢太政大臣以下太政官及各省職制更置內閣總理大臣及宮內外務內務大藏陸軍海軍司法文部農商務遞信十省大臣內大臣內大臣常侍輔弼尚藏御璽國璽以外務大臣以下組織內閣組織猶云構造博文爲總理大臣實美爲內大臣乃定各省官制次官局長次長各限一人書記官參事官祕書官幷置定員設試驗法選敘文官以制年勞濫進定公文式法律敕令以上諭頒之閣令發於總理大臣省令發於各省大臣幷以官報布告之令到限七日施行廢藩以後歲出約六千萬圓遞年增加八年以來數減官吏而十四年增至七千萬圓十六年又增至八千萬圓官吏增加至倍其初較之六年則增歲出四分之一俸給一項增十分之六至是

廢合各部局課改文書使行規程務省繁文〔又〕當此時綜理漸密有版權商標專賣意匠等條例興衛生會設司藥場定藥品規則頒日本藥局方設氣象臺又設測候所於各地暴風信標於津港禁造日本樣式五百石以上船舶時全國有汽船四百八十六隻西洋樣式風帆船七百九十八隻

十二丙戌明治十九年〔日本維新史〕今年至明年貨幣價格稍平金利亦低下乃發行整理公債圖漸次減六分利以上公債公債發行總額有三億九千五百四十萬圓年年償還迄二十年減至三億七百餘圓外國貿易全額有九千六百二十五萬圓十五年以來輸出常過於輸入全國人口廢藩之初有三千三百十一萬餘本年至三千八百五十萬七千百餘人〔又〕初幕府之與歐美諸國締約也其文係彼所草定以內訌之故減關稅兩次常不利於我彼

又不服我法權故維新之後外務卿寺島宗則等與協議改正至十二年美國始承認約日本沿海互市全權委我待各國改約然後實行其後外務卿井上馨又與各國公使聚議於是議略成而事漏聞論者不服其條款二十年馨解官及大隈重信青木周藏榎本武揚陸奥宗光更爲外務卿協商數回至近時得奏其效

十三丁亥明治二十年

十四戊子明治二十一年日本維新史置樞密院選元勳及練達政務者任顧問官諮詢重要國務以伊藤博文爲長黑田清隆代爲內閣總大臣清隆尋罷山縣有朋代之又創市制町村制市通邑大聚町者民居次市村次町定地方自治制設市會町村會選舉公民爲議員市置參事會町村置長任行政之事務存鄰保團結舊慣發達地方共同利益以保護其權義

己丑 十五 明治二十二年春一月自明治六年皇居火上久在赤阪離宮至是營造工竣改稱宮城徙御焉適憲法成二月上告祭皇祖親臨式場召集親王大臣在京敕奏任官華族府縣知事裁判所長府縣會議長等及外國公使等敕頒憲法凡七章七十六條其旨趣曰大日本帝國萬世一系之皇帝統治之皇帝者國之元首依憲法條規總攬統治之權日本臣民有兵役納稅之義務自非依法律無受逮捕監禁審問處罰無被侵其所有權自非妨安寧秩序背臣民義務有信教之自由等帝國議會以貴族院衆議院兩院成每年召集協贊法律及國務大臣樞密顧問司法會計等件數條皆規定之又定皇室典範凡十二章六十二條定皇位繼承皇族皇室御料等事乃頒議院法衆議院議員選舉法貴族院令及會計法是日赦國事犯者賜金八十歲以上遺

使告岩倉具視島津久光大久保利通毛利敬親鍋島直正山內豐信木戸孝允等之墓贈位西鄉隆盛等我皇上欣增國家隆昌臣民慶福制定大憲保護臣民之權利財產是日也距神武帝卽位實二千五百四十九年而恰值紀元節衆庶感戴聖旨驩虞之聲充溢都鄙矣〔又〕是歲立第三皇子嘉仁親王爲皇太子〔又〕文化大開車馬之往復貨物之運搬日增以東京街衢狹隘屈曲不便通行且不適防火衛生行軍等設市區改正委員會課市民以特別稅以充費用其礙改正道路者漸次購其土地家屋廣道路幅員修築溝渠橋梁定公園市場屠場墓地等於是街市面目大改〔又〕幕府之初江戸之清水人苦之武藏國城西牟禮村有一池清泉涌出鑿渠引之被神田（江戸市街名）諸街曰神田上水（上水猶云名水）命其池曰井頭池承應中（德川四代將軍家綱時）市人淸右衛門莊右衛門者請

引多摩川水其川水清冽發源甲斐國貫流武藏國入海幕府給貲與工自武藏國羽村至江戶四谷鑿渠長十二里餘分派其水於江戶市街曰玉川上水自四谷至市街埋木梘於地底縱橫流通每街鑿井浥之以資飲用其利甚溥以木梘易朽今悉換用鐵管設漉池數所去淤滓謀普及其他若大阪橫濱長崎箱館以難得美泉設水道導河川引清水以供飲用

庚寅十六明治二十三年日本維新史先是學制既布公私學校徧海內內務督勵外致文物人民漸知開智長才之道諸科學日進然於修身立德未免闕如有違敎育大旨冬十月上召總理大臣山縣有朋文部大臣芳川顯正親敕曰朕惟我皇祖皇宗肇國宏遠樹德深厚我臣民克忠克孝億兆一心世濟厥美此我國體之精華而敎育淵源亦實存乎此爾臣民孝乎父母友於兄弟夫婦相

和朋友相信恭儉持己博愛及衆修學習業以啟發智能成就德器進廣公益開世務常重國憲遵國法一旦緩急義勇奉公可以扶翼天壤無窮之皇運矣如是不獨朕忠良臣民又足以顯彰爾祖先遺風斯道實我皇祖皇宗之遺訓而子孫臣民所當俱遵守焉通之古今而不謬施之中外而不悖庶幾朕與爾臣民俱拳拳服膺咸一其德文部大臣乃附訓令頒之天下謂之教育敕語諸學遵奉於是教育之大本定矣又國會開設之期在本年朝野準備已完府縣選舉衆議院議員十一月詔召集帝國議會各員於東京貴族院以伯爵伊藤博文爲議長衆議院舉中島信行爲議長上親臨貴族院舉開院式貴族院以皇族華族有勳勞學識者與納稅多額者爲議員衆議院選練達有人望者爲議員各三百人兩院各分部定常任委員議定各種法律案及次年會計豫算

凡九十日而畢是爲帝國第一議會於是立憲政體之實始舉矣〔又〕公布民法商法行政裁判法民事訴訟法刑事訴訟法裁判所構成法民法五編爲法例人事編財產取得編債權擔保編證據編商法三編爲商賈通則及關海商破產事等行政裁判法爲行政裁判所組織權限及行政訴訟方法民事訴訟法八編爲總則第一審訴訟方法上訴再審證書訴訟及爲替（爲替謂交換貨幣）訴訟强制執行公示催告方法仲裁方法（仲裁猶云調停）刑事訴訟法八編爲總則裁判所犯罪搜查起訴及豫審公判上訴再審屬大審院特權訴訟方法裁判執行復權及特赦廢治罪法諸法採泰西法律參之我邦習慣起草數經討論潤色付元老院議之得內閣裁決待至尊批准而公布之於是法廷有大審院控訴院地方裁判所區（謂區畫土地屬法衙處理）裁判所四等裁判所中分立檢事局定判事檢事書

記資格置執達吏廷丁等規定司法事務處理及司法行政職務監督權等是歲又發布府縣制

十七辛卯明治二十四年（日本維新史）春二月內大臣三條實美薨公爲人溫良誠實以閥閱有名望繼忠成公遺志夙慨皇家衰微欲振起之會尊攘論起志士皆謀戴公成事公亦奮不顧身中經艱苦遂成維新偉業爲首相二十餘年退爲內大臣至是薨

十八壬辰明治二十五年（日本維新史）去年總理大臣山縣有朋罷松方正義代之是年正義罷伊藤博文再爲總理大臣

十九癸巳明治二十六年（日本維新史）朝鮮自結仁川條約以來無事數年我國人民往與貿易元山津地產米穀我商賈多輸出之至二十二年朝鮮咸鏡道監司趙秉式託名凶歉布防穀令禁米穀發賣及輸出運搬於是我商既約沽買者不能收領之當輸出者

其期悉遭受損害者凡金十四萬一千六百餘圓然妨通商違條約且其年豐登不賈米穀而出此令者係趙秉式濫用職權營求私利故我駐韓公使近藤眞鋤迫韓廷求撤回此令賠償損害韓廷遷延以翌年四月始解禁貶秉式猶不肯賠償既眞鋤罷歸梶山鼎助代之又論詰之韓廷遂屈請償六萬圓然以多過日時計損害元利既上二十萬圓故議不諧尋鼎助亦罷大石正己代之是年春一月赴任嚴迫賠償韓廷猶託言左右屢延荅期正己怒遺書責之　淸國總辦袁世凱居閒調停曰防穀令之反條約固不可爭曲在韓廷但韓廷貧不能盡償依前請償六萬圓完局正已不肯遺書世凱謝其厚意而拒調停夏五月正己謁朝鮮王呈書申理其事王始知之大驚遂約賠償十一萬圓

日本源流考卷二十一終

日本源流考卷二十二 識餘

長沙王先謙益吾撰

舊唐書倭國傳倭國者古倭奴國也

舊唐書日本傳日本國者倭國之別種也以其國在日邊故以日本爲名或曰倭國自惡其名不雅改爲日本或云日本舊小國倂倭國之地

唐書日本傳日本古倭奴也

又後稍習夏音惡倭名更號日本使者自言國近日所出以爲名或云日本乃小國爲倭所并故冒其號使者不以情故疑焉

宋史日本國傳日本國者本倭奴國也自以其國近日所出故以日本爲名或云惡其舊名改之也

元史日本傳日本國在東海之東古稱倭奴國或云惡其舊名故

改名日本以其國近日所出也
明史日本傳日本古倭奴國唐咸亨初改日本以近東海日出而名也
右國號
案自山海經以降皆稱倭隋書作俀字同云倭奴長言之也唐始有日本之號舊書分倭國日本二傳新書合一然攷日本諸史未嘗言惡倭名亦並無日本小國倭冒其號之事此使譯妄言而記載者沿爲故實不足深辨今案日本神武始都大和後自稱其文爲和文與漢對舉如史稱和漢年契是也推詳其故別無論説疑大和卽大倭之同音變字此必先爲大倭而後改大和以爲惡其舊名理或有之至改倭爲日本諸史並未特書其開國未久懿德名大日本彥耜友孝安名日本足彥國押人

孝靈名大日本根子彥太瓊景行皇子名日本武尊皆在周漢之世即以日本爲文則亦非至唐而始知二字之可貴矣但國名更易載筆闕如誠爲疏略之尤耳

舊唐書倭國傳其王姓阿每氏

唐書日本傳其王姓阿每氏

宋史日本傳國王以王爲姓傳襲至今王六十四世

明史日本傳國主世以王爲姓

右國姓

案日本開闢至今一姓相承無先姓阿每後易王姓之事阿每姓本隋書（引見前）宋史亦引之（引見隋下）然攷日本諸史不言其王有此姓也以王爲姓乃日本僧奝然所對明史因之其國內元有此姓如光孝后爲仲野親王女宇多侚侍爲參議十世王女堀

河女御爲神祇伯康資王女皆稱王氏是也但其君以王爲姓則史無所見今案神武世班功胙土有國造縣主之號子孫世守爲得姓之始天武時詔定八等之姓詳日本國志是其臣民有姓矣嵯峨宏仁五年賜皇子皇女爲親王者姓源朝臣詔曰歲序屢換男女漸衆未識子道已爲人父辱累封邑空費府庫思除親王之號賜朝臣之姓編爲同籍出身之初一敘六位其後累朝子姓自親王外以源爲氏是其支庶有姓矣而國君何姓反不見於史冊殊爲闕典是知阿每自使人之譯語而王姓又爾然之權詞耳

後漢書東夷傳其大倭王居邪馬臺國樂浪郡徼去其國萬二千里去其西北界拘邪韓國七千餘里其地大較在會稽東冶之東與朱崖儋耳相近故其法俗多同

又自女王國東度海千餘里至拘奴國雖皆倭種而不屬女王自女王國南四千餘里至侏儒國人長三四尺自侏儒東南行船一年至裸國黑齒國使驛所傳極於此矣

魏志東夷傳倭人在帶方東南大海之中依山島爲國邑舊百餘國漢時有朝見者今使譯所通三十國從郡至倭循海岸水行歷韓國乍南乍東到其北岸狗邪韓國（案狗蓋拘之誤字）七千餘里始度一海千餘里至對馬國其大官曰卑狗副曰卑奴毋離所居絕島方可四百餘里土地山險多深林道路如禽鹿徑有千餘戶無良田食海物自活乘船南北市糴又南渡一海千餘里名曰瀚海至一大國官亦曰卑狗副曰卑奴毋離方可三百里多竹木叢林有三千許家差有田地耕田猶不足食亦南北市糴又渡一海千餘里至末盧國有四千餘戶濱山海居草木茂盛行不見前人好捕魚

艘水無深淺皆沈沒取之東南陸行五百里到伊都國官曰爾支副曰泄謨觚柄渠觚有千餘戶世有王皆統屬女王國郡使往來常所駐東南至奴國百里官曰兕馬觚副曰卑奴毋離有二萬餘戶東行至不彌國百里官曰多模副曰卑奴毋離有千餘家南至投馬國水行二十日官曰彌彌副曰彌彌那利可五萬餘戶南至邪馬壹國（案壹乃臺之誤字）女王之所都水行十日陸行一月官有伊支馬次曰彌馬升次曰彌馬獲支次曰奴佳鞮可七萬餘戶自女王國以北其戶數道里可略載其餘旁國遠絕不可得詳次有斯馬國次有已百支國次有伊邪國次有都支國次有彌奴國次有好古都國次有不呼國次有姐奴國次有對蘇國次有蘇奴國次有呼邑國次有華奴蘇奴國次有鬼國次有爲吾國次有鬼奴國次有邪馬國次有躬臣國次有巴利國次有夫惟國次有烏奴國次

有奴國此女王境界所盡其南有狗奴國男子爲王其官有狗古智卑狗不屬女王自郡至女王國萬二千餘里

〔又〕計其道里當在會稽東冶之東

〔又〕女王國東渡海千餘里復有國皆倭種又有侏儒國在其南人長三四尺去女王四千餘里又有裸國黑齒國復在其東南船行一年可至參問倭地絕在海中洲島之上或絕或連周旋可五千餘里

〔晉書東夷傳〕倭人在帶方東南大海中依山島爲國地多山林無良田食海物舊有百餘小國相接至魏時有三十國通好戶有七萬

〔梁書倭國傳〕倭者自云太伯之後俗皆文身去帶方萬二千餘里大抵在會稽之東相去絕遠從帶方至倭循海水行歷韓國乍東

乍南七千餘里始渡一海海闊千餘里名瀚海至一支國又度一海千餘里名末盧國又東南陸行五百里至伊都國又東南行百里至奴國又東行百里至不彌國又南水行二十日至投馬國又南水行十日陸行一月日至祁馬臺國案祁是邪形近誤字即倭王所居其官有伊支馬次曰彌馬獲支次曰奴往鞮

又其南有侏儒國人長三四尺又南黑齒國裸國去倭四千餘里船行可一年至又西南萬里有海人身黑眼白裸而醜其肉美行者或射而食之

隋書倭國傳倭國在百濟新羅東南水陸三千里於大海之中依山島而居魏時譯通中國三十餘國皆自稱王夷人不知里數但計以日其國境東西五月行南北三月行各至於海其地勢東高西下都於邪靡堆則魏志所謂邪馬臺者也古云去樂浪郡境及

帶方郡並一萬二千里在會稽之東與儋耳相近

舊唐書倭國傳去京師一萬四千里在新羅東南大海中依山島而居東西五月行南北三月行世與中國通其國居無城郭以木爲柵以草爲屋四面小島五十餘國皆附屬焉

又置一大率檢察諸國皆畏附之

舊唐書日本傳又云其國界東西南北各數千里西界南界咸至大海東界北界有大山爲限山外卽毛人之國

唐書日本傳去京師萬四千里直新羅東南在海中島而居東西五月行南北三月行國無城郭聯木爲柵落以草茨屋左右小島五十餘皆自名國而臣附之置本率一人檢察諸部

又又妄誇其國都方數千里南西盡海東北限大山山外卽毛人云

〔又〕其東海嶼中又有邪古波邪多尼三小王北距新羅西北百濟
西南直越州有絲絮怪珍云
〔宋史日本國傳〕其地東西南北各數千里西南至海東北隅隔以
大山山外即毛人國
〔又〕畿內有山城大和河內和泉攝津凡五州共統五十三郡東海
道有伊賀伊勢志摩尾張參河遠江駿河伊豆甲斐相模武藏安
房上總常陸凡十四州共統一百一十六郡東山道有近江美濃
飛驒信濃上野下野陸奧出羽凡八州共統一百二十二郡北陸
道有若狹越前加賀能登越中越後佐渡凡七州共統三十郡山
陰道有丹波丹後徂（但誤）馬因幡伯耆出雲石見隱伎（岐誤）凡八州共
統五十二郡小（山誤）陽道有播麽（磨誤）美作備前備中備後安藝周防
長門凡八州共統六十九郡南海道有伊紀（紀伊倒誤）淡路河（阿誤）波讚

岐伊豫土佐凡六州共統四十八郡西海道有筑前筑後豐前豐後肥前肥後日向大隅薩摩凡九州共統九十三郡又有壹伎岐誤對馬多褹凡三島各統二郡是謂五畿七道三島凡三千七百七十二都四百一十四驛八十八萬三千三百二十九課丁課丁之外不可詳見皆觕然所記云

明史日本傳地環海惟東北限大山有五畿七道三島共一百十五州統五百八十七郡其小國數十皆服屬焉國小者百里大不過五百里戶少者千多不過一二萬羣臣亦世官

圖書編日本國序日本在溟渤之東其地形類琵琶東西數千里南北數百里九州居西爲首肥前肥後豐前豐後筑前筑後日向大隅薩摩而陸奧居東爲尾至山城早程七十五日舊云陸奧爲頭薩摩大隅爲尾者非山城居中乃彼國之都也山城以東地方

廣邈雖倭奴遠服賈者不能閱歷而知況華人乎故其島之數莫考按舊圖山城以東中為近江伊賀尾張三河美濃飛彈信濃上野陸嶴北邊海為但馬丹後若佐加賀越前越後越中出羽甲裴斐之誤之常陸南邊海為攝摩攝津大和河內遠江駿河伊豆相摩武藏下野東北懸海則為佐渡東南懸海則為志摩七島上總下總安房而其間廣狹至有不能考者今姑據昔之所聞者而述之山城之南為和泉其南海嶴泊舟者為阿賣介撒几為歪打阿波為於撒几為天正者為沙界衣又其南為沙界沙界之東南為紀伊東為三河出海之口南濱大海其島為康大為科什磨為奴智紀伊之西為伊勢北為三河其嶴為腰大為阿乃奴子山城之西為丹渡左為攝津其嶴為飄船谷為阿家世奴平辣為素堙為男女懷東南懸海為安防州左之西為攝摩其嶴為那敗為舍箇世為

杭茄爲我這古爲磨羅右爲但馬右之西爲因幡丹波西爲美作左爲備前其畧爲兀什麼舵爲茄賣茄里爲舍多大左之西爲備中出鐵其畧爲山子加爲言奴乎頼爲那什麼南爲連島懸海三十里右亦因幡右之西爲伯耆沿海俱白沙無畧可泊其鎭爲阿家殺記爲倭子介爲他奴賀知其北爲竹島懸海三十里美作之西爲備後之北境其畧爲二子該一知爲于奴白里爲和奴密知爲拿敗爲赦東大出雲之南境其畧爲番你爲山子介爲欽子溪爲戸流爲非喇嗟爲失喇哈嗟爲也生㞙爲密和奴失記其北爲隱岐懸海三百五十里備後之西爲安藝其畧爲翁家搭爲昆敗爲法子加一知爲窟撒子爲谷野爲他家歪喇其南爲官島懸海三十里出雲之西爲石見出銀與銅其畧爲南高番馬爲番馬搭爲哥爲撮奴市爲有奴子北至海三十里安藝石見之西爲山口

國卽古之周防州也橫直二百四十里其南邊海之畧爲翁哥里爲密大逝里爲東大爲陀奴米爲哈迷奴失記爲奴羅市米其北邊海之畧爲撒殺爲賣抵哈嗟爲夜市爲高奴烏刺北至三島海面三百五十里山口之西爲長門橫直皆二日程畧爲花浦爲蕭州爲番記爲倭委北至三島懸海三百五十里關渡在焉其西旱關爲阿介馬失記抽分司設於此渡此而西爲豐前橫五百里直四百里其畧爲可苦嚩爲嚩介襪次爲大義地爲野慢茄爲阿世夜爲暮治爲一讀其南爲豐後橫直皆六百里其畧爲福乃爲倭兀奴法賣爲鎖孤舟爲由奴烏刺爲撒一基爲烏四基又其南爲日向橫直皆三百六十里其畧爲多故奴甫治豐前之西北爲筑前橫六百五十里直四百里其畧爲右勢爲加薩里爲加打野馬爲多賣里爲一萬字爲奴打爲世加爲經家里爲多罷爲密那多

爲法哈噠郎博多之別名也其北離伊岐島海面五百里西南爲筑後橫直皆二百五十里筑後之南爲大隅其南濱海之嶴爲什麼烏思迷今人譌傳爲懸海懸海乃大漁州也大隅與日向薩摩等連壤名爲九州大隅之西爲薩摩橫直皆三百六十里其嶴爲暗孛喇爲起麻子記爲羊埋高爲康國什麼爲罷里爲拖馬里爲鹿頭馬里爲鸜哥里爲軍市米爲仙臺爲審孛署豐後東南懸海爲土佐爲伊豫爲阿波阿波相近懸海爲炎路土佐豐後之間爲佐加闗土佐至佐加闗海面一百八十里佐加闗至豐後海面七十里薩摩之北爲肥後橫直皆五百里其嶴爲牙子世六爲阿麻國撒爲昏陀爲一國撒介烏喇爲開懷世利爲噠加什爲什噠加又其北爲肥前橫直皆五百里其嶴爲鐵來爲言奴氣子爲法司奴一計爲客舍其內沿湖泊舟交易之處爲倭磨喇爲知十歪爲

法一溪爲夜間迷爲坐迷子爲迷坐骨知爲一埽拂爲密奴米喇爲世子爲迷古里爲失撒爲喃哥呀爲雄婆哥爲松本一名馬子喇爲法麻撒几肥前西縣海爲平戶東西海面十里西北至博多海面四百五十里平戶之西爲五島五山縣海相錯而生其中其嶴可泊乃日本西境之盡處也過此西行連五六日四望無山直抵陳前壁下此島與薩摩相去一千五百里與肥前相去四百三十里與平戶相去二百五十里五島至山口必由平戶經過其嶴爲乃路爲倭齊家爲衣屋奴密爲通記爲達奴烏喇爲烏苦爲話哈嗟北爲多藝爲伊岐橫直皆七十里至對馬島海面五百里對馬島按以上倭地名稱間與史書不同或音同字異或點畫之譌或傳聞之異各依原本橫三百里其南嶴爲哥爲世大哈東南爲拂乃哥世西北爲堆沙几爲山谷爲撒恩乃爲知六磨爲你打北爲倭奴烏喇其西北至高麗也必由對馬

島開洋各島之人俱至堆沙几撒思乃山谷三磬開洋至高麗之則失多順風一日約五百里南至琉球也必由薩摩州開洋順風七日其貢使之來必由博多開洋懸五島而入中國因造舟水手俱在博多故也貢船回則徑收長門因抽分司官在焉故也若其入寇則隨風所之東北風猛則由薩摩或由五島至大小琉球而視風之遷變北多則犯廣東東多則犯福建澎湖島分䑸或之泉州等處或之梅花所長樂縣等處若正東風猛則必由五島懸天堂官渡水而視風之變遷東北多則至烏沙門分䑸或過韭山海閘門而犯溫州或由舟山之南而犯定海經大猫洋入金堂蛟門犯象山奉化由東西廚入湖頭渡犯昌國入石浦關犯台州入桃渚海門松門諸港正東風多則至李西磬壁下陳錢分䑸或由洋山之南而犯臨觀過魚山兩頭洞三姑山入蟶浦則犯紹興之

臨山三山過霍山洋五嶼烈表平石則犯寗波之龍山觀海犯錢塘過大小衢徐公入鼈子門赭山則薄省城或由洋山之北而犯青南過馬蹟潭而西犯太倉過馬蹟潭而西北或過南沙而入大江過茶山入瞭角觜涉谷檳狼福山而犯瓜儀常鎮若在大洋而風𩗗東南也則犯淮陽犯登萊過步州洋亂沙鹽城口則犯淮安入廟灣港則犯揚州再越而北則犯登萊若在五島開洋而南風方猛則趨遼陽趨天津大抵倭船之來恆在清明之後前乎此風候不常屆期方有東北風多日而不變也過五月風自南來倭不利於南矣重陽後風亦有東北者過十月風自西北來亦非倭所利矣故防海者以三四五月為大汛九十月為小汛其停橈之處焚劫之權若倭得而主之而其帆檣所向一視乎風實有天意存乎其間倭不得而主之也向之入寇者薩摩肥後長門三州之人

居多其次則大隅筑前筑後博多日向攝摩津州紀伊種島而豐前豐後和泉之人亦間有之乃因商於薩摩而附行者也而日本之民有貧有富如攝摩伊勢若佐博多其人以商爲業其地方街巷風景宛如中華富者各數千家有積貲至百萬者又如和泉一州富者八萬戶皆居積貨殖有淑有慝如薩摩之鸜哥里方數千里其邑長安慶能納民於軌物無一人爲盜又如宮島人不嗜殺人有不平事但詣神廟罰錢又如紀伊之頭陀僧三千八百房專習武藝殺人而不犯中國富而淑者或登貢船而來或登商船而來凡在寇船皆貧與爲惡者也山城君號令不行徒寄空名於上非若我中國禮樂征伐自天子出大一統之治也山口豐後出雲開三軍門如中國總督府之義各以大權相吞噬今惟豐後尚存亦不過兼併肥前等六島而已肥前肥後筑前筑後豐前豐後山

口出雲以貪滅亡山口原併國十二曰石見長門安藝備前備後備中出雲伯岐丹後因幡但馬後出雲奪歸其地山口長子死焉其君亦爲陶殿所殺豐後君以其弟擁山口事呑安藝安藝殺之嘉靖三十六年山口無君豐後獨稱雄焉山城君金印勘合久爲山口所有向來入貢俱山口自主山城惟出名而已陶殿之亂宮殿勘合俱焚金印亦損一角不知所歸貢自此絕矣欲望彼國之約束諸夷斷斷乎不能也愚聞之軍志曰無恃其不來而恃吾有以待之斯言也禦倭之道備矣修祖宗舊制禁戢沿海接引之人擇守令阜民生儲糗糧練精銳寇來則殺之入貢則撫之通商則絕之如是而後亂有不息者吾未之信也

右地理

後漢東夷傳男子皆黥面文身以其文左右大小別尊卑之差其

男衣皆橫幅結束相連女人被髮屈紒衣如單被貫頭而著之並丹朱坌身如中國之用粉也有城柵屋室父母兄弟異處唯會同男女無別飲食以手而用籩豆俗皆徒跣以蹲踞爲恭敬人性嗜酒多壽考至百餘歲者甚衆國多女子大人皆有四五妻其餘或兩或三女人不淫妒風俗不盜竊少爭訟犯法者沒其妻子重者滅其門族其死停喪十餘日家人哭泣不進酒食而等類就歌舞爲樂灼骨以卜用決吉凶行來渡海令一人不櫛沐不食肉不近婦人名曰持衰若在塗吉利則顧以財物如病疾遭害以爲持衰不謹便共殺之

〔魏志東夷傳〕男子無大小皆黥面文身夏后少康之子封於會稽斷髮文身以避蛟龍之害今倭水人好沈沒捕魚蛤文身亦以厭大魚水禽後稍以爲飾諸國文身各異或左或右或大或小尊卑

有差
〔又〕其風俗不淫男子皆露紒以木棉招頭其衣橫幅但結束相連略無縫婦人被髮屈紒作衣如單被穿其中央貫頭衣之
〔又〕所有無與儋耳朱崖同倭地溫暖冬夏食生菜皆徒跣有屋室父母兄弟臥息異處以朱丹塗其身體如中國用粉也食飲用籩豆手食其死有棺無槨封土作冢始死停喪十餘日當時不食肉喪主哭泣他人就歌舞飲酒已葬舉家詣水中澡浴以如練沐其行來渡海詣中國恆使一人不梳頭不去蟣蝨衣服垢汙不食肉不近婦人如喪人名之爲持衰若行者吉善共顧其生口財物若有疾病遭暴害便欲殺之謂其持衰不謹
〔又〕其俗舉事行來有所云爲輒灼骨而卜以占吉凶先告所卜其辭如令龜法視火坼占兆其會同坐起父子男女無別人性嗜酒

魏略曰其俗不知正歲四時但記春耕秋收爲年紀見大人所敬但搏手以當跪拜其人壽考或百年或八九十年其俗國大人皆四五婦下戶或二三婦婦人不淫不妒忌不盜竊少爭訟其犯法輕者沒其妻子重者滅其門戶及親族尊卑各有差序足相臣服收租賦有邸閣國國有市交易有無使大倭監之

又自女王國以北特置一大率檢察諸國諸國畏憚常治伊都國於國中有如刺史王遣使詣京都帶方郡諸韓國及郡使倭國皆臨津搜露傳送文書賜遺之物詣女王不得差錯下戶與大人相逢道路逡巡入草傳辭說事或蹲或跪兩手據地爲之恭敬對應聲曰噫比如然諾

晉書東夷傳男子無大小悉黥面文身自謂太伯之後又言上古使詣中國皆自稱大夫昔夏少康之子封於會稽斷髮文身以避

蛟龍之害今倭人好沈沒取魚亦文身以厭水禽計其道里當會稽東冶之東其男女衣以橫幅但結束相連略無縫綴婦人衣如單被穿其中央以貫頭而皆被髮徒跣

又有屋宇父母兄弟臥息異處食飲用俎豆嫁娶不持錢帛以衣迎之死有棺無槨封土爲冢初喪哭泣不食肉已葬舉家入水澡浴自絜以除不祥其舉大事輒灼骨以占吉凶不知正歲四節但計秋收之時以爲年紀人多壽百年或八九十國多婦女不淫不妒無爭訟犯輕罪者沒其妻孥重者族滅其家

山海經海內北經郭璞注倭國在帶方東大海內以女爲主其俗露紒衣服無針功以丹朱塗身不妒忌一男子數十婦也

梁書倭國傳地溫暖風俗不淫男女皆露紒富貴者以錦繡雜采爲帽似中國胡公頭食飲用籩豆其死有棺無槨封土作冢人性

皆嗜酒俗不知正歲多壽考多至八九十或至百歲其俗女多男少貴者至四五妻賤者猶兩三妻婦人無淫妒無盜竊少諍訟若犯法輕者沒其妻子重則滅其宗族

隋書倭國傳上令所司訪其風俗使者言倭王以天爲兄以日爲弟天未明時出聽政跏趺坐日出便停理務云委我弟高祖曰此大無義理於是訓令改之王妻號雞彌後宮有女六七百人名太子爲利歌彌多弗利無城郭內官有十二等一曰大德次小德次大仁次小仁次大義次小義次大禮次小禮次大智次小智次大信次小信員無定數有軍尼一百二十人猶中國牧宰八十戶置一伊尼冀如今里長也十伊尼冀屬一軍尼其服飾男子衣裙襦其袖微小履如屨形漆其上繫之於腳人庶多跣足不得用金銀爲飾故時衣橫幅結束相連而無縫頭亦無冠但垂髮於兩耳上

至隋其王始制冠以錦綵爲之以金銀鏤花爲飾婦人束髮於後亦衣裙襦裳皆有襈攕竹爲梳編草爲薦雜皮爲表緣以文皮〔又〕其王朝會必陳設儀仗奏其國樂戶可十萬其俗殺人强盜及姦皆死盜者計贓酬物無財者沒身爲奴自餘輕重或流或杖每訊究獄訟不承引者以木壓膝或張强弓以弦鋸其項或置小石於沸湯中令所競者探之云理曲者卽手爛或置蛇甕中令取之云曲者卽螫手矣人頗恬靜罕爭訟少盜賊樂有五絃琴笛男女多黥臂點面文身投水捕魚無文字唯刻木結繩敬佛法於百濟求得佛經始有文字知卜筮尤信巫覡每至正月一日必射戲飮酒其餘節略與華同好棊博握槊樗蒱之戲氣候溫暖草木冬青土地膏腴水多陸少以小環挂鸕鷀項令入水捕魚日得百餘頭俗無盤俎藉以槲葉食用手餔之性質直有雅風女多男少婚嫁

不取同姓男女相悦者卽爲婚婦入夫家必先跨犬乃與夫相見婦人不淫妒死者歛以棺槨親賓就屍歌舞妻子兄弟以白布製服貴人三年殯於外庶人卜日而瘞及葬置屍船上陸地牽之或以小轝有阿蘇山其石無故火起接天者俗以爲異因行禱祭

舊唐書倭國傳設官有十二等其訴訟者匍匐而前地多女少男頗有文字俗敬佛法並皆跣足以幅布蔽其前後貴人戴錦帽百姓皆椎髻無冠帶婦人衣純色裙長腰襦束髮於後佩銀花長八寸左右各數枝以明貴賤等級衣服之制頗類新羅

唐書日本傳其俗多女少男有文字尚浮屠法其官十有二等

又其俗椎髻無冠帶跣以行幅巾蔽後貴者冒錦婦人衣純色裙長腰襦結髮於後至煬帝賜其民錦綫冠飾以金玉文布爲衣左右佩銀蘤長八寸以多少明貴賤

〔宋史日本傳〕文武僚吏皆世官

〔桂陽雜編〕日本雙陸白木爲盤闊尺許長尺有五厚三寸刻其中爲路置二骰子於竹筒中撼而擲諸盤上視其采以行馬馬以青白二色琉璃爲之如中國棋子狀馬先歸一處者爲勝倭人甚好之兩人對局自朝至暮不已旁觀者亦移日不去

〔清波雜志〕煇頃在泰州偶倭國有一舟飄泊在境上一行凡三二十人至郡館穀之或詢其風俗所答不可解旁有譯者乃明州人言其國人遇疾無醫藥第裸病人就水濱杓水通身洗淋面四方呼其神誠禱卽愈婦女悉被髮遇中州人至擇端麗者以薦寢名度種他所生譯亦不能曉後朝旨令驛置至明州遇順風以歸

〔又〕倭人居處悉以所產新羅松爲之色白而香仰塵地板皆是復塗以香入其室芬郁異常食則其置一器聚而團食以竹作折折

取之繰則無跟或用木或以細蒲爲之衣皆細布得中國綾絹則珍焉

右禮俗

日本寄語寄即譯也西北曰譯東南曰寄

天文類

天 天帝 日 虚路 月 秃計

星 付泥 風 有朱加前 雲 朽岡

雨 挨迷 霧 吉利 雪 計伏六攸計

霜 名末辟滿 落雨 挨迷阿魯

時令類

早 來運梭梭發耀 夜 搖落 午 非路

晚 搖撒田五 明 挨介水 暗 骨辣水

冷 三孛水 煖 族撥水 今日 詐以呼雞聲介喬

明日 挨迯亞失日 後日 亞撒鬼 昨日 傑奴

前日 阿多堆 日暮 非故路路 今日來 今阿耶禮

明日來 挨戊打俚 後日來 挨殺核阿耶僵

地理類

地 大樣禿智 山 羊賣耶賣 水 明東

海 烏彌 石 依水在木古 沙 何吉大水

火 非 鄉 羊埋俚 江 扜各計

方向類

東 熏加 南 迷南來 西 義西

北 尤兀 前 日皆門利婆 後 吾失利

珍寶類

金　空措泥　銀　失祿楷泥　珠　他賣
錢　前移　黃銅　中若左　紅銅　鶯更楷泥
水銀　明東楷泥　好銅錢　姚闕善泥

人物類

皇帝　大利天王家里　官　大米烏野雞　百姓　別缺
大官　大大烏野雞　公　翁知　婆　猶蒲翁妃
父　阿爺　母　發發　兄　挨尼
嫂　阿尼尤尼　弟　阿多多　妹　亞尼多一沒多
姊　亞尼　嬸　完多　子　莫宿哥
姪　何義　女　莫宿眼　孫　阿奚胡來
丈人　子多　丈母　子多謬　叔　何治王前老官
丈夫　壽山　婦人　倭家到　男子　何奈公姑

老 禿古要个 後生 倭家缺 孩 歪鼻
親眷 新雷 朋友 讟大璽讟大帝 姐夫 不哥迷
女壻 米哥 僕 三字郎 小廝 歪失
和尚 才老烏索 老實人 埋骨多 艱難人 胡奈故人門鬬人
强盜 六宿鼻隨 獨眼人 窰皎關鴻 瞎子 眉骨賴
你 撫哥梭里 我 何埋俚阿奴利 誰人 答梭
徒弟 加食難 財主妻缺 生得好 眉月失眉眉姚水
外甥 萌哥 長子 難解水 媳婦 嫌妙報
長 弔 年少 華盞 主人 牀泉孕
生得醜 魯歪失 聰明 力哥 貴 他个水
賤 那塑羊碎水 富 烏多姑 貧 腮東旦
乞丐 寬需計 好淫 梭羅 年紀 一故都

麻子 莫入骨水 村孫 拐 科水非計

賊 陸宿人

人事類

要 坡水水 不要 依也 立 達子

等待 埋祖 眠 羊達路烏將率 拿去 未底於古

拿來 未低吉反俚 未得哥已 亂說 思量骨多莫 話介反俚 相擾 括計括盆

看 覓見迷路 不送 何埋解邵賣 嬉 挨核蒲

坐 移路阿將梭 病 羊埋依于 揖 科眉乃可民奈禮

詈 烏羊埋水烏爺巒許 罵 竄彼討乃俚話鸞褪皮 躲 因彼計

歛 密路 去 漫陀羅獺俚旦多 去 何故伊虜何耶路

不在 論速持疏 來 何耶俚吉大 便來 羊伴地何爺 俚慢陀的姑

便去 密路 回來 慢慢的耶俚 快來 發下何耶俚法古

送與我 面皮 愛惜 搖路扛蒲 怕 倭疏路路

出去 一一計 久不見 倭非（缺）水 何面凸棘水 前行 殺雞倭

行 挨龍門 缺 一掇水兆羅打步 說話 未納惣打俚

怠慢 雞利骨多烏㞢 缺 愧 番助山水水 飲 那慕

喫 何賣利 獨樂 哥賣 安排 蘇路

不來 未旦盧賣矢 快去 法古計 走 法古

借 艇路各夾 添 所有路路 打人 生亞達達个

唱 嘔天 痛 一軭水 教 何水尤路

買賣 烏禮加 不喫了 禁哥 多喫酒 何賢鼻旦

賣 烏路無六 喫酒 麻黑曬雞 莫怪 哥面乃禮

老實說話 㬥孿 遊 西孫步 那里去 陀姑移姑

買 加和 行路 的益磨滅 曉得 个个俚打夫大

多多喫了 前行哥 殺 其奴缺瞎咀郎 害 天
醉 邀帶 不曉得 措賴路不失打 哭 乃古
打 胡子 換 皆賀 叫人 多奴
怪 發賴旦蓬堅故 死 身大 喚 加右
笑 歪羅 肚餓 勳大路水 還了 諸也數
慢慢的 買得買得 起身 倭達的援 腫 刺大
請人 家那摧多 不賣 烏魯賣加 恁麼賣 難烏禮在
活 吉打 輸 埋計打利 有情 亞姊吉乃
無情 亞姊吉另乃尒 傷寒 雞骨 多少 一故賴介
無工夫 一孫樹水 寫字 加計

身體類

耳 眉眉 口 骨土 鼻 發奈

眉 賣　手 鐵　足 挨身

心 个个路　頭 客成賴　鬚 藁計

髮 措迷夾迷　肚 發賴　指 尤皮

爪 卒瞇　齒 法

器用類

小刀 劈个乃窑客打乃　中刀 歪計柴需　大刀 闊中撻打奈

刀柄 脫介俚　甲 大買路　弓 油米

盒子 剛白哥　磨刀石 依水　砂石 措路依水

硯 孫助俚尊力子　紙 措袂加迷　厚紙 沃速水

薄紙 沃鑾子　筆 粉地　墨 疏煤

扇 黃旗　泥金扇 窨措泥黃旗　鑰匙 坑其

泥銅扇 法古黃旗　鎖 哥利素　船 浮泥

鏤 難皮 鋮 快利法利 等子 發介俚
篝 花雞 小箱 法哥 硯箱 孫助利法哥
鋸 拏剛縈利 酒盞 曬加藤計 碟 曬賴沙賴
鐵 隔落隔曬 鏡 坑皆彌 枕 麻骨賴埋骨賴
蓆 不奴 盤 何水雞 銀硃 失祿挨揩水
漆 烏論水 筯 法水 香 宣哥
沉香 沉哥 麝香 射哥 木香 木哥
酒瓶 哭笞昆皮 碗 倭吉貼灣 梯 課水飛計

衣服類

衣服 乞麻俚 靴 骨都 鞋 水托里失其里
簪帽 搖婆俚 錦 歪帶 氈衫 迷奴
手巾 達昂个 綿布 木緜 夏布 奴奴綿

被 伏思麻

飲食類

茶 鮮素 酒 曬箕 白酒 門東曬箕

燒酒 隔辣曬箕 老酒 福祿曬箕 飯 密黍

飲酒 曬加乃 喫飯 密黍羅俚 鹽 失河收河

醬 彌沙 米 科媚科媚 油 挨蒲賴

大麥 烏蒙崎 小麥 柯蒙崎 穀 暮米倭米

羹 水路 荳 磨米 肉 恕恕

筍乾 太吉糯古 醬瓜 可羅米糯

花木類

杉 松計 檜 去那雞 松 埋止

梅子 面婆水 芥 愸辣水 桊 奈

瓜　烏理　麻　莫入骨水　茄子　乃沈皮

鳥獸類

牛　胡水　狗　意奴　猪　豕豕

雞　抓泥掇地泥環多禮　鵝　解加　馬　烏馬

魚　遊河　蟹　揩泥　蝨　失辣水

羊　羊其　鼠　眠助米

數目類

一　丟孚丟徵咀多　一箇　个利　二　扶達子去咀多

三　密子條咀多　四　學子搖搖做　五　意子子難難多

六　後子　七　乃乃子　八　效子

九　个个乃子　十　多　十一　缺

五十　大　百　法古　千　借一貫

萬 缺

通用類

有 挨路何路　無 乃　好 高高的姚鎖盧

極好 明 缺　不好 由無奈　大 加小思姑奈何計

小 發蒒　多 快都河河水　少 蔬古乃水

遠 多俟　近 的个　瘦 牙十大

短 迷加　細相 快大　扔 骨蒒路

厚 梭卒水　薄 溫卒水　歪貨 不高歪賴水

不是 松田乃係　破 羊鈸 缺　要緊 馬多合子

緩 慢大慢大　無用 設計　多有 何何 缺

未 慢大　香 干牌水　臭 骨蒒水

右言語

後漢東夷傳其兵有矛楯木弓竹矢或以骨爲鏃

魏志東夷傳兵用矛楯木弓木弓短下長上竹箭或鐵鏃或骨鏃

晉書東夷傳有刀楯弓箭以鐵爲鏃

隋書倭國傳有弓矢刀矟弩穳斧漆皮爲甲骨爲矢鏑雖有兵無征戰

籌海圖編倭刀有高下技有工拙刀之高者不吝重價而制之廣延高師而學之其貧者所操不過下等刀耳善運刀者在前衝鋒可畏頗有限也中國人不知望之輒震而避焉刀之大小長短不同立名亦異每人有一長刀謂之佩刀其長刀之上又插一小刀以便雜用又一刺刀長尺許者謂之解手刀長尺餘者謂急拔亦刺刀之類此三者乃隨身必用者也其大而長柄者乃擺道所用可以殺人謂之先導其以皮條綴刀鞘佩之於肩或執之於手乃

隨後所用謂之大制又有小裁紙設機刀出長門州號兼常者最佳又有作贄禮賀禮不拘大小名雖爲刀其實無用上庫刀山城國盛時盡取日本各島名匠封鎖庫中不限歲月竭其工巧謂之上庫刀其間號寗久者更佳代代相傳以此爲上備前刀以有血漕爲巧刀上或鑿龍或鑿劍或鑿八幡六菩薩春日大明神天照皇大神宮皆其形著在外爲美觀者

又倭之刀最精利長六尺兩手兩刀其長一丈二尺雖左刀以木假之然右之眞者亦足殺人而無敵故中國之畏倭者畏其刀也而制刀之策一切鈀棍短兵俱不濟事必用丈八長槍蓋刀能傷人不能自衞惟長槍可以乘破綻而入之故禦倭以長槍爲上其次則用狼筅等器因刀雖快利一有兜礙便不稱手任參政環熾倭於婁門外陸涇壩出狼兵之鉤刀手則以環密屬諸軍以兜礙

之說於是皆用青布水漬之俟倭相近撒去倭刀粘滯不便揮使而鉤刀手急自地滾去鉤斷其足先鋒既死餘衆辟易是日殺倭三千皆用計以制其刀故也

又倭之火器止有鳥銃直百步而止聞倭製火銃其藥極細以火酒漬製之故其發速又人善使故發必中每發無聲人不及防類能洞甲貫堅諸物難禦惟是廣中所產鰾膠形如掌片堅勁異常較之浙中所產者不同用釘連綴施於木架造爲防牌鉛彈始不能透是一策也

右兵

後漢東夷傳土宜禾稻麻紵蠶桑知織績爲縑布出白珠青玉其山有丹土氣溫暖冬夏生菜茹無牛馬虎豹羊鵲

魏志東夷傳種禾稻紵麻蠶桑緝績出細紵縑緜其地無牛馬虎

豹羊鵲

又出眞珠青玉其山有丹其水有柟杼豫章楺櫪投橿烏號楓香其竹篠簳桃支有薑橘椒蘘荷不知以爲滋味有獮猿黑雉

晉書東夷傳其地溫暖俗種禾稻紵麻而蠶桑織績土無牛馬

梁書倭國傳民種禾稻紵麻蠶桑織績有薑桂橘椒蘇出黑雉眞珠青玉有獸如牛名山鼠又有大蛇吞此獸蛇皮堅不可斫其上有孔乍開乍閉時或有光射之中蛇則死矣物產略與儋耳朱崖同

隋書俀國傳有如意寶珠其色青大如雞卵夜則有光云魚眼精也新羅百濟皆以俀爲大國多珍物並敬仰之恒通使往來

宋史日本傳土宜五穀而少麥交易用銅錢文曰乾文大寶畜有水牛驢羊多犀象產絲蠶多織絹薄緻可愛樂有國中高麗二部

四時寒暑大類中國國之東境接海島夷人所居身面皆有毛東奧州產黃金西別島出白銀以爲貢賦

右物產

案日本自明治以來疆宇日拓藩縣屢更已與諸史所載地理迥異西洋互市之後政教既變俗尚一新輪船通於中華人民往來如織語言文字通習者尤多其兵制取法泰西日臻精密民習於勤物產滋殖整齊教誨遂啟雄圖前志所稱已成陳迹不可捨棄都爲識餘一卷以殿茲編至今制之詳有日本國志在不贅述云